SECRET CITYs EUROPA

70 charmante Städte abseits des Trubels

SECRET CITYs
EUROPA

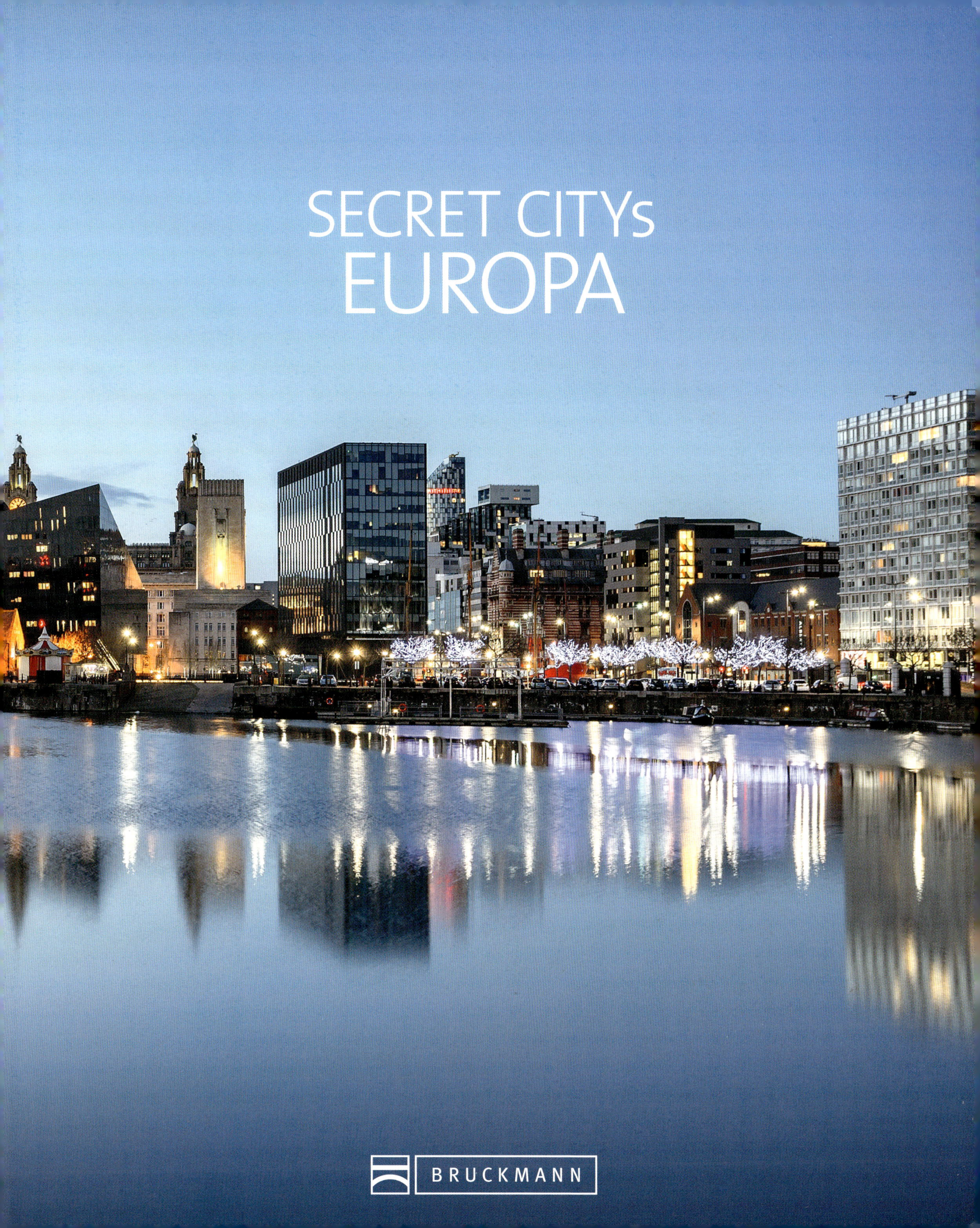

BRUCKMANN

INHALTSVERZEICHNIS

PANORAMA DES FLANDRISCHEN GENT.

STADTTHEATER POTSDAM, KONZERNZENTRALE VON THYSSENKRUPP IN ESSEN, STEG ZUR MURINSEL IN GRAZ, ARKADENPASSAGE IN LIVORNO, LECKEREIEN AUS GENT (VON LINKS).

INHALTSVERZEICHNIS

APHRODITE-FELSEN BEI PAPHOS (ZYPERN).

BRÜCKE ÜBER DIE MAINE IN ANGERS, RUE SAINT-JEAN IN LYON, BASAR IN SARAJEVO, SANT'EFISIO-FEST IN CAGLIARI, ALEXANDER-NEWSKI-KATHEDRALE IN SOFIA (VON LINKS).

0
300 km
N
Färöer (DK)
Ålesund
65
Trondheim
Shetland-Inseln (GB)
NORWEGEN
Bergen
Rockall (GB)
Äußere Hebriden
Orkney-Inseln
Oslo
Isle of Skye
27
Aberdeen
ATLANTISCHER
Skagerrak
Göteborg
Kattegat
Glasgow
Edinburgh
DÄNE-MARK
63
Aarhus
Belfast
GROSS-
Newcastle-upon-Tyne
IRLAND
Kopenhagen
Dublin
Leeds
Nordsee
64
Odense
Sylt
Liverpool
Manchester
Cork
26
28
NIEDER-LANDE
Rostock
BRITANNIEN
Hamburg
Birmingham
Groningen
31
Bremen
Alkmaar
32
Elbe
30
Bath
Amsterdam
DEUTSCH-
OZEAN
London
Winchester
29
5
Potsdam
Antwerpen
34
Rhein
7
Essen
Hildesheim
Magdeburg
3
Brügge
33
Düsseldorf
6
4
Halberstadt
Ärmelkanal
Lille
35
Gent
Weser
Kassel
37
Brüssel
Maastricht
8
Kanal-Inseln
Le Havre
BELGIEN
36
Malmedy
Weimar
Zwickau
Brest
Seine
LUXEM-BURG
Luxem-burg
Frankfurt
38
Reims
10
LAND
Paris
Metz
40
Speyer
Main
Nürnberg
11
39
Angers
Orléans
Ludwigsburg
Straßburg
Stuttgart
12
Nantes
Loire
München
Augsburg
Dijon
13
Basel
Beaune
41
SCHWEIZ
16
Kufstein
Bern
Vaduz
FRANKREICH
Genf
14
Greyerz/Gruyères
44
Brixen
La Coruña
Lugano
Bozen
Golf von Biscaya
Bordeaux
Lyon
42
15
Gardasee
Gijón
Mailand
Venedig
Vigo
50
Bilbao
Garonne
Po
Rhône
Genua
Bologna
Toulouse
Porto
Valladolid
Duero
Ebro
43
Arles
Nizza
Monaco
Pisa
47
Andorra la Vella
ANDORRA
Marseille
Livorno
46
Urbino
55
Coimbra
SPANIEN
Figueres
51
Florenz
45
PORTUGAL
Zaragoza
Grosseto
52
Elba
Lissabon
Madrid
Barcelona
Korsika
ITALIEN
Cáceres
Tajo
Rom
Guadiana
Valencia
Mallorca
Menorca
Córdoba
Ponza
Neapel
56
Tavira
Sevilla
54
Ibiza
Palma de Mallorca
Sardinien
Murcia
Balearen
Tyrrhenisches Meer
Cádiz
Málaga
53
Cartagena
48
Cagliari
Gibraltar
Tanger
Ceuta
MITTELMEER
Tetouan
Palermo
Melilla
Algier
Rabat
Kénitra
Oran
Sizilien
Constantine
Tunis
Fès
Oujda
Meknès
Casablanca
ALGERIEN
MALTA
MAROKKO
TUNESIEN

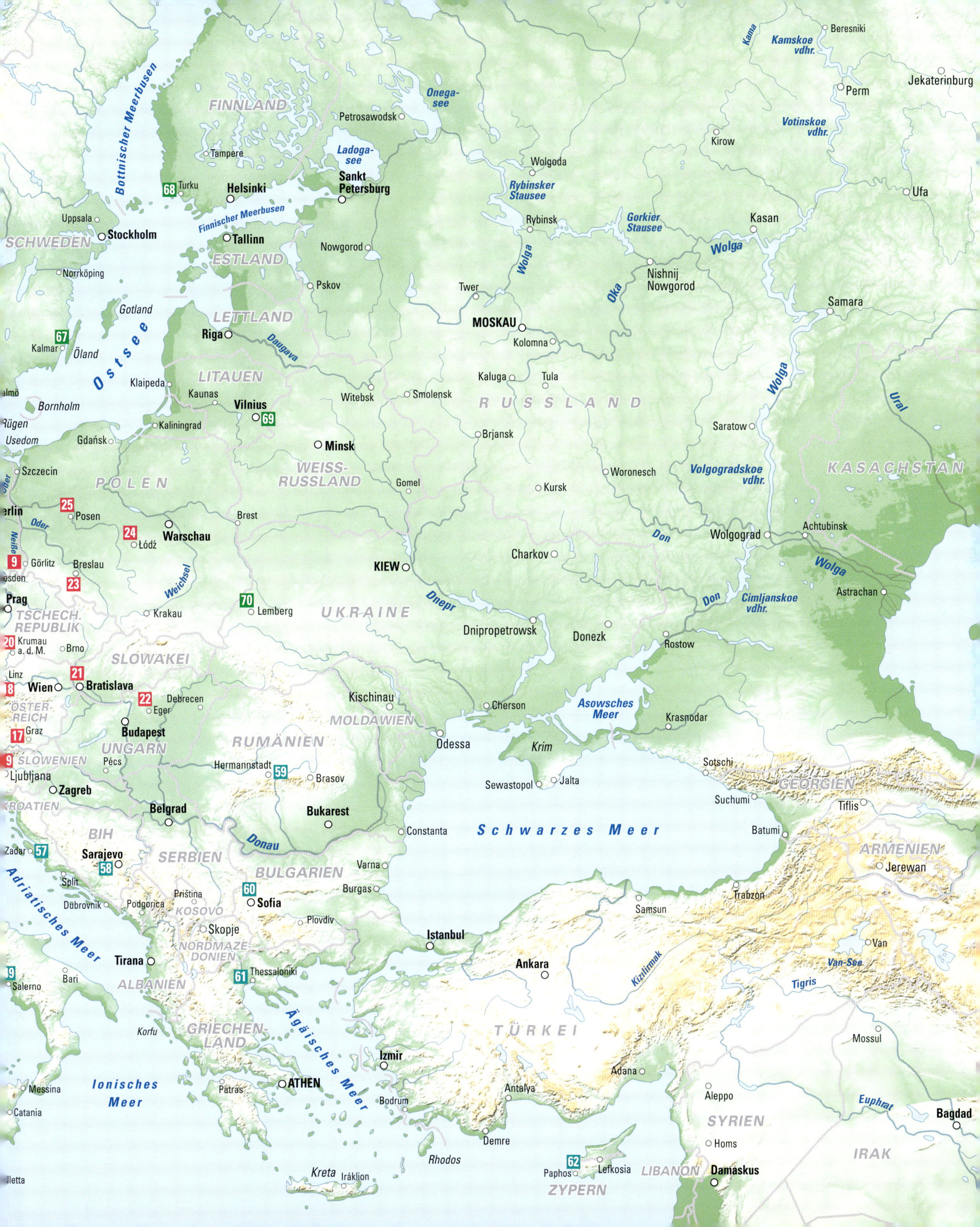
FINNLAND
Tampere
Turku
68
Helsinki
Bottnischer Meerbusen
Finnischer Meerbusen
Petrosawodsk
Onega-see
Ladoga-see
Sankt Petersburg
Kama
Kamskoe vdhr.
Beresniki
Perm
Jekaterinburg
Votinskoe vdhr.
Kirow
Wolgoda
Rybinsker Stausee
Rybinsk
Gorkier Stausee
Kasan
Ufa
Wolga
Nishnij Nowgorod
Oka
Uppsala
Stockholm
SCHWEDEN
Tallinn
ESTLAND
Nowgorod
Norrköping
Pskov
Twer
Samara
Gotland
LETTLAND
MOSKAU
Kolomna
67
Kalmar
Öland
Riga
Daugava
Ostsee
Klaipeda
LITAUEN
Kaluga
Tula
Kaunas
Vilnius
69
Witebsk
Smolensk
R U S S L A N D
Bornholm
Rügen
Kaliningrad
Usedom
Gdańsk
Minsk
Brjansk
Saratow
Ural
Szczecin
WEISS-RUSSLAND
POLEN
Gomel
Woronesch
Volgogradskoe vdhr.
KASACHSTAN
Kursk
Oder
25
Posen
Brest
Warschau
24
Łódź
Neiße
Don
Wolgograd
Achtubinsk
9
Görlitz
Breslau
Charkov
Wolga
KIEW
23
Weichsel
Prag
Dnepr
Don
Cimljanskoe vdhr.
Astrachan
70
Lemberg
Krakau
UKRAINE
TSCHECH. REPUBLIK
Dnipropetrowsk
Donezk
Krumau a. d. M.
Brno
Rostow
SLOWAKEI
21
Linz
Wien
Bratislava
22
Debrecen
Eger
Kischinau
Cherson
Asowsches Meer
ÖSTER-REICH
MOLDAWIEN
Krasnodar
Budapest
17
Graz
RUMÄNIEN
Odessa
UNGARN
Krim
SLOWENIEN
Pécs
Hermannstadt
59
Brasov
Sotschi
Ljubljana
Sewastopol
Jalta
Zagreb
GEORGIEN
KROATIEN
Suchumi
Tiflis
Belgrad
Bukarest
BIH
Constanta
Schwarzes Meer
Batumi
Zadar
57
Sarajevo
Donau
58
SERBIEN
ARMENIEN
Varna
Jerewan
Split
BULGARIEN
Burgas
60
Trabzon
Dubrovnik
Priština
Podgorica
Sofia
Samsun
KOSOVO
Plovdiv
Adriatisches Meer
Skopje
Istanbul
NORDMAZE-DONIEN
Van
Tirana
Ankara
Kizilirmak
Van-See
61
Thessaloniki
Bari
Salerno
ALBANIEN
Tigris
Ägäisches Meer
Korfu
GRIECHEN-LAND
TÜRKEI
Mossul
Izmir
Adana
Messina
Ionisches Meer
ATHEN
Antalya
Aleppo
Patras
Euphrat
Catania
Bodrum
Bagdad
SYRIEN
Demre
Homs
Rhodos
IRAK
62
Lefkosia
Kreta
Iráklion
Paphos
LIBANON
Damaskus
ZYPERN

SECRET CITYS

EIN BESONDERES PFLASTER

Stadtluft macht frei. Im europäischen Mittelalter war die Stadt ein Sehnsuchtsziel, denn nach einem Jahr und einem Tag war man alle unangenehmen Bindungen an Dorf und Grundherrn los. Das Leben konnte neu beginnen. Es lockte der Duft der weiten Welt, die auf Märkten, in Tuchhallen, Kathedralen, im Hafen und in Spelunken zum Feilschen, Beten und Zechen zusammenkam.

Die Stadt war ein großes Versprechen. Heute zieht es Alt und Jung wieder dorthin. Suburbia war gestern, Reurbanisierung ist Trumpf. »Secret Citys« stellt Ihnen 70 besondere Städte vor. Unter den Auserwählten sind weder Metropolen noch pittoreske Örtchen, die dauerhaft und regelmäßig von Touristenscharen heimgesucht werden, sondern Städte mit einem unverwechselbaren Charakter, manche beschaulich, viele originell und alle attraktiv. Die 70 sind durchaus bekannt, werden geschätzt, liegen jedoch häufig ein wenig abseits der Verkehrsströme und werden auf der Fahrt in den Urlaub gern links neben der Autobahn liegen gelassen. Wer hat schon in Kufstein Halt gemacht, dem Heldenkonzert gelauscht und sich Zeit genommen, das rebsortenspezifische, funktionale Weinglas kennenzulernen. Wer hat sich, die Côte d'Azur vor Augen, in Lyon, immerhin die drittgrößte Stadt Frankreichs, in den »Bauch Frankreichs« gewagt und sich im Musée des Confluences den wirklich wichtigen Fragen des Lebens gestellt? Wer kennt den Palast von Izrael Poznański in Łódź? Wer weiß, dass »Silver City« keine

DAS NEOBAROCKE OPERNHAUS VON 1890 (TEATRO ARRIAGA) IN BILBAO (GANZ LINKS). TEILNEHMER DES MASKENFESTIVALS WÄHREND DER VENEZIANISCHEN MESSE IN LUDWIGSBURG (LINKS). DER PINOT NOIR SCHMECKT IN BEAUNE, DEM GENUSS-MITTELPUNKT SEINER HEIMAT BURGUND, AM BESTEN (UNTEN).

Geisterstadt in Kansas ist? Wer vermutet Barock in Vilnius und Jugendstil in Ålesund? Wer findet Frieden in Sarajevo?
Europa weist eine ausgeprägte Stadtkultur auf, die ihre Wurzeln in der Antike hat. Auf Agora und Forum kamen einst die Bürger zusammen, um Handel zu treiben, sich über Neuigkeiten auszutauschen, erfolgreichen Feldherrn zuzujubeln oder Stimmung für ihre politischen Favoriten zu machen. Rom, die erste Millionenmetropole auf europäischem Boden, überzog sein Imperium mit Provinzstädten, die im Prinzip Kopien der Ewigen Stadt am Tiber waren. Auf ihr antikes Erbe können viele Städte in Italien und Frankreich zurückblicken, aber auch in Spanien, an der östlichen Seite der Adria und auf der Balkanhalbinsel. Der Norden und der Osten Europas, aber auch die einst muslimisch beherrschte Iberische Halbinsel weisen eigene Traditionen auf, die heute nicht weniger stolz präsentiert werden.
Einige Schätze aus mehr als zwei Jahrtausenden werden erst gehoben (Cartagena), andere werden selbstbewusst präsentiert (Halberstadt). Manches Stadtjuwel wird gerade entstaubt (Sibiu). Graue Industriestädte erfinden sich neu und können es heute in Sachen Kunst und Kultur locker mit den Metropolen aufnehmen. Bilbao und Liverpool sind besonders erfolgreich darin, Linz und Essen tun es ihnen nach. Vieles, was einst als Fortschritt gepriesen wurde und den Menschen Arbeit gab, dann Rost ansetzte und in Gefahr geriet, vergessen zu werden, wird »umgenutzt« und hat ein neues, schickes Gewand erhalten. Eine Stadt wäre beinahe ganz verschwunden, wenn ein österreichischer Großherzog nicht energisch

Hand angelegt hätte. An ganz wenigen Orten ist alles so geblieben, wie es einmal (für gut befunden worden) war: In Coimbra spielt die Universität weiterhin die erste Geige, in Bath wird immer noch gebadet und in Alkmaar immer noch der Käse gerollt.
»Secret Citys« hat sich in Europa umgesehen: von Sardinien bis Norwegen, von Portugal bis Litauen, von England bis Griechenland – und ist 70 Mal fündig geworden. Begleiten Sie uns auf einer Reise durch 28 Staaten und finden Sie Ihre Perle. Eine davon war uns im Übrigen sechs Seiten wert, weil sie wirklich viele, viele Geschichten zu erzählen hat. Der Name fängt mit »Θ« (griechisch) oder auch »S« (lateinisch) an, je nachdem, welche Geschichte Sie erzählen.

BLICK ÜBER DIE ALTSTADT VON BRESLAU (WROCŁAW) MIT DEM SPÄTGOTISCHEN ALTEN RATHAUS AM GROSSEN RING (RYNEK), DEM ZENTRALEN MARKTPLATZ.

EUROPAS MITTE

Kaiser, Fürsten, Industriepaläste

IM ABENDLICHT GLÜHEN DIE
FARBEN EINES ALTEN HANSEHAUSES
VOR DEM RATHAUS.

DAS EHEMALIGE HEILIG-GEIST-HOSPITAL FÜR ARME UND WAISEN IST EINE ALTSTÄDTISCHE IDYLLE.

STRALSUND – STOLZE HANSESTADT

WOHLSTAND HINTER ZIEGELN

Wie Leuchttürme ragen die mächtigen Türme der gotischen Kirchen aus dem Häusermeer der Hansestadt an der Ostsee. Kopfsteinpflasterstraßen führen zum Alten und Neuen Markt. Das Rathaus mit seiner markanten Ziegelfassade ist ein Wahrzeichen von Stralsund. Rot strahlt der Backstein, ein Kontrast zu Himmel und Meer.

Wie eine natürliche Reuse liegt der Strelasund zwischen dem Festland und der Insel Rügen. Der Meeresarm der Ostsee hat Stralsund den Namen gegeben – und den Reichtum gebracht. Er treibt den Stralsundern als natürliche Fangvorrichtung die Fische zu und bietet Platz für einen geschützten Hafen. Im Mittelalter gelang der finanzielle und prestigeträchtige Aufstieg als wichtiges Mitglied der Hanse des wendischen Quartiers. Die Altstadtstraßen führen in die Vergangenheit des Kaufmanns- und Städtebundes zurück. Rechts und links des Weges stehen Giebelhäuser aus verschiedenen Epochen. Eines der am besten erhaltenen Gebäude der norddeutschen Gotik ist das Wulflamhaus am Alten Markt mit seinem imposanten Pfeilergiebel. Einige Straßen weiter öffnen das Dielenhaus und das Museumshaus die Türen der großen Diele für Besucher. Sie laden in die Hansezeit ein. Sogar der hölzerne Lastenaufzug in die oberen Stockwerke funktioniert wieder.

Steinerne Insel

Stralsund ist eine befestigte Insel, umgeben vom Strelasund, drei großen Teichen und einer teils erhaltenen, teils wieder aufgebauten Stadtmauer. Knieperteich, Frankenteich und Moorteich bilden einen natürlichen Schutz und waren von strategischem Vorteil für die uneinnehmbare Festung. Die Stadtmauer mit ihren lückenfüllenden Wiekhäusern hatte einst elf Stadttore. Zwei, das landseitige Kniepertor und das Kütertor, gewähren bis heute Einlass in die Stadt.

Backsteingotik in Vollendung

Auf dem Alten Markt geht der Blick nach oben, durch die Öffnungen der Schaufassade des Rathauses leuchtet der Himmel. Gemeinsam mit der St.-Nikolai-Kirche. zeigt sich ein eindrucksvolles Ensemble norddeutscher Backsteingotik. Im 13. Jahrhundert wurde mit dem Bau des Rathauses begonnen. Von Anfang an war der vierflügelige Mehrzweckbau der wirtschaftliche und politische Mittelpunkt der Stadt. Bis heute tagt im Obergeschoss die Bürgerschaft. Unten wurden in mehr als 40 Verkaufsbuden Waren gehandelt und im größten mittelalterlichen Gewölbekeller Europas lagerten Tuche und andere wertvolle Güter. In der Laubenhalle des Rathausdurchgangs erinnert die Büste von Gustav II. Adolf an den Aufenthalt des schwedischen Königs in Stralsund und den Beginn der Zeit, in der Stralsund zu Schweden gehörte: vom Dreißigjährigen Krieg bis 1815 – der Garnisonskommandant residierte im Commandantenhus schräg gegenüber.
Direkt neben dem Rathaus steht die älteste der drei gotischen Kirchen, die 1267 erstmals erwähnte St.-Nikolai-Kirche. Sie ist dem Schutzpatron der Seefahrer und Kaufleute, den wichtigsten Arbeitgebern der mittelalterlichen Stadt, geweiht. Das Innere der dreischiffigen Basilika mit Kreuzrippengewölbe erstrahlt in restaurierter farblicher Fassung. Trotz des Verlustes vieler Ausstattungsstücke während des reformatorischen Bildersturms von 1525 blieben wichtige sakrale Gegenstände erhalten. Eines der ältesten ist die etwa zwei Meter hohe Figurengruppe Anna Selbdritt, die 1307 erstmal erwähnt wird. Das über 600 Jahre alte Triumphkreuz hat seinen neuen Platz im südlichen Chor erhalten, der wahrscheinlich aus dem 15. Jahrhundert stammende Hochaltar ist ebenfalls restauriert. Von den weitreichenden Verbindungen der Hansekaufleute über die Ostsee erzählen das Rigafahrer-Gestühl, das Ahussische Gestühl und der Altar der Bergenfahrer. Das Äußere von St. Nikolai

DAS IMPOSANTE RATHAUS STEHT NEBEN DER NIKOLAIKIRCHE (LINKS).
»AHOI«: STRALSUND IST EIN GUTER AUSGANGSPUNKT FÜR SEGELTOUREN (OBEN).

wird dominiert von zwei mächtigen Türmen. Nach einem Brand 1662 bekam der Südturm eine barocke Haube, während der Nordturm sich mit einem flachen Zeltdach begnügt.

Superlativ der Hansezeit

Die zweite große gotische Backsteinbasilika steht am Neuen Markt: St. Marien, 1298 erstmals erwähnt, ist ein Meisterwerk der späten Backsteingotik. Ihr Turm (1549), zugleich Seezeichen, war 150 Jahre lang das höchste Bauwerk der Welt: 151 Meter hoch, bis ihn der Blitz im Jahre 1647 traf. Von den verbliebenen 104 Metern bietet sich heute ein weiter Blick über Stadt und Meer. Im Kirchraum sind nur wenige Ausstattungsstücke erhalten. Weltberühmt ist die Orgel von Friedrich Stellwagen (1659) hinter einem repräsentativen Orgelprospekt des Frühbarocks. Die Jakobikirche, die Ruine des Johannisklosters und das zum Meeresmuseum umgestaltete Katharinenkloster vervollständigen den mittelalterlichen Eindruck, zeigen aber auch die Wunden durch die Bombenangriffe des Zweiten Weltkriegs.

Dreimal Meer im Blick

Wer mehr über das Meer wissen will, hat gleich drei Anlaufstationen zur Auswahl. Im Meeresmuseum, dem alten Katharinenkloster, stehen das Mittelmeer und die tropischen Gewässer im Mittelpunkt, inklusive Haien und Schildkröten. Informiert wird auch über die Tiefsee und die Nutzung der Meere durch den Menschen. Das Nautineum auf der Insel Dänholm vor der Altstadt zeigt eine Ausstellung zu den Themen Fischerei und Sicherung der Seewege. Publikumsmagnet ist jedoch das Ozeaneum am Hafen mit seiner geschwungenen Metallfassade. Besondere Anziehungspunkte in diesem futuristischen Bau sind die Wal-Modelle und die Aquarien mit Flora und Fauna aus Nord- und Ostsee sowie Nordatlantik. Die frische Ostsee selbst lässt sich im Strandbad Stralsund an der Sundpromenade testen.

Bismarckhering und Megajachten

Fisch lieber auf dem Brötchen? Der Bismarckhering bietet sich an, dessen spezielle Zubereitungsart angeblich in Stralsund durch Reichskanzler Otto von Bismarck 1871 seinen Namen erhielt. Ein Bier dazu? Seit 1827 braut die Störtebecker-Brauerei mehrfach ausgezeichnete Biere, täglich wird durch die Braumanufaktur geführt. In der Nähe sind die Gebäude der MV Werft, auf der nach schwierigen Nachwendejahren wieder 600 Beschäftigte arbeiten. Dort werden Megajachten mit Eisklasse gebaut. Die Tradition der stolzen Hansestadt Stralsund lebt weiter.

HIDDENSEE
Als Oase in der Ostsee beschrieb die Schauspielerin Asta Nielsen die Insel, ein Ort der Weltabgeschiedenheit nannte sie der Dramatiker Gerhart Hauptmann. Vom Fähranleger in Stralsund dauert die Fahrt über den Bodden 1,5–2 Stunden. Hiddensee, autofreier Teil des Nationalparks Vorpommersche Boddenlandschaft, ist ein Paradies für Naturliebhaber. Strände, Röhricht, Dünenheide und die Pioniervegetation auf den Neulandbildungen sind Refugien für Pflanzen und Tiere. Im Frühjahr und Herbst bieten die Kraniche ein graziles und zugleich lautes Schauspiel. Die hakenförmige Insel ist ein Wohlfühlort. Prominente, neben Hauptmann und Nielsen auch Oskar Kruse und Albert Einstein, haben das »söte Länneken« gerne besucht. Über den Dünen blitzt das Licht des Leuchtfeuers Dornbusch fast 45 Kilometer weit über die offene Ostsee.

WEITERE INFORMATIONEN
Stralsund,
www.hansestadt-stralsund.de
Meeresmuseum,
www.deutsches-meeresmuseum.de
Hiddensee,
www.seebad-hiddensee.de

2

DAS STADTTHEATER SCHICKT DIE SILHOUETTE SEINES EXZENTRISCHEN DACHS ÜBERS WASSER.

POTSDAM – FRIEDRICH, FILM UND FORSCHUNG

OHNE SORGEN DURCHS GRÜN ZUM WASSER

Ein Besuch im märkischen Potsdam gleicht einer Reise durch Europa: das weltberühmte Schloss Sanssouci, ein holländisches Viertel, die russische Kolonie Alexandrowka, ein Wasserwerk im Stil einer türkischen Moschee, Obelisken wie aus Ägypten, ein italienisches Dörfchen, eine französische Kirche und römische Bäder.

Großzügige Landschaftsgärten und weitläufige Havelseen prägen neben den Schlössern und der historischen Innenstadt das Bild der zum UNESCO-Weltkulturerbe gehörenden Stadt. 1660 erklärte der Große Kurfürst Friedrich Wilhelm den 993 erstmals erwähnten Havelort zu seiner Residenz und lud die in Frankreich verfolgten protestantischen Hugenotten mit dem Toleranzedikt von Potsdam ein. Die 20000 Neuankömmlinge brachten Erfahrungen aus der Landwirtschaft und Baukunst ihrer Heimat mit. Die Blütezeit der Residenzstadt begann. Seit 1990 ist Potsdam Landeshauptstadt von Brandenburg und bietet im Vergleich mit seinen 15 Schwestern die meisten Sonnenstunden, die zweithöchste Akademikerrate, das schnellste Internet und den höchsten Natur- und Freizeitwert.

17 Schlösser im Grünen

Die Stadt an der Havel schmiegt sich um die größte Park- und Gartenlandschaft Deutschlands. Wie verstreute Perlen liegen 17 Schlösser, Paläste und Prunkbauten im Grün der Anlagen, deren berühmtester Gartenarchitekt Joseph Peter Lenné war. Das weltbekannte Schloss Sanssouci steht auf einem Weinberg, im Tal sprudelt die Fontäne und rechts und links

AUCH EIN BRANDENBURGER TOR –
AM POTSDAMER LUISENPLATZ.

wachsen Kirschen. Friedrich II. ließ sich mit Unterstützung von Georg Wenzeslaus von Knobelsdorff sein Lusthaus errichten und nannte es Sanssouci, ohne Sorgen. Als das Rokokoschloss noch in der Planung war, wurde nebenan auf Wunsch des Alten Fritz bereits die Gruft für sein Grab ausgehoben. Potsdams Schlösser sind so vielfältig wie die Zeitläufte. Im Großen Garten steht die Prahlerei. So nannte Friedrich II. das nach dem Siebenjährigen Krieg errichtete Neue Palais mit seinen 970 Räumen. Es wurde später der bevorzugte Wohnort des letzten deutschen Kaisers mit Tennisplatz und elektrischer Beleuchtung, bevor er sich mit 90 vollgepackten Eisenbahnwaggons ins Exil nach Holland absetzte.

SCHWIELOWSEE
Die Region Schwielowsee verbindet die Schönheit der märkischen Natur mit vielen Kleinodien. In Ferch hängt an der wolkenbemalten Decke der Fischerkirche ein Taufengel, der vielleicht einmal die Galionsfigur eines Schiffes war. In einem der ältesten Dorfhäuser sind Werke der Malerkolonie ausgestellt und seit 1996 gedeiht am Ortsrand ein Bonsaigarten. In Caputh steht das Jagdschloss, dessen Prunkraum mit über 7500 Fliesen im holländischen Stil ausgestattet wurde. Am Ufer des Sees legt die Fähre »Tussy II« ab. Albert Einstein lud seinen Sohn in sein Sommerhaus: »Komm nach Caputh, pfeif auf die Welt.« Am anderen Ufer steht in Petzow ein malerisches, von Karl Friedrich Schinkel 1825 geplantes Ensemble aus Kirche, Schloss, Gutshof und Park. Um den See führt ein Radweg, vorbei an Wassersportmöglichkeiten, Miethausbooten und idyllischen Ausflugslokalen.

WEITERE INFORMATIONEN
Potsdam,
www.potsdam.de,
www.reiseland-brandenburg.de/orte-regionen/urlaubsregionen/potsdam/
Filmpark Babelsberg,
www.filmpark-babelsberg.de/de/
Schwielowsee,
www.schwielowsee-tourismus.de

Ein Schmuckstück des Klassizismus liegt nicht weit hinter den Anlagen des Hippodroms. Das Schloss Charlottenhof wurde von Karl Friedrich Schinkel im zarten Weiß-Blau für die bayerische Prinzessin Elisabeth Ludovika gestaltet. Oberhalb der Maulbeerallee führen steile Treppenstufen zum Drachenhaus mit seinen Wasserspeiern im chinesischen Stil und durch die Baumallee ragt das Belvedere auf dem Klausberg. In der Nähe steht die wie eine Kulisse wirkende Orangerie im Stil der Neorenaissance. Sie holte mit ihrer großzügigen Gestaltung und der Präsentation von Zitrusfrüchten italienisches Flair nach Preußen. Unterhalb liegt als »italienisches Dörfchen«, zartrosa und hellgelb gestrichen, das Krongut Bornstedt.
Potsdam war jahrhundertelang die wichtigste Residenzstadt der Hohenzollern. Es gibt eine zweite Orangerie im Park Sanssouci, ein zweites Belvedere frisch renoviert auf dem Pfingstberg und einen zweiten großen Garten, den Neuen Garten am Heiligen See. Direkt am Ufer steht auf einer Terrassenanlage das frühklassizistische Marmorpalais. Das Kleinod des Architekten Carl von Gontard ist mit schlesischem Marmor in verschiedenen Farbnuancen verkleidet und bietet eine idyllische Aussicht in die Blickachsen der Gartengestaltung und über den See. Am Eiskeller vorbei führt ein Spazierweg zum letzten Schloss der Hohenzollern. Mit Blick auf die Havel wurde das Schloss Cecilienhof während des Ersten Weltkriegs im englischen Landhausstil errichtet. Am Ende des Zweiten Weltkriegs fand hier die Potsdamer Konferenz der Alliierten statt. In den historischen Schlossräumen erläutert eine Ausstellung die Ereignisse von damals.

Verbotene Stadt, Zopfstilhäuser – und kein Schloss

Die düsteren Folgen der Teilung Deutschlands zeigt die ehemalige Verbotene Stadt neben dem Neuen Garten. Das Villenviertel wurde vom sowjetischen Militär beschlagnahmt, um die Deutschlandzentrale des KGB einzurichten. Die sowjetische Spionageabwehr war der wichtigste nachrichtendienstliche Vorposten an der Nahtstelle zum Westen. Das KGB-Gefängnis von damals ist heute Teil einer Ausstellung, zu der ein Geschichtspfad führt.
Im Stadtzentrum liegt das größte holländische Viertel außerhalb der Niederlande. Die 134 roten Backsteinhäuser aus dem 18. Jahrhundert sind das Ambiente für kleine Läden und Restaurants. Einmal im Jahr ist es Kulisse für ein großes Tulpenfest. Am Ende der inner-

städtischen Hauptstraße steht das Brandenburger Tor, erfüllt von Stolz, einige Jahre älter als der berühmte Berliner Namensvetter zu sein. In den einfachen Zopfstilhäusern des barocken Stadtkerns waren im Dachausbau die Stuben der Soldaten untergebracht – die Hohenzollern dachten praktisch in der seit 1713 ausgebauten Garnisonsstadt.

Der Alte Markt war die Keimzelle der Stadt. Die alte Burg, zum Stadtschloss umgebaut, ging am 14. April 1945 mit der Innenstadt im Bombenhagel unter. Die 2014 eröffnete Rekonstruktion beherbergt hinter historischen Fronten den Brandenburger Landtag. An der Fassade steht selbstironisch in goldenen Buchstaben »Ceci n'est pas un château«, dies ist kein Schloss. Die Nikolaikirche mit ihrer klassizistischen Schlichtheit bietet nach einem Aufstieg einen schönen Rundblick über den Stadtkern. Der neueste Publikumsmagnet ist das Museum Barberini im ebenfalls rekonstruierten gleichnamigen Palais.

Wissenschaft und Illusionen am Wasser

Zu den Höhepunkten gehört der Telegrafenberg mit dem Wissenschaftspark Albert Einstein, 94 Meter über dem Meeresspiegel. Die erste optische Telegraphenstation von 1832 erinnert an die Anfänge der Kommunikationstechnik. Der Große Refraktor von 1899 war einst das am weitesten reichende Linsenfernrohr weltweit in der speziell für die Astrophysik errichteten Sternwarte. 1920 planten Albert Einstein und Erich Mendelsohn ein neues Observatorium im revolutionären Einsteinturm mit Turmteleskop zur Sonnenbeobachtung. Damit sollte die Relativitätstheorie bewiesen werden. Im benachbarten Institut für Klimafolgenforschung werden hochaktuelle Arbeiten und Ausstellungen gezeigt.

Nicht um Realität, sondern um Fiktion dreht sich alles in den Studios von Babelsberg. 1912 wurde dort der erste Stummfilm gedreht. Seitdem haben sich Ateliers zum größten Filmstudio Europas mit Produktionen wie »Babylon Berlin« entwickelt.

Potsdam ist eine Stadt am Wasser. Die Havel teilt sich in den Jungfernsee, den Tiefen See, den Genthiner See, den Zernsee und in die Alte und Neue Fahrt. Immer ist das Wasser nah und die Möglichkeiten zum Wassersport, für Schiffsrundfahrten oder zum Baden sind zahlreich. Ein Supermarkt lockt mit eigenem Bootsanleger und Ausflugsgaststätten an Uferspazierwegen laden zum »Potsdamer«, dem Bier mit Himbeerlimonade.

DIE FIGUREN AM CHINESISCHEN HAUS IM PARK VON SANSSOUCI GENIESSEN IHREN TEE (OBEN). BLICK ÜBER DEN FLATOWTURM MIT DER HAVEL IM HINTERGRUND (RECHTS).

3

DIE 2005 WIEDER ERRICHTETE STERNBRÜCKE VERBINDET DIE MAGDEBURGER ALTSTADT MIT DER ELBINSEL ROTEHORN.

MAGDEBURG – BISCHOFSSTADT AN DER ELBE

MODERNE »OTTOSTADT«

Seit 2010 trägt die Landeshauptstadt von Sachsen-Anhalt den Beinamen »Ottostadt«. Denn vor mehr als tausend Jahren machte Kaiser Otto der Große aus Magdeburg eine Stadt mit Ausstrahlung und einen wichtigen Handelsstützpunkt. Im 17. Jahrhundert inspirierte der Bürgermeister und Wissenschaftler Otto von Guericke die Stadt.

In beherrschender Lage erhebt sich der auf dem Domfelsen errichtete Dom St. Mauritius und Katharina über der Altstadt. Die über dem ottonischen Vorgängerbau errichtete Kathedrale ist der erste gotische Kirchenbau in Deutschland. Zur reichen Innenausstattung zählen die zehn Skulpturen der klugen und törichten Jungfrauen, das Domherrenchorgestühl und die Alabasterkanzel. Der Dom, einige Häuser am großen Domplatz und das Kloster Unserer Lieben Frauen waren die einzigen Gebäude, die von der völligen Zerstörung der Stadt im Dreißigjährigen Krieg durch die kaiserlich-katholischen Truppen unter Tilly und Pappenheim verschont geblieben waren. Das nachfolgende grauenhafte Massaker, dem rund 20000 Magdeburger zum Opfer fielen, ging unter dem Namen »Magdeburger Hochzeit« in die Geschichte ein. Die einst reiche protestantische Hochburg am Rand der fruchtbaren Magdeburger Börde versank für einige Zeit in der Bedeutungslosigkeit.

In der Festung

Die schon seit dem 13. Jahrhundert nachgewiesenen Festungsmauern konnten die Stadt nicht vor der Verwüstung schützen. Ab 1702 begann der Wiederaufbau und Ausbau zur stärksten Festung des noch jungen Preußen. Zahlreiche Überreste blieben erhalten und bereichern das Stadtbild – aus mittelalterlicher Zeit der Stadtmauerturm Kiek in de Köken, aus preußischer Zeit die Bastion Cleve und aus dem 19. Jahrhundert mehrere Rayonhäuser. Ein etwa eineinhalbstündiger Stadtrundgang führt zu den teils

IM JAHR 2000 WURDE DIE 1966 GESCHAFFENE KOPIE DES MAGDEBURGER REITERS AUF DEM ALTEN MARKT VERGOLDET. DAS UM 1240 GESCHAFFENE REITERSTANDBILD STELLT VIELLEICHT KAISER OTTO I. DAR.

aufwendig restaurierten Festungsbauwerken. Nicht dazu zählt die Grüne Zitadelle – der bizarre bunte Gebäudekomplex ist das letzte von Friedensreich Hundertwasser entworfene Objekt.
Bedeutende Sehenswürdigkeiten befinden sich innerhalb der Festung in der Altstadt und in der Alten Neustadt. Um 1063 wurde in unmittelbarer Nähe zum Dom das romanische Kloster Unserer Lieben Frauen errichtet. Der Gebäudekomplex wird heute als Museum und Konzerthalle genutzt. Nach den Zerstörungen im Dreißigjährigen Krieg und im Zweiten Weltkrieg blieb von den Kaufmannshäusern am Alten Markt wenig übrig. Nach 1950 wurden das Alte und das Neue Rathaus wieder aufgebaut. Auf dem Marktplatz steht unter einem barocken Baldachin eine Kopie des Magdeburger Reiters aus dem 13. Jahrhundert.
Unter dem Motto »Magdeburger Moderne« würdigt die Stadt 2019 zum hundertjährigen Jubiläum des Bauhauses die zahlreichen Bauwerke aus jener Zeit. Zu ihnen zählen die in kubischen Formen gestaltete Stadthalle von 1927, das Kriegsdenkmal von Ernst Barlach im Dom, das Pferdetor im Rotehornpark und die von Stadtbaurat Bruno Taut inspirierte bunte Otto-Richter-Straße.

Stadt der schrägen Türme

Zu den herausragenden Bauhaus-Bauten gehört der 60 Meter hohe Albinmüller-Turm im Rotehornpark, der grünen Lunge Magdeburgs auf einer Insel in der Elbe. Albin Müller schuf auch stilprägende Gebäude auf der Darmstädter Mathildenhöhe. Blickfang des Aussichtsturms ist die gläserne Turmspitze. Auch der schiefe Turm in Hundertwassers Grüner Zitadelle zieht den Blick auf sich, ebenso der anlässlich der Bundesgartenschau 1999 errichtete Jahrtausendturm im Elbauenpark. Er gehört mit seinen ebenfalls 60 Metern zu den höchsten Holzgebäuden der Welt und zeigt wissenschaftliche Errungenschaften der Menschheit. In der Lukasklause, einem spätgotischen Wehrturm, ist das Otto-von-Guericke-Museum untergebracht. Die Ausstellung ist Guerickes Leben und Werk gewidmet und zeigt funktionstüchtige Nachbildungen seiner Experimentiergeräte. Auf dem Ratswaageplatz wurde 2005 eine Skulptur zum berühmten Magdeburger Halbkugelversuch eingeweiht. Guericke bewies damit die Wirkung des Luftdrucks. Ein beliebtes Souvenir sind Pralinen in Form der Halbkugeln.

WASSERSTRASSENKREUZ MAGDEBURG

Als technisches Meisterwerk gilt das Wasserstraßenkreuz bei Hohenwarthe nördlich von Magdeburg. Hier überquert der Mittellandkanal die Elbe. Die Anfänge reichen bis ins frühe 20. Jahrhundert zurück. 1938 wurde das Schiffshebewerk Rothensee zur Überbrückung des Höhenunterschieds von 16 Metern zwischen Mittellandkanal und Rothenseer Verbindungskanal errichtet. Seit 2006 ersetzt die Schleuse Rothensee das als technisches Denkmal weitergeführte Schiffshebewerk. Highlight ist die in Trogbrückenbauweise angelegte Kanalbrücke. Beliebt sind Schiffsfahrten auf dem Wasserstraßenkreuz. Das Bauwerk ist Teil des Verkehrsprojekts Deutsche Einheit Nr. 17 für eine Wasserstraßenverbindung zwischen Dortmund-Ems-Kanal und Berlin.

WEITERE INFORMATIONEN

Sehenswürdigkeiten,
www.magdeburg-tourist.de
Magdeburger Moderne,
www.bauhaus100.de/programm/veranstaltungsdetails/419
Wasserstraßenkreuz,
www.wasserstrassenkreuz-magdeburg.info

4

HALBERSTADT – SCHATZKAMMER AM HARZRAND

LANGE TÖNE, KOSTBARE STÜCKE UND WÜRSTCHEN IM GLAS

Die Silhouette der Kirchtürme beeindruckt und erzählt von der 1200-jährigen Geschichte der Stadt. Halberstadt liegt am nördlichen Harzvorland am Rande des Höhenzuges Huy und entwickelte sich im Mittelalter unter dem Kaisergeschlecht der Ottonen zu einer reichen Stadt. Ihr größtes Juwel ist der Domschatz.

Bis zum 8. April 1945 war Halberstadt eine der schönsten Fachwerkstädte Deutschlands. An diesem Tag wurde der Ortskern durch amerikanische Bomben zur Feuerhölle. Ziel des Angriffs waren das Zentrum der alten Garnisonsstadt und die Junkers-Zweigwerke. Am 11. April besetzten US-Amerikaner die Stadt, am 18. Mai wurde sie an die Briten und Ende Juni 1945 an die Sowjets übergeben. Die Stadt war zu 82 Prozent zerstört.
In der Nachkriegszeit wurden Plattenbauten gegen den Wohnungsmangel errichtet und breite Straßen durch die Trümmer geschlagen. Viele der alten Fachwerkhäuser, die den Krieg überstanden hatten, verfielen. Aus Sicherheitsgründen wurden ganze Straßenzüge abgesperrt, marode Häuser schließlich abgerissen. Doch immer ragten stolz aus dem Häusermeer die Kirchtürme des Doms und, ihm gegenüber, der Liebfrauenkirche – die romanische Basilika ist die einzige in Mittel- und Norddeutschland mit vier Türmen.

Glanz und Ton: Kirchen und ihre Schätze

Der 1236 begonnene und 1491 geweihte Dom ist eine konsequente Umsetzung französischer Kathedralgotik. Die Halberstädter Dombaumeister folgten dem großen Vorbild in Reims mit offenem Strebewerk und Seitenschiffen als Umgang um den polygonalen Chor. In der Domschatzkammer wartet eine der weltgrößten mittelalterlichen Sammlungen sakraler Kunst.

BLICK ÜBER HAUSDÄCHER UND KIRCHTÜRME (MITTE DOM, RECHTS ST. MARTINI) BIS ZUM HARZRAND (GANZ LINKS). STEINERNE ZUHÖRER IM DOMSCHATZ (LINKS). ALTSTADT-IDYLLE (UNTEN).

300 von insgesamt 650 Exponate sind, nicht nur hinter Vitrinen, zu bewundern. Zu den berühmtesten gehören der Abraham-Engel-Teppich von 1150. Ältestes Exponat ist ein Konsulardiptychon als aufklappbares Schreibtäfelchen aus Ravenna von 416. Nicht nur die Kirchen am Domplatz, sondern auch ihre neun romanischen und gotischen Schwestern wurden wiederaufgebaut bzw. restauriert: St. Martini mit den beiden unterschiedlich hohen Türmen gehörte immer den Bürgern, nie dem Klerus. Die St.-Johannis-Kirche gilt als größte Fachwerkkirche Deutschlands. St. Burchardi ist das Ziel für diejenigen, die Achtsamkeit suchen: Dort erklingt das Orgelwerk von John Cage »As slow as possible«. Der letzte Ton der Komposition wird im Jahr 2640 verhallen.

Aufklärung und andere Erkenntnisse

An der nördlichen Seite des Domplatzes lädt das Städtische Museum im ehemaligen barocken Wohnsitz des Herrn von Spiegel zu einem Besuch. Ganz in der Nähe steht mit dem Gleimhaus ein »kultureller Gedächtnisort mit besonderer nationalen Bedeutung«. Im ehemaligen Wohnhaus des Dichters, Sammlers und begnadeten Netzwerkers Johann Wilhelm Ludwig Gleim ist seit 1862 eines der ältesten Literaturmuseen in Deutschland untergebracht. Bereits Gleims Freund Goethe war von der Sammlung, die heute »Museum der deutschen Aufklärung« heißt, begeistert.

Im Heineanum wartet neben einem Plateosaurus und einem Plesiosaurus eine herausragende ornithologische Sammlung. Das Berend-Lehmann-Museum der Moses-Mendelssohn-Akademie ist ein Zeugnis des jüdischen Lebens in Halberstadt. Kern des Museums sind die teilweise erhaltene Mikwe und die Klaussynagoge.

Gegen den kleinen Hunger zwischendurch hilft der Biss in eine knackige »Halberstädter«. 1896 wanderte in Halberstadt erstmals eine Brühwurst konserviert ins Glas. Nur das Riesenweinfass im Jagdschloss ist leider leer.

DIAKONISSENMUTTERHAUS ELBINGERODE

Unzerstört, auf höchstem Niveau gepflegt, immer noch in ursprünglicher Nutzung und wenig bekannt, ist das Diakonissenmutterhaus am Stadtrand von Elbingerode eines der herausragenden Beispiele der Bauhaus-Architektur. 1932 wurde es nach Plänen des Architekten Godehard Schwethelm als Erweiterungsbau einer bestehenden Anlage errichtet. Schwethelm war geschult in der zeitgenössischen Moderne, seine Ideen hat er auch in vielen Ausstattungsgegenständen wie Türklinken und Kochherd verwirklicht. Spektakulär ist das noch in Betrieb befindliche Hallenbad direkt unter dem Kirchenschiff. Der separate Eingang ist mit Fischen dekoriert. Oben wird gebetet, unten geschwommen. Hier ist »Bauhaus« kein Museum, sondern Alltag. Ein integriertes Heizkraftwerk heizt die Tomatenstauden und das Schwimmbad. Letzteres ist der Öffentlichkeit zugänglich und ermöglicht ein stilreines Erlebnis.

WEITERE INFORMATIONEN

Domschatz,
www.die-domschaetze.de
Gleimhaus, Museum der deutschen Aufklärung,
www.gleimhaus.de
Elbingerode,
www.mutterhaus-elbingerode.de

5

DAS 26 METER HOHE KNOCHENHAUER-AMTSHAUS IST DER EINDRUCKSVOLLSTE FACHWERKBAU AUF DEM MARKTPLATZ.

HILDESHEIM – STADT DER WUNDER

AUF DEM ROSENWEG ZUR KUNST

Das Stadtbild des 1200-jährigen Hildesheims grenzt an ein Wunder: durch seine romanischen Gotteshäuser, den Mariendom mit seinen Kunstschätzen und der Michaeliskirche und nicht zuletzt durch die Rekonstruktion der Altstadt, die im Februar und März 1945 durch Bombenangriffe in Schutt und Asche gefallen war.

Ein Wunder beflügelte auch den Bau des Doms St. Mariä (9. Jh., gerade frisch restauriert): Kaiser Ludwig der Fromme hatte einer Legende nach aus Dank für die Errettung nach einem misslungenen Jagdausflug eine Marienkapelle erbauen lassen und die Kaufmannssiedlung an der Furt des Hellwegs, einer wichtigen West-Ost-Verbindung, 815 zur Bischofsstadt erhoben. Dort, wo Ludwig die Hilfe der Gottesmutter erflehte, wuchs der nun »tausendjährige« Wildrosenstock. Das Wahrzeichen Hildesheims überstand auch das Inferno des Zweiten Weltkriegs und blüht noch heute an der Apsis des Doms. Seine Blüte als Stadt erlebte Hildesheim unter Bernward, Bischof von 993 bis 1022. Er ließ die Michaeliskirche, eine doppelchörige Basilika mit mächtigen Vierungstürmen und ausgemalter Holzdecke (13. Jh.), errichten und schuf mit einem 4,72 Meter hohen Bronzeportal ein einzigartiges Kunstwerk: In die beiden Flügel der Bernwardstür am Dom sind 16 detailreiche Reliefs gearbeitet, die Szenen aus dem neuen Testament in fast moderner Anmutung zum Leben erwecken.

Massive Eiche und leichte Fünfziger

Berühmt ist Hildesheim auch für seine historischen Bürger-, Patrizier-, Gilde- und Handwerkerhäuser aus fünf Jahrhunderten. Als einer der schönsten Fachwerkbauten Deutschlands gilt das Knochenhauer-Amtshaus, früher das Zunfthaus der Fleischer, auf dem Marktplatz mit seinem überreichen Schnitzwerk und Dekor; das 26 Meter hohe Fachwerkjuwel blickt auf das spätgotische Rathaus (13.–15 Jh.). Im Unter-

IM VIERTEL AM KEHRWIEDERTURM STEHEN DIE ÄLTESTEN GEBÄUDE VON HILDESHEIM NOCH IM ORIGINAL.

schied zu den Nachbarhäusern wurde nicht nur die Fassade (außer Tempelherrenhaus, 1457) rekonstruiert, sondern das komplette Gebäude (bis 1990). Ein Film des Stadtmuseums in den oberen Stockwerken zeigt die eindrucksvolle Rekonstruktion. Originell: Eine Fahrt durch Hildesheim mit einer alten Straßenbahn als »Road Movie«. Noch mehr Fachwerk – im Original – bietet die Neustadt im Viertel um Gelben Stern, Keßler- und Goschenstraße. Wer sich nicht entscheiden kann, wohin zuerst – die Rosenroute führt zu den wichtigsten Sehenswürdigkeiten.
Was immer mehr Beachtung, nicht nur unter Denkmalpflegern, findet, ist die Nachkriegsbebauung. Ganze Straßenzüge mit lindgrünen und zartrosa gestrichenen zweigeschossigen Wohnhäusern strahlen den Charme der 1950er-Jahre aus. Alle Schönheiten lassen sich vom Turm der Andreaskirche bewundern, mit 115 Metern der höchste in Niedersachsen.

Junge Stadt, alte Welt

Unter dem Dach ehrfurchtsvoller Geschichte präsentiert sich Hildesheim als junge Stadt, der die Studenten der wachsenden Universität ihren Stempel aufdrücken. Urige Kneipen, gemütliche Cafés, spritzige Restaurants und lauschige Buchläden sind Zeugnisse davon. Jedes Jahr im September verwandeln sich Straßen und Gassen der Innenstadt im »Pflasterzauber« zu einer Bühne für Straßenmusiker und Straßenkünstler. Nach Alt-Ägypten, Alt-Peru und Ostasien entführt das Roemer- und Pelizaeus-Museum, eine kulturhistorische Sammlung von europäischem Rang. Von edlem Porzellan grinsen chinesische Drachen und ein freundlicher Terrakottakrieger weist dem Besucher den Weg.

SCHLOSS MARIENBURG

Georg V., König von Hannover, ließ sein Neuschwanstein in Sichtweite der Hildesheimer Kirchtürme auf dem Schulenburger Berg über der Leine bauen, allerdings nicht als Rückzugsort, sondern als repräsentatives Geschenk für seine Frau Marie nach der Thronbesteigung 1857. Sie übernahm die Gestaltung – ihr Mann war blind – und baute ihre Sommerresidenz, Schloss Marienburg, als Traum aus Neugotik mit 144 Zimmern, moderner Schlossküche und Fußbodenheizung. Die Innenausstattung ist fast komplett erhalten. Konnte die Königin ihr Schmuckstück kaum genießen, weil sie 1867 ihrem Mann ins Exil folgen musste – nach dem Deutschen Krieg 1866 war Hannover an Preußen gefallen –, öffnen die Welfen heute die Pforten für den romantisch oder festlich gestimmten Normalbürger.

WEITERE INFORMATIONEN

Besucherzentrum Weltkulturerbe, www.hildesheim.de/tourismus
Roemer- und Pelizaeus-Museum, www.rpmuseum.de
Schloss Marienburg, www.schloss-marienburg.de

DER MARKTPLATZ VON HILDESHEIM MIT DEM MARKTBRUNNEN VON 1540 IST EINE GELUNGENE HISTORISCHE REKONSTRUKTION.

6

DIE »SPITZHACKE« AM UFER DER FULDA SCHUF CLAES OLDENBURG 1982 ANLÄSSLICH DER DOCUMENTA 7.

KASSEL – ES WAR EINMAL

GÄRTEN, KUNST UND POESIE

Die documenta, die Wilhelmshöhe und ja, ein Autobahndreieck, das verbinden viele mit Kassel. Die beiden ersten Nennungen könnten schon neugierig auf eine Stadt machen. Doch das mit fürstlich-architektonischer Pracht und exquisitem Grün gesegnete Kassel punktet auch noch mit Museen von skurril bis spektakulär.

Kassel klingt in manchen Ohren nach langweiliger Provinz. Das Gegenteil ist der Fall. Die bereits im ersten Jahrtausend erwähnte Stadt an der Kreuzung wichtiger Handelsstraßen blühte stetig auf. Die landgräfliche Residenzstadt des 13. Jahrhunderts mit mächtiger Burg wurde im 16. Jahrhundert zur Festung ausgebaut. Sie galt als uneinnehmbar. Landesherren wie Karl I. oder Wilhelm I. sparten nicht an der Förderung von Architektur, Kunst und Gartengestaltung. Kein Wunder, dass sich Geistesgrößen wie die Gebrüder Grimm gern hier niederließen. 1800–1813 stand Kassel als Hauptstadt des Königreichs Westphalen auf dem Gipfel der Anerkennung – auch wenn dieses nur ein napoleonischer Satellitenstaat war. Prunkvolle Bauten, auch aus dem Historismus und Jugendstil, fielen dem Zweiten Weltkrieg zum Opfer, Beschädigtes wurde allzu großzügig abgebrochen – was dem Gesamteindruck schadete. Wer sich aber kundig auf den Weg macht, entdeckt wahre Perlen.

Weites Grün, immer nah

Die erste Bundesgartenschau sorgte 1955 für Furore – in Kassel. Doch gepflegtes Grün hat hier bereits eine lange Tradition, und wer die Stadt erwandert, wird begeistert überall darauf stoßen. Wahrzeichen von Kassel und monumentaler Blickfang ist natürlich der Wilhelmshöher Park. Selbst wer schon mehrere Male dort war, empfindet es jedes Mal aufs Neue als

DIE LÖWENBURG IM WILHELMSHÖHER PARK IST EINE KÜNSTLICHE RUINE IM STIL DER ENGLISCHEN NEUGOTIK.

erhebend, die langen, sanft geschwungenen Wege durch gepflegte Wiesen mit Baumgruppen auf die Höhen zu nehmen und am Ende mit einem fürstlichen Blick auf die Stadt belohnt zu werden. Die elegante Eisenkonstruktion des Gewächshauses lässt den Besucher sich (fast) in den englischen Kew Gardens wähnen. Im Winter wird es zur schützenden Heimstatt prächtiger exotischer Pflanzen. Die Steinhöfer Wasserfälle simulieren Natur täuschend echt, ein weißer Tempel setzt einen lichten Akzent. Vor der Löwenburg nach schottischem Vorbild wird dem Besucher ritterlich zumute, die Roseninsel hüllt sich zur Blütezeit in betörende Düfte. Und über allem thront am Kopfende der Wasserkaskade das »Riesenschloss«, ein Oktogon, mit Herkules-Statue. Von Anfang Mai bis Anfang Oktober finden an bestimmten Tagen Wasserspiele statt – von Juni bis September abends manchmal mit Beleuchtung. Dann rauscht das Wasser über die Kaskadenstufen bis hinab in den Schlossteich mit einer 50 Meter hohen Fontäne.

In der Fuldaaue entstand schon im 16. Jahrhundert zwischen zwei Flussarmen ein Renaissancegarten. Nicht weit davon wird man heute auf der Terrasse der ersten Orangerie Deutschlands, einem monumentalen, 140 Meter langen Bau, gastronomisch verwöhnt. Von hier aus lässt sich prächtig durch den ganzen Park der Karlsaue flanieren. Viel Weite und Wasser, etwa Hirsch- oder Küchengraben, leiten zum Tüpfelchen auf dem i: der verwunschen wirkenden Blumeninsel Siebenbergen mit Gartenhaus. Ein bunter Blütenreigen in kunstvoll gestalteten Beeten, überraschende Farbtupfer auf kleinen Wiesen und immer wieder der Blick aufs Wasser sorgen für eine romantische kleine Auszeit. Auf drei Höhenstufen wurden Seerosen und Orchideen, Wildpflanzen und Stauden zu einem in sich geschlossenen blühenden und grünenden Reich für Gartenfreunde komponiert. Am gern fotografierten Gartenhaus kann man, je nach Jahreszeit, Pflanzen und Samen auch kaufen.

Die Kunst kommt

Die Gemäldesammlung auf Schloss Wilhelmshöhe umfasst neben einer antiken Skulpturensammlung eine bedeutende Sammlung Alter Meister von Cranach über Dürer bis Rembrandt und Tizian. Die Neue Galerie präsentiert europäische Malerei und Skulptur seit Mitte des 19. Jahrhunderts. Dort trifft man auf Werke der Großen wie Rodin, Kirchner, Nolde, Warhol und Beuys.

Für einen Weckruf in Sachen Kunst aber sorgte 1955 die erste documenta – seither immer mit Kassel verbunden. Dort trifft sich alle fünf Jahre die internationale Kunstwelt, um neue Strömungen und neue Stars zu entdecken, auch kunsttheoretisch zu diskutieren. Was im Museum Fridericianum als Übersichtsschau über europäische Kunst im 20. Jahrhundert begann und sich dann – ein Clou – mit abstrakter Kunst auseinandersetzte, ist heute Plattform für die künstlerische Auseinandersetzung mit politischen und gesell-

MUSEUM FÜR SEPULKRALKULTUR

Aus den Museen Kassels sticht eines als recht skurril hervor: Das Museum für Sepulkralkultur widmet sich dem Sterben, Beerdigtwerden und Trauern. Was eher düster klingt, ist doch im Alltag präsent und wird in allen Erscheinungsformen und aus vielen Blickwinkeln betrachtet – manchmal sogar heiter. Das Museum, bestehend aus Alt- und Neubau, ist einzigartig auf der Welt. Wie wird der Tod künstlerisch dargestellt? Wie bestatten und ehren andere Kulturen ihre Toten? Wie haben sich Gräber und Särge über die Zeit entwickelt? Das und vieles mehr rund um das Thema Tod erfährt man – zeitgemäß aufbereitet und sehr viel weniger gedankenschwer, als man zunächst denken mag, im Museum für Sepulkralkultur, Weinbergstraße 25–27.

WEITERE INFORMATIONEN

Tourist Information Innenstadt,
www. kassel-marketing.de.
Die Parkbroschüre Kassel führt durchs Grün.
Sepulkralmuseum,
www.sepulkralmuseum.de

schaftlichen Problemen der Zeit. Werke etablierter Künstler und Newcomer sind im Stadtbild präsent.

Begehbare Literatur

Die Kasseler Museumslandschaft kann sich sehen lassen, darunter Kurioses wie das Museum für Sepulkralkultur und das Astronomisch-Physikalische Kabinett in der Orangerie in der Karlsaue. Ästhetische Messinstrumente und große Versuchsanordnungen lassen selbst den hartgesottenen MINT-Phobiker nicht mehr los, dem sich naturwissenschaftliche Zusammenhänge nun verblüffend eingängig erschließen – und dem die Zeit beinahe knapp wird, will er alle Räume erkunden.
Ein Museum jedoch ist wirklich Spitze. Die Grimmwelt (nicht zu verwechseln mit dem Brüder-Grimm-Museum im Palais Bellevue) liegt nicht nur auf dem Gipfel des Kasseler Weinbergs, sondern wurde von der UNESCO auch als Weltdokumentenerbe ausgezeichnet. In Kassel nämlich hielten die Grimms fest, was an Kinder- und Hausmärchen sonst verloren zu gehen drohte. Sie lauschten dazu nicht nur ihrer »Gewährsfrau« Dorothea Viehmann, sondern durchstreiften die umliegende Landschaft, sammelten und schrieben nieder, was sonst nur mündlich weitergegeben worden war. Es waren einmal Rotkäppchen, Rapunzel, Aschenputtel oder Hänsel und Gretel ... Der Zugang zu den Märchen, außerdem zum Deutschen Wörterbuch und zur Deutschen Grammatik der Brüder Grimm, ist mit innovativer Raffinesse durch ein begehbares Glossar entlang der Buchstaben des Alphabets hautnah zu erfahren, sei es durch Installationen wie einer riesigen »Tröte«, die lustige Schimpfwörter erwidert, Märchen-Erlebnisräume oder das überdimensionale Tintenfass mit der Menge an Tinte (200 Liter), die die Grimms verbraucht haben sollen. Unterhaltung auf hohem Niveau für Groß und Klein! Und die »Besteigung« des Museumsdachs wird mit einem grandiosen Blick über Kassel belohnt.

DIE GASTRONOMISCHE SZENE KASSELS LÄSST KAUM WÜNSCHE OFFEN (OBEN). ALS »HIMMELSSTÜRMER« WIRD JONATHAN BOROFSKYS WERK »MAN WALKING TO THE SKY« AUS DEM JAHR 1992 GERN BEZEICHNET (RECHTS).

ZU EINEM WAHRZEICHEN
ESSENS IST DAS FÖRDERGERÜST
DES UNESCO-WELTERBES
ZECHE ZOLLVEREIN GEWORDEN.

DIE KONZERNZENTRALE VON THYSSENKRUPP STEHT AUF HISTORISCHEM BODEN NAHE DES KRUPPSCHEN STAMMHAUSES.

7

ESSEN – IM HERZEN DES RUHRGEBIETS

KOHLEKULT UND VIEL KULTUR

Steinkohle und Gussstahl verdankte Essen seinen industriellen Aufschwung. Heute beeindruckt die einmal modernste Zeche der Welt und Kokerei Zollverein als UNESCO-Welterbe Besucher aus aller Welt. Dem Titel Kulturhauptstadt Europas wird die Stadt nicht erst seit 2010 mehr als gerecht, als Grüne Hauptstadt Europas 2017 zeigt sie ein verblüffend naturnahes Gesicht.

Noch immer wundern sich Ruhrgebietstouristen darüber, dass die Region nicht mehr dem Klischee »pottschwatt« entspricht: »Ist das grün hier!« Nicht erst mit dem Ende des Kohlebergbaus wurde für Erholungsräume gesorgt, etwa mit Revierparks. Auch laden große Waldgebiete wie der Schellenberger Wald und Parks wie der Grugapark zum Wandern und Flanieren ein.

Grün ist das neue Schwarz

Für die meisten verbindet sich der Name Krupp mit Essen. Der Industriebaron hat mit dem 28 Hektar großen Park rund um die Villa Hügel ein grünes Juwel hinterlassen, in dem sich umgeben von dichtem Wald trefflich schlendern lässt. 1961 wurde der Park nach dem Muster eines englischen Gartens umgestaltet, Gewächs- und Schauhäuser verschwanden. Hügelauf, hügelab führen heute bequeme Wege über Wiesen und durch kleine Gehölze. Die weiße Villa selbst mit ihren beinahe 300 Räumen und 8100 Quadratmetern Wohnfläche erbaute Alfred Krupp (1812–1887) als Familiensitz. Sie ist in Teilen zu besichtigen und in den prächtigen Räumen finden Konzerte und Ausstellungen statt. Besucher sollten sich die Zeit nehmen, im kleineren Nebengebäude die Ausstellung über die Firmengeschichte, immer eng verwoben mit der Familie Krupp, zu besuchen.
Zu Füßen der Villa Hügel breitet sich der Baldeneysee als größter von sechs Ruhrstauseen aus. Spaziergänger

schätzen den 14 Kilometer langen Rundweg und Wassersportler die Länge des Sees von knapp acht Kilometern. Über das Wehr eines Kraftwerks – ein Juwel solider, historischer Technik – gelangt man ins beschauliche Essen-Werden. In der Luciuskirche als ältester Pfarrkirche nördlich der Alpen sind Reste figürlicher Malereien aus dem 11. Jahrhundert zu bestaunen. Wem es am Wochenende am See zu trubelig wird, geht in die Höhe: Der BaldeneySteig führt im Rundkurs auf 27 Kilometern über den Ruhrhöhenweg um den See. Von der Korte-Klippe hat man einen Panoramablick über das ganze ins Grün gebettete Gewässer.

Die Große Ruhrländische Gartenbauausstellung 1929 bescherte Essen den Grugapark, der 1965 für die Bundesgartenschau um Brücken, kilometerlange Wege, einen Musik- und Lesepavillon, einen Bienenlehrstand und den Margarethensee erweitert wurde. Einer der größten Parks Europas zieht weiter treue Fans und »Wiederentdecker« an. Spektakuläre Dahlien- und Rosenbeete, das Mediterraneum mit Dattelpalmen und Zitrusgewächsen, die riesige Mustergartenanlage mit Themengärten und das kunterbunte Hundertwasserhaus mit goldenem Zwiebelturm erfreuen das Herz aller Gartenfreunde.

Weg der Kohle trifft Design

Zeche und Kokerei Zollverein, heute UNESCO-Welterbe, gilt vielen als schönste Bergwerksanlage überhaupt. Ein architektonisches Meisterstück der Neuen Sachlichkeit ist es allemal. Knappen und Koker schufteten einst in der Gewinnung von Steinkohle und Verarbeitung vor allem für die Stahlschmelze. Nachdem die Zeche 1986 und die Kokerei 1993 geschlossen worden waren, renovierte man einige Gebäude im Rahmen der IBA Emscherpark (ab 1990). Heute führen (auch) ehemalige Bergleute kenntnisreich durch die einzigartige Industriedenkmal-Landschaft, die Besucher Arbeitsprozesse rund um die Steinkohle hautnah erleben lässt. Das Ruhr Museum auf Zollverein in der ehemaligen Kohlenwäsche, Schacht XII, zeigt die Geschichte des Reviers von der Entstehung der Kohle bis zum »Strukturwandel«. Eine orange leuchtende

DER ESSENER DOM BLICKT AUF EINE ÜBER 1000-JÄHRIGE GESCHICHTE ZURÜCK, DAS RATHAUS DAHINTER STAMMT AUS DEN 1970ER-JAHREN (LINKS). DER NACHTWÄCHTER WACHT ÜBER DIE KETTWIGER ALTSTADT (OBEN).

Rolltreppe führt steil hinauf, im Innern geht es zu Fuß, gleichfalls durch oranges Licht geleitet, in die Tiefe auf den einstigen »Weg der Kohle«. Die Räumlichkeiten sind außerdem spektakuläre Kulisse für Sonderausstellungen.
Das ehemalige Kesselhaus der Zeche Zollverein ist das richtige Ambiente für eine Schau zeitgenössischen Produktdesigns. Mitte der 1990er-Jahre verschmolz nach Plänen des britischen Stararchitekten Norman Foster eine neue Innenarchitektur aus Glas und Beton mit dem alten Gebäude. Im Red Dot Design Museum werden formvollendete Alltagsgegenstände aus rund 45 Ländern präsentiert.
Ein Gang über das riesige Zollverein-Gelände offenbart, wie sich eine »neue Natur« Industriestandorte zurückerobert hat: Tausendgüldenkraut, Flieder & Co. werden von Bienen umschwärmt – am Wegesrand summt und brummt es (wieder).

Goldschatz und Kunstschatz

Von blendender Schönheit sind die Kunstwerke in der Schatzkammer des Essener Doms in der Innenstadt. Essen verdankt seine Entstehung der Gründung eines Frauenstifts um 850, dem später weibliche Mitglieder des ottonischen und des salischen Kaiserhauses angehörten. Die Sammlung von Goldschmiedearbeiten und Sakralkunst aus dieser Zeit sucht ihresgleichen. Die Goldene Madonna, komplett mit feinem Goldblech überzogen, ist eines der ältesten vollplastischen Bildwerke des Mittelalters und wertvollstes Kunstwerk des Ruhrgebiets.
Das Museum Folkwang wurde 1902 von Karl Ernst Osthaus (1874–1921) im westfälischen Hagen gegründet. Die Werke der Moderne, darunter Bilder von Cézanne, Gauguin, van Gogh und Matisse wurden für die Stadt Essen erworben und mit dem Städtischen Kunstmuseum zum Museum Folkwang vereint. Sie haben heute im Neubau des Museum Folkwang nach Plänen des Architekten David Chipperfield gemeinsam mit Sammlungen der Malerei und Skulptur des 19. Jahrhunderts, der Kunst nach 1945 und der Fotografie sowie dem Plakatmuseum eine lichte Heimstatt gefunden.

Erbauung garantiert

Nach einem Entwurf des Architekten Georg Metzendorf entstand 1906–1938 die Siedlung Margarethenhöhe, benannt nach ihrer Stifterin Margarethe Krupp. Modern ausgestattete Wohnungen mit großen Gärten nach dem Vorbild der Gartenstadt-Bewegung sollten Essenern gesundes Wohnen ermöglichen – und tun es heute noch. Die Margarethenhöhe mit ihren liebevoll gepflegten Häuschen, Laubengängen und Grünflächen gilt als eine der schönsten Siedlungen Deutschlands. Von hier aus spaziert man bis in den Grugapark. Eine Führung gewährt Einblick in Bürger- und Künstlerräume und öffnet die Augen für künstlerische Details. Der Stadtteil Rüttenscheid nicht weit davon ist das Shopping- und Ausgehquartier der Stadt. Wenn ab Ende März die rund 150 Kirschbäume auf der Rüttenscheider Straße blühen, dann ist der Frühling erwacht.

LICHTE MOMENTE
Die Lichtburg auf der Kettwiger Straße ist Deutschlands größter und schönster Filmpalast, Ort glamouröser Uraufführungen und Treffpunkt internationaler Filmstars. Ebenso werden dem Publikum Konzerte und Lesungen geboten. Die renovierte Lichtburg verfügt über 1250 Sitzplätze und ist damit der größte Kinosaal Deutschlands.
Das Essen Light Festival in der Innenstadt läutet die Essener Lichtwochen ein, die traditionell mit kunstvoll gestalteten Motiven aus Lichtelementen Jahr für Jahr Millionen Besucher aus dem In- und Ausland erfreuen. In Verbindung mit dem Internationalen Weihnachtsmarkt Essen bringen sie reichlich Licht in die dunkle Jahreszeit. Wahrzeichen und eines der beliebtesten Fotomotive ist das prachtvoll illuminierte Riesenrad neben dem Dom.

WEITERE INFORMATIONEN
EMG – Essen Marketing GmbH, Touristikzentrale Essen,
www.essen-toursimus.de

ZWICKAU EHRT DEN KOMPONISTEN
ROBERT SCHUMANN, EIN GROSSER
SOHN DER STADT, MIT EINEM DENKMAL.

BLICK ÜBER ZWICKAU, DIE VIERTGRÖSSTE STADT DES BUNDESLANDES SACHSEN.

ZWICKAU – SCHMUCKSTÜCK SACHSENS

KLEINE GROSSSTADT IN BEWEGUNG

Große Namen wie Thomas Müntzer, Robert Schumann und August Horch prägen die 900-jährige reiche Geschichte Zwickaus, der viertgrößten Stadt Sachsens. Bergbau und Industrie, aber vor allem Aufgeschlossenheit und Erfindergeist sorgten für Wohlstand und Kultur. Davon kündet nicht nur die gepflegte Architektur der historischen Altstadt.

Mit dem 15. Jahrhundert kam Schwung ins Städtchen: Am Schneeberg war Silber gefunden worden. Später sollten der Steinkohlebergbau und die Tuchmacherei Zwickau nach vorne bringen. Handel jeder Art wurde durch die günstige Lage befördert – der Fluss Mulde war hier für Reisende leicht zu durchqueren. Den Schachtanlagen folgten im 19. Jahrhundert Fabriken. Die Stadt wuchs und gedieh weiter. Über die Zeit haben Kriege wie der Dreißigjährige oder der Siebenjährige Krieg, der Erste und Zweite Weltkrieg, haben Epidemien, Hochwasserkatastrophe und Grubenunglück oder das Ende der Steinkohlenförderung 1978 natürlich auch Zwickau zugesetzt. Aber die Menschen hier wussten stets sorgsam mit ihrem Erbe umzugehen und es zu nutzen. Der Bergbau bewegt sie immer noch: Auf der traditionellen Bergparade durch die Innenstadt samt Konzert an jedem dritten Advent lassen Hunderte Teilnehmer in traditionellen Uniformen, Spielmannszüge und Sänger die Bergbaugeschichte des Erzgebirges wieder aufleben.

Schmucke Zeugen guter Zeiten

Zeugen alten Wohlstands sind die Priesterhäuser am Dom. Das voll ausgestattete und detailgetreu restaurierte Ensemble mittelalterlicher Wohnhäuser für Priester, Kaufleute und Ratsherren lässt nachempfinden, wie die gehobenen Schichten vom 13. bis 15. Jahrhundert gelebt haben müssen. In der Ruß-

küche wurde über offenem Feuer in mächtigen Töpfen ein sättigender Eintopf zubereitet – den gibt es heute noch im Rahmen besonderer Veranstaltungen. Besonders zwei Kirchen prägen das Stadtbild: Aus dem Dom St. Marien, einer romanischen Basilika (12. Jh.), wurde im 15. und 16. Jahrhundert eine spätgotische Hallenkirche, mit der Reformation ein evangelisches Gotteshaus – und der Bergbau sorgte für eine gehörige Absenkung. Der Flügelaltar aus der Werkstatt des Malers, Holzschnitzers und Lehrers von Albrecht Dürer, Michael Wolgemut (1434–1519), und das Vesperbild des Holzbildhauers Peter Breuer (1472–1541) beeindrucken noch heute.
Von Breuer ist in der Katharinenkirche (13. Jh.) auch eine Christusfigur zu bewundern. Das prächtige Gewandhaus (16. Jh.) am Hauptmarkt mit seinem steilen Dach und der fensterreichen Giebelfassade, in dem einst Tuche auf ihre Qualität geprüft und gelagert wurden, mutierte zum Sitz des Theaters und zum beliebten Fotomotiv. Das alte Kornhaus wurde zur Stadtbibliothek. Weitere fotogene Gebäude aus der Gründerzeit und dem Jugendstil wie die Häuser »Neue Welt« und »Johannisbad« stehen in der Zwickauer Nordvorstadt.

SCHLÖSSER UND BURGEN UM ZWICKAU
In Zwickau, an der Zwickauer Mulde und im Umland kommen Freunde alter Gemäuer auf ihre Kosten. Reich ist die Landschaft mit Burgen und Schlössern bestückt. Eine kleine Auswahl: Das Zwickauer Schloss Osterstein aus dem 13. Jahrhundert wurde zum Renaissanceschloss umgebaut – und zeitweise als Gefängnis zweckentfremdet. Dort saßen August Bebel und Karl May ein. Heute ist das schöne Gebäude eine gepflegte Seniorenwohnanlage. In Glauchau beeindruckt eine Doppelschlossanlage und in Schloss Altenburg ist das Spielkartenmuseum untergebracht, schließlich ist die Stadt seit Mitte des 18. Jahrhunderts für die Produktion von Spielkarten bekannt und Heimat des Skatspiels. In Schloss Blankenheim in Crimmitschau sind neben Rittergut und Schloss 80 Gebäude des landwirtschaftlichen Freilichtmuseums zu erkunden.

WEITERE INFORMATIONEN
Tourist Information Zwickau,
www.zwickautourist.de
Zu vielen Themen wie Automobilgeschichte, Jugendstil und Gründerzeit und anderen gibt es Stadtführungen.

Geist des Fortschritts, Licht der Kunst

Dass der Zwickauer Neuem aufgeschlossen ist, hat er bereits 1525 bewiesen, als sich in Zwickau die Reformation durchsetzte, übrigens direkt nach Luthers Wittenberg. Der Reformator selbst hatte Thomas Müntzer als Prediger hierher empfohlen – was er später bereute, entpuppte sich Müntzer doch am Ende als Feind des Wittenberger »Fürstenknechts«.
Die Musik Robert Schumanns (1810–1856) bewegte nicht nur die Zeitgenossen; Musikliebhaber der Gegenwart pilgern zum Eckhaus am Hauptmarkt 5, wo der große Sohn der Stadt geboren wurde. Dort lernte er Klavier spielen, dichtete und komponierte – 160 Klavierstücke, Lieder, Chor-, Orchester- und Kammermusikstücke blieben erhalten. Im Zwickauer Schumann-Haus beeindruckt die mit über 4000 Handschriften größte Schumann-Sammlung der Welt. Acht Räume gewähren Einblick in das Alltagsleben des Künstlers und seiner Frau, der nicht minder namhaften Pianistin und Komponistin Clara Schumann geb. Wieck. Das Schumann-Fest im Juni und ein nach dem Musiker benannter internationaler Wettbewerb fördern heute junge Künstler.
Farbe ins Leben nicht nur der Zwickauer brachte der Expressionist Max Pechstein (1881–1955), der nach der Ausbildung zum Dekorationsmaler und dem Kunststudium in Dresden Mitglied der Künstlervereinigung »Die Brücke« wurde. Motive für seine farbenfrohen Werke fand der reisefreudige Künstler in Südeuropa und sogar in der Südsee. 50 Porträts und Stillleben, Glasbilder und Skulpturen haben als Dauerausstellung in Zwickau eine Heimat gefunden: im

Max-Pechstein-Museum der Kunstsammlungen Zwickau, Lessingstraße 1.

Mit Elan automobilisiert

Zwickau bleibt für alle Zeiten mit des Deutschen liebstem Kind, dem Auto, verbunden. Im Dorado für Selbstfahrer leuchten die Augen der Fans, hatte doch hier ein großer Erfinder und mutiger Unternehmer Automobilgeschichte geschrieben. Der gelernte Schmied und Ingenieur August Horch aus Winningen brachte das Maschinenbauwissen seiner Zeit nach Zwickau, nachdem er in zahlreichen Firmen gearbeitet und eigene Unternehmen in Köln und Reichenbach geführt hatte: der richtige Mann am richtigen Ort! 1904 gründete Horch in Zwickau die Motorwagen-Werke, 1910 startete er noch einmal durch und gründete neben der alten eine neue Firma, nämlich Audi (lateinisch für »Horch!«). 1932 schlossen sich Audi, DKW, Horch und Wanderer zur Auto-Union unter dem Zeichen der vier verschränkten Ringe zusammen. Wo August Horch mobile Geschichte schrieb, können Besucher diese nacherleben. An dessen alter Wirkungsstätte wurden eine komplette Straße mit Laden, Werkstatt, Tankstelle, Prüfstand, Boxengasse und Startaufstellung für ein Rennen originalgetreu nachgebaut. Stars der Szenerie sind natürlich die Automobile und alles, was damit zu tun hat – der Besucher mittendrin im Geschehen.
Nicht zu vergessen: Mehr geliebt als der legendäre Silberpfeil der Auto-Union (die Grand-Prix-Rennwagen von Mercedes wurden ebenfalls so genannt) wurde der PKW P50, bekannt als »Trabant«. 1958 lief in Zwickau die erste »Rennpappe« vom Band. Der Trabi mit seiner Kunststoffkarosserie brachte den DDR-Bürger in Fahrt, der das gute Stück nach langem Ausharren in der »sozialistischen Wartegemeinschaft« ergattern konnte. Im Zwickauer Museum wird der Stolz vieler Familien mit einer ganzen Duroplast-Fertigungsanlage angemessen gewürdigt. Heute fertigt in der Stadt ein anderer großer Konzern Automobile – Zwickau macht weiter mobil.

DER SCHWIBBOGEN AUF DEM WEIHNACHTSMARKT ERINNERT AN DIE BERGBAUTRADITION DER REGION (OBEN). IM GEWANDHAUS FINDEN HEUTE THEATERAUFFÜHRUNGEN STATT (RECHTS).

ZU FÜSSEN DER IMPOSANTEN PETERSKIRCHE SCHLÄGT DIE ALTSTADTBRÜCKE DIE VERBINDUNG ZWISCHEN DEUTSCHLAND UND POLEN.

GÖRLITZ – FILM- UND EUROPASTADT

EINE GANZ REALE FILMKULISSE

»Thank you Görlitz for being the best location ever.« Kein Geringerer als Hollywood-Schauspieler Ralph Fiennes schrieb diese Dankesworte in das Goldene Buch der Stadt. Und viele seiner berühmten Kollegen stimmten in das Lob mit ein, so auch Jeff Goldblum, Willem Dafoe, Jackie Chan oder Quentin Tarantino.

Schon seit den 1950er-Jahren ist die östlichste Stadt Deutschlands ein beliebter Drehort für Filmproduktionen, über 100 Filme wurden hier gedreht. Hollywood entdeckte Görlitz 2003 mit dem Filmabenteuer »In achtzig Tagen um die Welt«. Seitdem geben sich die Stars die Klinke in die Hand und Blockbuster wie »Inglourious Basterds«, »Der Vorleser« und »Grand Hotel Budapest«, aber auch deutsche Filme wie »Die Vermessung der Welt« oder »Der Turm« entstanden hier. Hauptgrund ist die wunderschöne Altstadt, die im Zweiten Weltkrieg kaum zerstört wurde. Sie zeigt mehr als 500 Jahre Baugeschichte aus Gotik, Renaissance, Barock, Gründerzeit und Jugendstil. Etwa 4000 Gebäude stehen unter Denkmalschutz. Zu DDR-Zeiten noch vernachlässigt, wurde nach der Wende mit einer gründlichen Restaurierung begonnen. Von 1995 bis 2016 überwies ein anonymer Spender der Stadt jedes Jahr eine Million DM bzw. eine halbe Million Euro für den Wiederaufbau. Der Geldsegen hat sich ausgezahlt: Heute können die Besucher durch eine der am besten erhaltenen Altstädte Mitteleuropas schlendern.

Kleiner Altstadtrundgang

Richtung Obermarkt kommt man am Reichenbacher Turm vorbei, einem Teil des früheren Befestigungswalls. Zusammen mit dem Nikolaiturm und dem Frauenturm – auch Dicker Turm genannt – gehört er zu den noch erhaltenen von einst vier großen Wehrtürmen. Vom alten Stadtmauerring sind die Ochsenbastei, der Nikolaizwinger und die Hotherbastei geblie-

»DIE HERDE« DES POLNISCHEN KÜNSTLERS PIOTR WESOŁOWSKI WEIDET SEIT 2016 AUF DER THEATERWIESE AUF DEM ELISABETHPLATZ. SIE SYMBOLISIERT BEWEGUNG, GEMEINSCHAFT UND FAMILIE.

ben. In der Bastei Kaisertrutz am Obermarkt (15. Jh.) befindet sich heute das Kulturhistorische Museum Görlitz. Der Platz mit seinen Renaissance- und Barockhäusern diente einst dem Handel mit Salz und Gewürzen. Im Haus Nr. 29 stieg 1813 Napoleon Bonaparte ab, seitdem heißt es schlicht »Napoleonhaus«. Vom Obermarkt gelangt man über die Brüderstraße zum Untermarkt mit seinen prachtvollen Renaissancehäusern wie dem »Braunen Hirsch« und weiteren für Görlitz typischen Hallenhäusern mit geschlossenen Laubengängen. Der Schönhof von 1525 gilt als das älteste bürgerliche Renaissancegebäude Deutschlands. Blickfang ist jedoch die Ratsapotheke mit ihren beiden Sonnenuhren. Ihre Zeiger weisen auf farbige Linien, die unterschiedliche Zeitskalen symbolisieren. Die Uhr des Rathauses besitzt gleich zwei Ziffernblätter. 1369 errichtet, ist das Rathaus bis heute Sitz der Stadtverwaltung. Der Untermarkt ist eine begehrte Filmkulisse, aber auch Schauplatz vieler Veranstaltungen wie dem Schlesischen Tippelmarkt.
Leicht südlich der Altstadt erstreckt sich das Gründerzeit- und Jugendstilviertel, auch der Bahnhof und die Straßburg-Passage stammen aus dieser Zeit. Am Demianplatz entstand 1913 das Görlitzer Warenhaus nach dem Vorbild des Kaufhauses Wertheim in Berlin. Mit Recht bezeichnen die Görlitzer den Bau als »schönstes Kaufhaus Deutschlands«. Seine eindrucksvolle Außenfassade und vor allem der atemberaubende Lichthof im Inneren überzeugte auch Hollywood: Dort entstand das »Grand Hotel Budapest«.

LANDESKRONE

Ein weiteres Wahrzeichen von Görlitz befindet sich außerhalb der Stadt: Die Landeskrone, ein 420 Meter hoher Basaltkegel, begrüßt die Ankommenden schon von weitem. Von hier aus bietet sich ein herrlicher Blick über das Lausitzer Bergland und bei guter Sicht bis zum polnisch-tschechischen Riesengebirge mit der Schneekoppe. Auf dem Südgipfel der Landeskrone erhebt sich die 13 Meter hohe Bismarcksäule in Gedenken an den ehemaligen Reichskanzler, »Reichseiniger« und Ehrenbürger der Stadt Görlitz.

WEITERE INFORMATIONEN

Stadt Görlitz, www.goerlitz.de
Mit dem »Görliwood-Express«, einem Sonderzug zum Thema Film von Dresden nach Görlitz, www.goerlitz.de/GoerliwoodExpress.html

Wo alles begann: Nikolaivorstadt

Görlitz besteht eigentlich aus zwei Städten, dem deutschen Teil und dem polnischen Zgorzelec. Damit schlägt die »Europastadt« eine Brücke zwischen West und Ost: Die Altstadtbrücke, die Papst-Johannes-Paul-II.-Brücke, führt von hüben nach drüben. Die Brücke über die Neiße verläuft südlich der Nikolaivorstadt. Im Mittelalter ließen sich dort die ersten Siedler nieder. Heute steht dort mit dem Finstertor das einzige vollständig erhaltene Fachwerkhaus der Stadt. Die Nikolaikirche lassen sich bis in die Zeit um 1100 datieren. Das Gotteshaus, bis ins Spätmittelalter Hauptkirche der Stadt und später lange Zeit Begräbniskirche, beeindruckt mit einem expressionistischen Deckengewölbe. Bedeutender – und wegen ihrer imposanten Türme ein Wahrzeichen von Görlitz – ist die Pfarrkirche St. Peter und Paul (auch Peterskirche). Die alte Synagoge nahe des Stadtparks überstand als einzige im heutigen Sachsen die Pogromnacht von 1938 nahezu unzerstört und ist heute ein Kultur- und Begegnungszentrum.

10

SPEYER – KAISERSTADT AM RHEIN

ZWISCHEN DOM UND RAUMFÄHRE

Von den Römern als Noviomagus oder Nemetum nach dem germanischen Stamm der Nemeter auf den Terrassen am linken Rheinufer gegründet, seit dem 4. Jahrhundert Bischofssitz, von 1024 bis 1125 Zentrum der salischen Kaiser, im späten Mittelalter freie Reichsstadt: Speyer zählt zu den ältesten und historisch bedeutendsten Städten Deutschlands.

Das heutige Stadtbild entstand größtenteils nach dem Stadtbrand von 1689, als im Pfälzischen Erbfolgekrieg Speyer fast vollständig verwüstet wurde. Auch der romanische Dom wurde damals in Mitleidenschaft gezogen. Erst im 19. Jahrhundert veranlasste der Bayernkönig Max I. – die Kurpfalz war damals bayerisch – die umfassende Wiederherstellung. Der mächtige sechstürmige Dom St. Maria und St. Stephan war bei seiner Weihe 1061 die größte Kirche der westlichen Christenheit. Das UNESCO-Weltkulturerbe ist heute noch die weltgrößte erhaltene romanische Kirche. In Auftrag gegeben hatte ihn um 1027 der salische Kaiser Konrad II. Noch 20 Jahre älter ist die Krypta, Grablege von acht salischen, staufischen und habsburgischen Kaisern, Königen und Königinnen. Von der neu geschaffenen Aussichtsplattform bietet sich ein grandioser Rundblick.

Hauptachse der Stadt ist die breite Maximilianstraße, Speyers Flanier- und Einkaufsmeile mit zahlreichen Cafés. Sie führt vom Dom zum mittelalterlichen Altpörtel, mit 55 Metern eines der höchsten deutschen Stadttore, das man auch besteigen kann. In der Maximilianstraße stehen auch das barocke historische Rathaus und die Alte Münze, das frühere Kaufhaus am Markt. Zwischen der Einkaufsstraße und der malerischen Altstadt erhebt sich in der Korngasse die barocke Dreifaltigkeitskirche, nach der Restaurierung ein Juwel des protestantischen Sakralbaus.

SchUM-Stadt

Neben Worms und Mainz gehört Speyer zu den drei SchUM-Städten, einem Verbund von drei jüdischen Gemeinden am Oberrhein, die seit dem 10. bzw.

SPEYER WAR IM MITTELALTER EINE WICHTIGE STATION FÜR JAKOBS- UND ROMPILGER (GANZ LINKS). DAS BREZELFEST IST DEM SPEYERER »NATIONALGEBÄCK«, DER BREZEL, GEWIDMET (UNTEN). DIE FRESKEN IM INNEREN DES DOMS ENTSTANDEN MITTE DES 19. JAHRHUNDERTS IM NAZARENER-STIL (OBEN).

11. Jahrhundert bestanden. »Sch« steht für hebräisch SchPIRA (Speyer), »U« für Warmasia (Worms) und »M« für Magenza (Mainz). Aus dieser Zeit blieb das einzigartige Ensemble des Judenhofs erhalten mit einem Ritualbad, der Mikwe und den Resten der Synagoge aus dem 11. Jahrhundert, zusammen mit dem Dom ist es Weltkulturerbe. Die mittelalterlichen Gebäude der Alten Judengasse, heute Kleine Pfaffengasse, wurden beim großen Stadtbrand 1689 zerstört. Das Museum SchPIRA widmet sich dem jüdischen Leben im Mittelalter. Zwischen 2008 und 2011 wurde die neue Synagoge unter Teilerhaltung der ehemaligen St.-Guido-Kirche im Bauhausstil errichtet. Der Vorgängerbau wurde 1938 niedergebrannt; dort steht heute ein Kaufhaus.

Großtechnik zum Anfassen

Ein weiterer Publikumsmagnet ist das Technikmuseum Speyer. Die bis in den Frachtraum begehbare Boeing 747 ist nicht der einzige Höhepunkt, aber ein besonders auffälliger. Auf dem großen Freigelände und in den Ausstellungshallen sind mehr als 70 Flugzeuge und Hubschrauber, ein U-Boot und die sowjetische Raumfähre »Buran« zu besichtigen. Die denkmalgeschützte Liller Halle wurde während des Ersten Weltkriegs in Lille demontiert und nach Speyer transportiert, wo sie als Fertigungshalle für die Pfalz-Flugwerke diente. Den Museumsbesuch rundet eine Vorführung im IMAX DOME Filmtheater ab, Deutschlands einzigem IMAX-Kino, in dem die Filme auf eine riesige Kuppel projiziert werden.
Mit spektakulären Ausstellungen lockt das Historische Museum der Pfalz die Besucher nach Speyer. Zum Bestand des Museums gehören der geheimnisvolle Goldene Hut von Schifferstadt aus der Bronzezeit, der Speyerer Domschatz und der älteste flüssig erhaltene Wein aus dem 3. Jahrhundert n. Chr. Intimere Museen sind das Feuerbachhaus mit Weinstube und hübschem Rosengärtchen und das winzige Elwedritsche Museum, das sich der wissenschaftlichen Erforschung des Pfälzer Fabelwesens widmet.

RHEINPROMENADE UND ALTRHEINARME
Bei schönem Wetter zieht es Einheimische und Touristen an die Rheinpromenade mit der beliebten Strandbar um den Aalschocker Paul und die beiden großen Biergärten. Der Weg an den Rhein führt durch den Domgarten mit dem Heidentürmchen, einem Rest der mittelalterlichen Stadtbefestigung, die ursprünglich mehr als 70 Türme hatte. Im Mittelpunkt des »Sealife« am Jachthafen steht die Unterwasserwelt des Rheins von seinen Quellen bis zur Mündung in die Nordsee. Beliebte Ausflugsfahrten führen zum Berghäuser und zum Reffenthaler Altrhein. Nicht weit entfernt lädt das Naherholungsgebiet Binsfeld im Sommer zum Baden ein. Kuhunter- und Gänsedrecksee sind zwei der acht miteinander verbundenen Landschaftsseen, die durch den Kiesabbau entstanden.

WEITERE INFORMATIONEN
Speyer,
www.speyer.de/sv_speyer/de/Tourismus

Pfälzisch genießen

Rekordverdächtig ist die Fülle an Gastronomiebetrieben. Viele Besucher zieht alljährlich die Kaisertafel an. Seit 1990 verwandeln Speyerer Gastronomen die Maximilianstraße Anfang August in eine Genussmeile.

DAS MITTELALTERLICHE STADTTOR ALTPÖRTEL IN SICHTACHSE DES SPEYERER DOMS BILDET DEN ABSCHLUSS DER MAXIMILIANSTRASSE.

ALLE ZWEI JAHRE VERWANDELT
SICH DER BAROCKE MARKTPLATZ IN
EIN VENEZIANISCHES MASKENFEST.

NICOLAUS FRIEDRICH VON THOURET SCHUF 1808 DEN LÖWENBRUNNEN IM MITTLEREN SCHLOSSHOF DER LUDWIGSBURGER RESIDENZ.

LUDWIGSBURG – SCHWÄBISCHES POTSDAM

BAROCKES JUWEL

Wer hat das größte Barockschloss Deutschlands? Ludwigsburg landet nach Mannheim wohl doch nur auf Platz zwei. Der Residenzgarten zeigt sich allerdings in voller Pracht. Seine üppigen Pflanzenschauen haben ihm den Namen »Blühendes Barock« eingebracht. Wegen der vielen Kasernen bezeichnete der Volksmund Ludwigsburg früher als »Schwäbisches Potsdam«.

Wie mit dem Lineal gezogen zeigt sich die Innenstadt von Ludwigsburg aus der Vogelperspektive. Der württembergische Herzog Eberhard Ludwig plante Anfang des 18. Jahrhunderts nur den Bau eines Lust- und Jagdschlosses auf dem Gelände eines Wirtschaftshofs nahe Stuttgart. Die Pläne nahmen immer größere Ausmaße an und so entschloss sich Eberhard, dem Schloss eine Stadt anzugliedern. Bauplätze und Baumaterial wurden – aus heutiger Sicht kaum zu glauben – kostenlos vergeben. Es entstand eine barocke Planstadt, deren Flair der Ludwigsburger Innenstadt-Verein mit vielen Aktionen zu bewahren versteht.

Repräsentation ist alles

Nach dem Umzug des Hofs 1718 wurde Ludwigsburg Residenz. Das prächtige Schloss, ursprünglich eine Dreiflügelanlage, die mit dem neuen Hauptbau in eine Vierflügelanlage umgewandelt wurde, hat 452 Räume, ein Theater und zwei Kirchen. Drei Stilrichtungen, vom Barock über das Rokoko bis zum Klassizismus prägen die Anlage. Im Schlosstheater funktioniert noch die Bühnenmechanik von 1758. Auch warten versteckte Innenhöfe, eine eindrucksvolle Dachlandschaft und finstere Geheimgänge auf den Besucher. Austragungsorte der renommierten Ludwigsburger Schlossfestspiele sind neben dem Schlosstheater der Ordenssaal, das Forum am Schlosspark und die Musikhalle.
Gartenanlagen umgeben das Schloss auf drei Seiten. Zunächst entstand nach französischem Vorbild der symmetrisch angelegte Südgarten. Fast hundert Jahre später wurden Friedrichsgarten und Mathildengarten im englischen Stil konzipiert, danach ein Landschaftsgarten mit romantischen Elementen. Dazu gehört

auch ein rekonstruierter historischer Kinderspielplatz mit Karussell und Schaukeln. Als Ludwigsburg nicht mehr Residenzstadt war, verwandelten sich die Schlossgärten in einen Obstgarten. Neues Leben brachte 1954 die Gartenschau »Blühendes Barock«. Aus dieser Zeit stammt auch der liebenswert altmodische Märchenpark mit mehr als 40 Szenen. Im Herbst lockt die weltgrößte Kürbisausstellung rund 200 000 Besucher an.

Italienisches in barockem Ambiente

Das Pendant zum herrschaftlichen Schoss bildet der 110 mal 80 Meter große Marktplatz, der von zwei gegenüberliegenden Kirchen und von Arkadenhäusern begrenzt wird. Rund um den Marktbrunnen findet der Barockweihnachtsmarkt statt. Auffällig sind die vielen italienischen Restaurants um den Marktplatz und in der übrigen Innenstadt. Schon kurz nach dem Zweiten Weltkrieg kam mit Francesco Moro der »erste italienische Gastarbeiter der Bundesrepublik Deutschland« nach Ludwigsburg. Er importierte italienische Lebensmittel und gründete eine Spaghetteria. Die Trattoria »La Signora Moro« ist heute eine Ludwigsburger Institution. Der italienische Einfluss reicht aber schon 300 Jahre zurück. Denn italienische Architekten waren maßgeblich am Bau des Schlosses und der Gestaltung des Marktplatzes beteiligt.

Ziviler Umbau

Von der ehemaligen sechs Kilometer langen Stadtbefestigung blieben sechs der ursprünglich acht Torhäuser erhalten. Die barocken Wachthäuser sollten vor allem die Soldaten am Desertieren hindern. Sie dienen heute – jeweils unter einem eigenen Motto – als Museum, Ausstellungsraum oder Archiv. Im Asperger Torhaus ist das Garnisonsmuseum untergebracht. Neben der Schlossanlage und dem Marktplatz prägen die vielen Kasernen das Stadtbild. Von 1736 bis 1994 war Ludwigsburg ein großer Garnisonsstandort. Heute ist die Stadt ein Paradebeispiel für gelun-

DIE EVANGELISCHE STADTKIRCHE AM MARKTPLATZ STEHT GEGENÜBER DER EBENFALLS BAROCKEN KATHOLISCHEN KIRCHE (LINKS). ENDE MÄRZ BEGINNT DIE SAISON DER GARTENAUSSTELLUNG BLÜHENDES BAROCK (OBEN). VOR DEM ALTEN CORPS DE LOGIS DES RESIDENZSCHLOSSES LIEGT DER NORDGARTEN (GANZ RECHTS).

gene Konversion: Die frühere Karlskaserne ist ein Kunst- und Kulturzentrum, die Reinhardtkaserne eine Film- und Medienhochburg.

Medien und Masken

In den Nördlichen und Südlichen Stallungen, dem Wagenhaus, dem Mannschaftsgebäude und dem stattlichen Haupthaus der Reinhardtkaserne ist die Filmakademie Baden-Württemberg untergebracht. Das angeschlossene Animationsinstitut kann mit vielen Preisen aufwarten. Nicht nur für Kinder interessant ist die Trick- und Realfilmführung im Kinderfilmhaus des Aldinger Torhauses. Als Filmstadt hat Ludwigsburg außerdem zahlreiche Medienagenturen, IT-Firmen und Designer angezogen.
Talent für die Selbstdarstellung ist alle zwei Jahre bei der Venezianischen Messe gefragt. Im September wird der Marktplatz zum Tummelplatz für ausgefallene Masken und Kostüme. Musikanten, Gaukler, Artisten, Schauspieler und andere Künstler inszenieren ein rauschendes Fest. Herzog Carl Eugen führte das Maskenfestival vor 250 Jahren in die Residenzstadt ein. 1993 wurde die Veranstaltung wiederbelebt.

Nach Stuttgart nur ein Katzensprung

Auf dem Weg in die baden-württembergische Landeshauptstadt Stuttgart bietet sich ein Abstecher zur Festung Hohenasperg an. Der isoliert liegende Zeugenberg bietet eine herrliche Aussicht auf das Umland. Die Festung auf dem »Tränenberg« galt jahrhundertelang als das politische Gefängnis. In einem Gebäudetrakt ist heute das Justizvollzugskrankenhaus untergebracht. Das Haus der Geschichte Baden-Württemberg informiert im Arsenalgebäude (Museum Hohenasperg) über die wechselvolle Geschichte des Gefängnisses und porträtiert seine prominenten Gefangenen.
Der in Ludwigsburg geborene Dichter Eduard Mörike bewunderte 1853 in seinem »Stuttgarter Hutzelmännlein« die Schönheit Stuttgarts. 1229 wurde die bei einem Gestüt (Stutengarten) liegende Siedlung zur Stadt erhoben, war herzogliche und königliche Residenz. Zeugen dieser Zeit sind das Alte Schloss im Stil der Renaissance und das barocke Neue Schloss. Den besten Überblick hat man vom Stuttgarter Fernsehturm (1956), dem weltweit ersten seiner Art.
Die Kernstadt liegt eingezwängt im Stuttgarter Talkessel zwischen Weinbergen und Wäldern. Wer zu Fuß nach oben will, braucht eine gute Kondition. Mehr als 400 malerische Stäffele, das sind oft steile Treppenanlagen, verbinden das Zentrum mit den höher gelegenen Stadtteilen. Erholung von der Anstrengung bieten die zahlreichen Mineralquellen des Stadtbezirks Bad Cannstatt. Auch die Römer wussten dies zu schätzen. Das Ende September startende Cannstatter Volksfest auf dem Cannstatter Wasen ist nach dem Oktoberfest das größte Fest in Deutschland.

FAVORITE, MONREPOS, SOLITUDE
1717–23 wurde auf einer Anhöhe im Favoritepark nördlich von Schloss Ludwigsburg das Lustschloss Favorite erbaut. Das 1807 klassizistisch umgestaltete Schlösschen bietet einen schönen Blick auf die große Schwester. Alleen verbinden Favorite und Residenz mit dem Seeschloss Monrepos, einem verspielten Lust- und Jagdschloss im Rokokostil mit »Paradiesgärtchen«. Die 13 Kilometer lange Solitude-Allee führt vom Schlossgarten schnurgerade zum Jagdschloss Solitude. Ab 1820 wurde die Allee als trigonometrische Basis für die Württembergische Landesvermessung genutzt. Solitude ist ein repräsentativer Bau im Rokokostil mit klassizistischen Elementen.

WEITERE INFORMATIONEN
Stadtporträt,
www.ludwigsburg.de
Residenzschloss,
www.schloss-ludwigsburg.de
Filmakademie Baden-Württemberg,
www.filmakademie.de

VOM PERLACHTURM GEHT DER BLICK ÜBER DAS RATHAUS MIT SEINEN ZWEI ZWIEBELTÜRMEN BIS ZUR ULRICHSKIRCHE.

AUGSBURG – HANDELSMETROPOLE DER FRÜHEN NEUZEIT

FUGGEREI UND PUPPENSPIEL

Die beste Aussicht auf die Schwabenmetropole bietet nicht der Rathausturm, der Perlachturm oder der umstrittene Hotelturm, sondern ein Müllberg. Nach einer Teilsanierung können seit Dezember 2016 Neugierige auf drei Routen den 55 Meter hohen Schuttberg der Deponie Augsburg-Nord erklimmen. Über 7,5 Millionen Tonnen Müll sieht man manchmal sogar die Alpen.

Das an der Mündung der Wertach in den Lech gelegene Augsburg ist eine der ältesten Städte Deutschlands. Schon die Römer erkannten die strategisch günstige Lage. Heute schätzen die Einwohner die hohe Lebensqualität – und die Besucher Sehenswürdigkeiten aus mehr als 2000 Jahren.

Römisches in Kisten, Teufel am Spieß

15 v. Chr. gründeten die Römer das Militärlager Augusta Vindelicorum. Durch Überbauungen und Abtragungen blieben nur wenige Überreste aus dieser Zeit erhalten. Ausstellungsstücke sind heute in der Toskanischen Säulenhalle im Zeughaus zu sehen, nachdem das ehemalige Domizil, die Dominikanerkirche, aus statischen Gründen geschlossen werden musste. Um den Interimscharakter der Ausstellung »Römerlager. Das römische Augsburg in Kisten« zu betonen, sind die Exponate in Depotkisten ausgestellt.

Kathedrale des Bistums Augsburg ist der um 1000 errichtete Dom mit seinem prachtvollen Bronzeportal. Im Augsburger Domviertel steht auch das Mozarthaus, in dem Leopold Mozart, der Vater von Wolfgang Amadeus, geboren wurde. Zur Anlage der barocken ehemaligen Fürstbischöflichen Residenz gehört der reizvolle Hofgarten. Der zweite bedeutende Sakralbau, die Basilika St. Ulrich und Afra, überragt die südliche Altstadt. Ihr 93 Meter hoher Turm, wohl der älteste Zwiebelturm Bayerns, ist eines der

DIE ZIRBELNUSS, DAS FELDZEICHEN DER RÖMISCHEN LEGION, FINDET SICH NICHT NUR IM AUGSBURGER STADTWAPPEN WIEDER.

Wahrzeichen von Augsburg. Zur ersten evangelischen Kirche wurde die 1321 von Karmelitermönchen gegründete St.-Anna-Kirche mit ihren prächtigen Seitenkapellen und Gemälden, u. a. von Lucas Cranach.
An den Westfälischen Frieden 1648 erinnert jährlich am 8. August das Augsburger Hohe Friedensfest, der einzige gesetzliche Feiertag in Deutschland, der auf eine Stadt beschränkt ist.
Seit dem 13. Jahrhundert war Augsburg freie Reichsstadt. Ausdruck des Bürgerstolzes sind die Renaissancebauten, allen voran das Rathaus mit dem Goldenen Saal, benannt nach der vergoldeten Kassettendecke. Geschaffen hat den bedeutendsten Profanbau der Renaissance nördlich der Alpen Stadtbaumeister Elias Holl von 1615 bis 1620. Er ist auch verantwortlich für das heutige Aussehen des im 10. Jahrhundert errichteten 70 Meter hohen Perlachturms in unmittelbarer Nähe des Rathauses. Nur am 29. September kann man jede volle Stunde zwischen 10.00 und 18.00 Uhr das Figurenspiel Turamichele bewundern. Mit jedem Stundenschlag sticht der Erzengel Michael auf den zu seinen Füßen liegenden Teufel ein. Am Michaelistag findet auf dem Rathausplatz auch ein großes Kinderfest statt. Ein Rokoko-Prachtbau ist das Schaezlerpalais in der Maximilianstraße, das ein reicher Silberhändler um 1770 errichten ließ. Es beherbergt Gemäldesammlungen. Von dort geht's auch in die Staatsgalerie Katharinenkirche mit dem Dürer-Porträt des Jakob Fugger.

PUPPENSPIEL IN HEILIGEN GEMÄUERN
Wer kennt sie nicht, Jim Knopf und Lukas den Lokomotivführer aus Lummerland oder das Urmele und die Mama Wutz von der Insel Titiwu. Die Augsburger Puppenkiste hat Marionettentheatergeschichte geschrieben. Seit 1948 residiert die von Walter Oehmichen gegründete Augsburger Puppenkiste im Heilig-Geist-Spital. Der vierflügelige Renaissancebau wurde 1623 bis 1631 vom Stadtbaumeister Elias Holl entworfen und diente der Versorgung von Kranken und Alten. 2001 zog neben der Puppenspielbühne und den Werkstätten auch das Museum »die Kiste« in die Räumlichkeiten ein. Kinder und Junggebliebene können die aus dem Fernsehen bekannten Marionetten und die Bühnenbilder aus nächster Nähe bewundern. Daneben bietet die Puppenkiste auch Workshops an.

WEITERE INFORMATIONEN
Sehenswürdigkeiten und Aktivitäten,
www.augsburg-tourismus.de
Augsburger Puppenkiste,
www.augsburger-puppenkiste.de

Reiche Handelsherren: Fugger und Welser

In der Maximilianstraße, kurz Maxstraße, stehen auch die Häuser der neben Bertold Brecht und den Holbeins wohl bekanntesten Augsburgern, den Fuggern. Jakob Fugger, der Reiche, ließ das Stadtpalais mit den vier toskanisch anmutenden Innenhöfen und ein Lagerhaus ab 1515 errichten. Bis heute sind die Fuggerhäuser in Privatbesitz. Das Startkapital ihres Weltunternehmens erwarben sich die seit dem 14. Jahrhundert in Augsburg ansässigen Fugger mit der Tuchmacherei. Im Spätmittelalter war Augsburg eine bedeutende Textilstadt, vor allem nach der Erfindung des Barchent, eines Mischgewebes aus Baumwolle und Flachs. Durch die Goldschmiedekunst mehrten die Fugger ihren Reichtum, mit dem Eintritt in die Kaufmannszunft bauten sie ihr Handelsimperium auf. Die Welser hatten ebenfalls ein bedeutendes Handelshaus. Mit einer Niederlassung in Sevilla eröffnete sich für sie das Tor zum Transatlantikhandel. Kaiser Karl V. verpfändete ihnen 1528 die südamerikanische Provinz Venezuela. Im Vergleich zu den Fuggern haben die Welser nur wenige Spuren in Augsburg hinterlassen. Am ehemaligen Heumarkt steht das im 15. Jahrhundert erbaute Welserhaus, das mit einem benachbarten Stadtpalais zum Maximilianmuseum zusammengeschlossen wurde. Wie bei den Fuggern spielten die Frauen in der Patrizierfamilie eine bedeutende Rolle. Über das Alltagsleben führte Philippine Welser (1527–1580), Ehefrau von Erzherzog Ferdinand II. von Habsburg, genau Buch. Im Gasthaus

»Welser Kuche« kann man ihre Rezepte probieren. Ihr unermesslicher Reichtum erlaubte der Familie Fugger ab 1516 den Bau einer ganzen Wohnsiedlung für bedürftige Augsburger in der Jakobervorstadt. Die 15 000 Quadratmeter große Fuggerei, die älteste Sozialsiedlung der Welt, besteht aus 67 Reihenhäusern mit je zwei Wohnungen. Noch heute genießen 150 Bewohner mit geringem Einkommen das Privileg für drei Gebete am Tag und eine Kaltmiete von 88 Cent im Jahr. Um 22.00 Uhr schließt die von einer Mauer umgebenen Fuggerei ihre Pforten. Ein Schauhaus in der Ochsengasse 51 informiert die Besucher über das heutige Leben. Barrierefreie Duschbäder sind mittlerweile Standard. Das interaktive Fugger- und Welser-Erlebnismuseum im denkmalgeschützten Wieselhaus führt seit 2014 in die Welt der alten Handelsfamilien ein.

Historische Wasserwirtschaft

1419 erhielt Augsburg das Recht, die Gewässer von Lech und Wertach zu nutzen. Kanäle waren eine wichtige Voraussetzung für die Entwicklung von Handwerk und Industrie. 160 Kilometer fließen durch das Stadtgebiet, besonders malerisch im alten Lechviertel. Zahlreiche Wehre regulierten das Wasserwegenetz. Die Wassertürme gehen auf das 15. Jahrhundert zurück, die Wasserwerke aus dem 19. Jahrhundert sind bis heute in Betrieb. Unter Denkmalschutz stehen die Wasserkraftwerke auf der Wolfzahnau, am Hochablass und am Roten Tor. Zu den mehr als hundert Brunnen der Stadt gehören mehrere Prachtbrunnen, wie der Herkulesbrunnen oder der Augustusbrunnen.
Die Wasserkraft machte Augsburg zum »deutschen Manchester«. Von der einst bedeutenden Textilindustrie blieb nur noch wenig. 2004 schloss auch die bekannte Augsburger Kammgarnspinnerei. Das lange vernachlässigte Textilviertel im Osten der Innenstadt erinnert an die Wegbereiterin der Industrialisierung. In der alten Kammgarnspinnerei wurde 2010 das Staatliche Textil- und Industriemuseums (tim) eingerichtet, im Glaspalast, der ehemaligen Spinnerei und Weberei Augsburg, das Zentrum für Gegenwartskunst, das Kunstmuseum Walter und die Galerie Noah. Viele Kreative zieht es seitdem in das Viertel.

ACHT GASSEN DURCHZIEHEN DIE VON EINER HOHEN MAUER MIT DREI TOREN UMGEBENE FUGGEREI IN DER AUGSBURGER ALTSTADT.

13

DIREKT AM RHEINKNIE FÜHRT DIE WETTSTEINBRÜCKE, DIE ZWEITÄLTESTE BASLER BRÜCKE, ÜBER DEN FLUSS.

BASEL – HOHE KUNST UND STRASSENKULTUR

KOSMOPOLITISCHE STADT IM DREILÄNDERECK

Für viele ist Basel die heimliche Hauptstadt der Schweiz, vor der eigentlichen Hauptstadt Bern, vor Zürich und vor Genf. Sie kann mit Museen von Weltrang, architektonischen Highlights, einer intakten Altstadt und einem reizvollen Hinterland aufwarten. Dazu kommen die Lage am Rhein und die Nähe zu Frankreich und Deutschland.

Die drittgrößte Stadt der Schweiz erstreckt sich zu beiden Seiten des Rheins, der hier seine Richtung von Ost-West nach Süd-Nord ändert. Am Rheinknie endet der Hochrhein, und beginnt der Oberrhein. Rechts liegt Kleinbasel, links Großbasel. Beide Seiten sind sich seit jeher spinnefeind. Das im 13. Jahrhundert gegründete Kleinbasel gilt als das Basel der kleinen Leute, früher auch das »mindere« Basel genannt. Im Großbasel lebten schon immer die vornehmen Bürger. Hier findet man die großen Museen, die eleganten Geschäfte und die Nobelrestaurants. In den letzten Jahren hat das multikulturelle Kleinbasel jedoch mächtig aufgeholt und sich zu einem Szeneviertel entwickelt; auch junge Familien profitieren von den günstigen Mieten. Der wichtigste Kleinbasler Feiertag ist der »Vogel Gryff« im Januar. Dann zeigen der Wilde Maa, der Vogel Gryff und der Leu, die drei Schildhalter der drei Kleinbasler Ehrengesellschaften (3 E) zum Rebhaus, zur Hären und zum Greifen den feinen Großbaslern den Hintern. Die 3 E bewachten im Mittelalter den Kleinbasler Abschnitt der Stadtmauer.

Rollfähren und Buvetten

Nicht nur im Sommer spielt sich das Leben der Basler am und auf dem Rhein ab. Mehrere Brücken überqueren den Fluss. Die älteste ist die im 13. Jahrhundert errichtete Mittlere Brücke. Die ursprüngliche Holzbrücke wurde 1903–1905 durch eine steinerne Brücke ersetzt. Nicht nur die Brücken, sondern auch vier Fähren für Fußgänger verbinden Großbasel und Kleinbasel. Diese Rollfähren, rustikale flache Holzboote, sind aus dem Basler Stadtbild nicht wegzudenken. Ganz Eilige nehmen das Rhytaxi. Die Wassertaxis sind bei Touristen auch für Rundfahrten sehr beliebt.

AUF DER MITTLEREN BRÜCKE SCHAUT
DIE HELVETIA, DIE ALLEGORISCHE
FRAUENGESTALT DER SCHWEIZ,
NACHDENKLICH RHEINABWÄRTS.

Im Sommer verwandeln sich die Rheinufer, ob Liegewiese, Sandstrand oder einfach die Treppenstufen, in ein Dorado für Badelustige. Umziehen kann man sich in einem der Jugendstil-Badehäuser. Oder man verstaut seine Kleider im wasserdichten Basler Wickelfisch, einem schon im 19. Jahrhundert erfundenen Schwimmsack. Fürs leibliche Wohl sorgen die Buvetten am Ufer, mobile Freiluftlokale, die Getränke und kleine Speisen anbieten. Besonders beliebt ist das »Rheinschwimmen«. Vom Tinguely-Museum aus lässt man sich bis zur Wettsteinbrücke oder bis oberhalb oder unterhalb der Mittleren Brücke rheinabwärts treiben. Allerdings sollten das nur gute Schwimmer tun.

Rund ums Münster

Ein Wahrzeichen Basels ist das auf dem felsigen Münsterhügel zwischen 1019 und 1500 errichtete romanisch-gotische Münster. Der Münsterhügel ist die historische Keimzelle der Stadt und ein archäologischer Hotspot. Zu den Vorgängerbauten des Münsters zählen ein keltischer Wall, ein römisches Kastell und das Haito-Münster, eine karolingische Kirche. 1356 zerstörte das Basler Erdbeben u. a. die fünf Kirchtürme. Heute sind es nur noch zwei, der Martinsturm (65 m) und der Georgsturm (67 m). Beide lassen sich über 250 Treppenstufen besteigen und belohnen mit einer fantastischen Aussicht. Das Beben war das stärkste Mitteleuropas in historischer Zeit. 300–1000 Tote soll es hinterlassen haben. Viele Bewohner waren nach mehreren Vorbeben aus der Stadt geflohen. Vor dem aus rotem Sandstein erbauten Münster liegt der große, von repräsentativen Domherrenhäusern umgebene Münsterplatz. Hinter dem Münster bietet die Pfalz genannte Aussichtsterrasse einen herrlichen Blick auf Altstadt und Rhein. Von dort aus gelangt man in den gotischen Kreuzgang des Münsters.
Ein Spaziergang auf eigene Faust oder die Stadtführung »Basler Altstadtgeschichten« führen zu weiteren Juwelen der Altstadt. Durch romantische Gassen geht es vom Münsterhügel zum Marktplatz, der vom Rathaus (16. Jh.) mit seiner großartigen Wandbemalung dominiert wird. Über die Hutgasse führt der Weg zum Spalenberg, der Basler Shoppingmeile. Das Spalentor, eines der drei noch erhaltenen Stadttore und zugleich das schönste, war Teil der Basler Stadtmauer. Der Barfüsserplatz ist der Straßenbahnknotenpunkt der Innenstadt. Die schlichte spätgotische Barfüsserkirche beherbergt heute einen Teil des Historischen Muse-

NUR UNTERHALB DES MÄCHTIGEN MÜNSTERS IST DER RHEINUFERWEG ZWISCHEN DER DREIROSENBRÜCKE UND HUNINGUE IM ELSASS KURZ UNTERBROCHEN.

ums; weitere Ausstellungshäuser sind das Haus zum Kirschgarten und der Lohnhof. Auf dem Theaterplatz wartet der 1977 von Jean Tinguely (1925–1991) errichtete Fasnachts-Brunnen mit seinen zehn wasserspeienden Maschinenskulpturen. Auf der Kleinbasler Seite befindet sich das Tinguely-Museum mit weiteren skurrilen Objekten des Malers und Bildhauers.

Hoch hinaus

Gleich nebenan steht das zweite Wahrzeichen Basels, der Roche-Turm, mit 178 Meter höchstes Gebäude der Schweiz und Firmensitz des Pharmakonzerns Hoffmann-La Roche. Mit 205 Metern noch höher werden soll der Roche Tower. Mit spektakulärer Architektur, u. a. von Frank O. Gehry, kann Konkurrent Novartis auf dem Novartis Campus im Norden Basels punkten. Mario Botta hat das Zweitgebäude der Bank für Internationalen Zahlungsausgleich am Aeschenplatz entworfen. Der Messeturm ist ein weiterer Hingucker. Die Bar Rouge in 105 Metern Höhe bietet eine spektakuläre Aussicht.

Kunstmuseum Basel und Fondation Beyeler

Unter den fast 40 Museen Basels gibt es zwei Museen von Weltrang. Am St. Alban-Graben steht der 1936 entworfene Hauptbau des Kunstmuseum Basel mit Sammlungen vom Mittelalter bis zum 19. Jahrhundert sowie Werken der klassischen Moderne und der europäischen Nachkriegsmoderne. Die großen Sonderausstellungen finden im 2016 eröffneten Neubau auf der gegenüberliegenden Seite statt. Die Sammlung der Galeristen Hildy und Ernst Beyeler mit Schwerpunkt in der klassischen Moderne und der Gegenwartskunst bildete den Grundstock der Fondation Beyeler in Riehen, einer der drei Gemeinden im Kanton Basel-Stadt. 1982 wurde die Stiftung gegründet, 1997 das von Renzo Piano entworfene Museumsgebäude eröffnet. Es ist von einem Park mit Skulpturen umgeben. Geplant ist ein Erweiterungsbau von Peter Zumthor, der sich in den dörflichen Charakter von Riehen einfügen soll.

Vitra Design und Augusta Raurica

Über 24 Wegmarken verläuft der fünf Kilometer lange Rehberger Weg von der Fondation Beyeler zum Vitra Campus, einem Architektur-Ensemble von Weltrang auf dem Gelände des Möbelherstellers Vitra in Weil am Rhein (Deutschland). Das Vitra Design Museum ist eines der führenden Design-Museen. Zu den römischen Wurzeln Basels führt ein Rundgang über den größten archäologischen Park der Schweiz in Augst im Kanton Basel-Land. In Augusta Raurica mit seinem gut erhaltenen römischen Theater findet immer Ende August ein großes Römerfest statt.

BASEL IM AUSNAHMEZUSTAND
Am Montag nach Aschermittwoch um 4.00 Uhr morgens fangen sie an, die »drey scheenschte Dääg« im Leben der Basler. Seit 2017 gehört die Basler Fasnacht zum immateriellen Kulturerbe der Menschheit. Am Morgestraich wird die gesamte Innenstadt verdunkelt. Nur die aufwendig gestalteten hohen Zuglaternen der einzelnen Cliquen, das sind die Fasnachtsgesellschaften, bringen Licht in die Dunkelheit – dazu gibt es einen Höllenlärm, denn die aktiven Mitglieder trommeln und pfeifen um die Wette. In den Lokalen wird zu dieser frühen Stunde die traditionelle Mehlsuppe mit Zwiebel- oder Käswähe ausgeschenkt. Die Laternen sind von Montag bis zum Mittwochmorgen auf dem Münsterplatz ausgestellt. In dieser Zeit finden Umzüge statt, Guggemusiker sorgen für schräge Musikunterhaltung, Pfeifer und Trommler ziehen auch nachts durch die Gassen. Konfetti und Zettel mit frechen satirischen Versen bedecken die Straßen.

WEITERE INFORMATIONEN
Basel Tourismus,
www.basel.com
Basler Fasnacht,
www.baslerfasnacht.info

14

GRUYÈRES – MÄRCHENORT HINTER BEFESTIGUNGSMAUER

DIE SCHWEIZ IM TASCHENFORMAT

Im Schweizer Kanton Freiburg zu Füßen des pittoresken Berges Moléson erhebt sich ein Felsplateau. Vor den Augen der Welt verbergen darauf dicke Mauern das urige mittelalterliche Örtchen Gruyères. Archaische Architektur verschmilzt mit Kostbarkeiten aus Fernost und futuristischem Hollywood zu einem harmonischen Ganzen.

Wer das Plateau inmitten einer lieblichen Bilderbuchlandschaft der Schweizer Voralpen erklimmt und die mittelalterliche Befestigungsmauer durchschreitet, findet sich unverhofft – scheinbar – in der Kulisse für einen Heimatfilm wieder. Schief und krumm, doch aufgeputzt, bunt und blumengeschmückt säumen mittelalterliche Häuschen das holprige Kopfsteinpflaster der leicht ansteigenden Marktgasse. Niedrige Türen, geschwungene Fensterwölbungen, Balkone mit überbordendem Blumenschmuck, vergoldete Zunftzeichen, viel liebevoll und detailreich geschnitztes Holz, rustikale uralte Gasstuben, putzige Terrassen mit rotkariert gedeckten Tischchen aus den 1950er-Jahren und der in der Mitte plätschernde Brunnen entrücken der Realität. Am Ende der einzigen Straße Gruyères thront eine weiße Kapelle, alles vor dem Hintergrund schmucker Almen und schroffer Felswände. Dieser Ort lädt zum entspannten Flanieren ein – und vermittelt dem Besucher sofort ein Gefühl von Geborgenheit.

Bodhisattvas und Barock

Das Tibet-Museum in den Räumen der renovierten St.-Josephs-Kapelle versetzt seine Besucher in das Hochland Zentralasiens. Alain Bordier präsentiert im

Innern in aufsehenerregendem Ambiente eine in drei Jahrzehnten auf vielen Reisen kenntnisreich zusammengetragene Sammlung buddhistischer Skulpturen, Gemälde und Ritualgegenstände aus Nepal, Kaschmir, Swat, Nordindien und Myanmar (Birma). Die Kostbarkeiten waren der Öffentlichkeit zum Teil Jahrhunderte verborgen und ziehen heute Gäste aus aller Welt an. Auf dem höchsten Punkt des Plateaus liegt das zauberhaft-schöne Schloss der Grafen von Greyerz. Neben einer grandiosen Aussicht wird ein Überblick über acht Jahrhunderte Architektur gewährt. Die Grafen zählten einst zu den bedeutendsten Fürstengeschlechtern der Westschweiz, doch Mitte des 16. Jahrhunderts ging der letzte Spross, Michael von Greyerz, schlichtweg bankrott. Nach wechselvoller Geschichte sind heute Wandmalereien Camille Corots, der geschmackvolle französische Barockgarten, der oktogonale Treppenturm und der Hof mit Kapelle und zurückhaltendem Dekor zeitgenössischer Künstler zu bewundern.

Ein Quantum Hollywood

Eine ganz andere geheimnisvolle Welt verbirgt sich im HR Giger Museum mit der Privatsammlung fantastischer Kunst des Innenarchitekten, Designers, Malers und Bildhauers Hansruedi Giger. In der Museumsbar sitzt es sich bequem unter dem Gewölbe aus Wirbelsäulen im Angesicht außerirdischer Fratzen in riesigen Knochenstühlen einer fernen Zukunft auf einem anderen Planeten. Der »Großmeister des Leinwandhorrors« wurde vor allem durch seinen »biomechanischen Stil« in Airbrush berühmt. Hollywood gewann Giger für die Ausstattung zahlreicher Science-Fiction-Filme. Für das Design von Ridley Scotts Film »Alien« erhielt Giger 1978 den Oscar. Ein wundersamer Kontrast zum pittoresken Örtchen!

ZU FÜSSEN DES MOLÉSON LIEGT GRUYÈRES MIT SEINEM SCHLOSS (LINKS). SCHWEIZERISCHE ALPHORNBLÄSER BEGRÜSSEN REISENDE AUF DER MARKTGASSE, DER EINZIGEN STRASSE DES ÖRTCHENS (UNTEN).

Das architektonische Kleinod Gruyères in den schweizerischen Voralpen hält viele Überraschungen bereit und schafft es, Almen, mittelalterliche Architektur und Aliens zu einem wahren Wohlfühlort zu vereinen. Übrigens: Wanderer und Radwanderer schätzen die Wege rund um Gruyères zu Seen, Nachbarstädtchen wie das ganz andere, aber ebenfalls sehenswerte Bulle oder in die Bergwelt.

GREYERZER-KÄSE

In Gruyères empfangen den Gast überall schwere, würzige Düfte: Kein Wunder, ist doch hier die Heimat des Original-Fondues und -Raclettes, zubereitet mit Gruyère, auch Greyerzer-Käse genannt. Ein Fondue wird in seiner ganzen Schlichtheit serviert. Zu einem Topf voll blubberndem Käse werden gekochte Kartoffeln, Weißbrot, Gewürzgurken sowie mindestens ein Gläschen kühler Fondant gereicht. Im Kontrast zur Schlichtheit des Gerichts steht zwar der Preis, den aber Aroma und Cremigkeit des Käses schnell vergessen lassen. Wer erleben will, wie die Cremigkeit entsteht, besuche die Schaukäserei »Maison du Gruyère« am Fuß des Hügels im Dörfchen Pringy (www.lamaisondugruyere.ch). Nach dem Besuch der zum Teil interaktiven Ausstellung verkostet man im Restaurant Käseleckereien und nimmt im Shop seinen Favoriten gleich mit.

WEITERE INFORMATIONEN

La Gruyère Tourisme,
www.gruyeres.ch
Bei Besichtigungen oder Restaurantbesuchen in Gruyères ist zu beachten, dass der Ort abends ab etwa 19.00 Uhr für den Autoverkehr gesperrt ist.

MALERISCH EINGERAHMT
VON BERGEN LIEGT LUGANO
AM LUGANER SEE.

MEDITERRANES FLAIR BREITET SICH RUND UM DIE ARKADEN IN LUGANOS ZENTRUM AUS.

15

LUGANO – TOSKANA IN DER SCHWEIZ

MEDITERRANE GRANDEZZA AM FUSS DER ALPEN

Nirgendwo ist die Schweiz so italienisch wie in Lugano: mildes Klima, eine historische Altstadt mit quirligen Piazze, gesäumt von Sakralbauten und Palazzi, eine mondäne Flaniermeile, Straßencafés jeder Art – und über allem eine Atmosphäre lässiger Eleganz. Die Lage am Luganer See zu Füßen zweier Hausberge erzeugt außerdem zauberhafte Panoramen.

Lugano im Süden des Schweizer Kantons Tessin erstreckt sich malerisch in einer Bucht im Norden des Luganer Sees. Das milde Klima verdankt die Stadt der Lage an der Südseite der Alpen, ihr mediterranes Flair nicht zuletzt der historischen Altstadt.

Mondäne Eleganz und feine Architektur

Die weite Piazza della Riforma in der Altstadt umgeben eindrucksvolle Bauten aus dem Mittelalter und der frühen Neuzeit. Die Straßencafés und Bars sind beliebte Treffpunkte für Einheimische und Touristen gleichermaßen. Bei einem Espresso oder Aperitivo lässt sich das geschäftige Treiben auf der Piazza genüsslich verfolgen. Wer den Blick über Menschen und Häuser schweifen lässt, bleibt irgendwann am Rathaus ganz in der Nähe hängen. Der monumentale klassizistische Bau (1844) wurde einst als Regierungsgebäude errichtet.

Hinter der Piazza lockt die Via Nassa, die eleganteste Einkaufsmeile der Stadt, mit ihren Arkaden, mondänen Läden und Boutiquen. Von Armani bis Versace ist alles vertreten, was Rang und Namen in der Mode- und Designerwelt hat – da kann es die Stadt im Tessin (68 000 Einwohner) durchaus mit den großen Schwestern in Norditalien aufnehmen. Vermutlich weit reichhaltiger als dort ist in Lugano das Angebot an Schweizer Präzisionszeitmessern, vornehmlich der gehobenen Preisklasse. Lugano ist drittgrößter Finanzplatz der Schweiz, der seit langem ein betuchtes Publikum anzieht – da dürfen die Luxuslabels nicht fehlen. Doch findet man in den schmalen und teils steilen Altstadtgassen in kleinen Läden auch ein alternatives Angebot. Dort kann man nach Herzenslust bummeln und stöbern.

Zum großzügigen Flair der Altstadt tragen Palazzi wie La Picconaia am Corso Pestalozzi, ein Renaissancebau (15. Jh.), oder die drei Palazzi Riva, bedeutende Beispiele spätbarocker Architektur, bei. Einige der historisch anmutenden Bauten wurden jedoch erst im 20. Jahrhundert im Zuge einer Stadterneuerung errichtet, aber im alten Stil, etwa die Palazzi Gargantini mit Elementen des Neobarock und des Art déco, die Palazzina Alhambra im Stil der Neorenaissance oder der historistische Palazzo degli Studi.

Kirchen und Kunst

Natürlich ist Lugano auch reich an imposanten Gotteshäusern. Die Kathedrale San Lorenzo geht auf das 9. Jahrhundert zurück und integriert sogar noch römische Mauern. Der heutige Bau ist überwiegend gotisch, wurde aber mehrfach umgebaut. Die vorgeblendete prächtige Schaufassade im lombardischen Renaissancestil erhielt die Kirche erst im 16. Jahrhundert.

Aus demselben Jahrhundert stammt die Pfarrkirche Santa Maria Degli Angioli, die vor allem für ihren Freskenzyklus bekannt ist: Für die »Kreuzigung Christi«, das » Abendmahl« und die »Muttergottes mit Kind« zeichnete Bernardo Luini (1482–1532) verantwortlich, ein Schüler von Leonardo da Vinci. Die Kirche San Rocco (1528–1723) beeindruckt mit Scheinarchitektur und Barockfresken. Barock ist auch die üppige Inneneinrichtung der Kirche Sant'Antonio Abate (17. und 20. Jh.).

Aushängeschild der reichen Kulturszene in Lugano ist das MASI im LAC, das Museo d'Arte della Svizzeria Italiana im Lugano Arte e Cultura. In dem 2015 fertiggestellten Kulturzentrum belegt das MASI drei Etagen. Die Exponate reichen vom 15. Jahrhundert bis in die Gegenwart. Daneben hat das LAC Konzerte, Theater- und Tanzaufführungen sowie kulturelle Events

EINE BOOTSTOUR RUND UM DEN SEE ERÖFFNET GANZ NEUE PERSPEKTIVEN (LINKS). EINE SCHWEIZER KUH MIT WAPPEN DES KANTONS TESSIN UND DER STADT LUGANO (OBEN).

für Kinder, Jugendliche und Familien in seinem umfangreichen Angebot.
Wichtiger Teil des Kulturlebens in Lugano sind auch die Festivals wie das Lugano Estival Jazz alljährlich im Juni/Juli. International bekannt, zieht es neben Jazz-Größen auch Musiker anderer Genres aus aller Herren Länder an. Auch bietet die Stadt die perfekte Bühne für mitreißenden Open-Air-Konzerte.

Ins Paradies promenieren

Nach Stadtbummel und Museumsbesuch schließt ein Spaziergang über die Seeuferpromenade in Lugano den Tag ab. Die Promenade entstand etappenweise zwischen 1864 und 1920 und führt bis in den Stadtteil Paradiso mit seinen modernen Hotels. Hier bieten sich immer wieder reizvolle Blicke auf den See, die Stadt und die umrahmenden Berge. Am anderen Ende der Seeuferpromenade führt der Weg direkt in den Parco Civico. In dem 63 000 Quadratmeter großen Areal sind die gepflegten Spazierwege von jahrhundertealten Bäumen und exotischer Blütenpracht gesäumt sowie mit Statuen und Brunnen dekoriert. Palmen und andere exotische Gehölze wiegen sich im Wind. Rosen, Azaleen, Magnolien und Kamelien verströmen einen intensiven Duft. Mitten im Park taucht die Villa Ciani auf, mit ihren klassizistischen Formen einer der schönsten Bauten des 19. Jahrhunderts im Tessin. Heute ist das Museum der Künste dort untergebracht.

See trifft Badi

Wen das schon ab April sehr milde Wetter und die Sicht auf den blaugrünen See zum Baden animiert, der hat die Qual der Wahl zwischen zahlreichen Strandbädern, schweizerisch »Badis«. Meist verfügen sie über einen abgetrennten Bereich im See zum Schwimmen und ein kleines Ristorante, das seine Gäste mit Tessiner Küche verpflegt. Gleich mehrere Pools, darunter ein Olympiabecken, findet man im Lido Lugano, dem offiziellen Stadtstrand. Nicht weit vom Stadtzentrum entfernt sind beispielsweise der Lido San Domenico oder der Lido Riva Caccia. In letzterem dient eine große schwimmende Holzplattform als Liegewiese. Im Lidino Piscina Comunale Conca d'Oro treffen See und Schwimmbad aufeinander: Auf der einen Seite taucht man ins Seewasser, auf der anderen schließt sich ein Schwimmbad an. Apropos See: Selbstverständlich kann man es auch wie George Clooney am Comer See machen und mit dem Boot über das Wasser fliegen. Beim Blick auf die Seeuferpromenade mit ihren Villen und Palazzi, auf die Kirchtürme, die aus dem üppigen Grün herausragen, auf die Berge, die Lugano einrahmen, weiß man: Schöner kann es der Clooney auch nicht haben!

AUF DEM ZUCKERHUT DER SCHWEIZ
Einen überaus reizvollen Teil des Lugano-Panoramas bilden die beiden Hausberge Monte Brè (925 m) und Monte San Salvatore (912 m). Sie sind nicht nur von unten schön anzuschauen, man kann auch hinauf. Beide Gipfel sind bequem per Standseilbahn zu erreichen, entweder vom Stadtzentrum oder von Paradiso aus. Schon die Bergfahrt ist ein Augenerlebnis. Oben angekommen bietet sich eine grandiose Rundumsicht auf Stadt, See und Alpen – grande emozione. Vom Monte Brè führt ein Wanderweg hinunter ins typische Tessiner Dorf Brè. Vom San Salvatore, dem »Zuckerhut«, wandert man über den Panoramaweg bis nach Carona und dann hinab nach Morcote am See. Von dort geht es mit dem Schiff zurück nach Lugano.

WEITERE INFORMATIONEN
Touristeninformation Lugano,
www.luganoregion.com
Monte Brè,
www.montebre.ch
Monte San Salvatore,
www.montesansalvatore.ch

WINTERLICH VERTRÄUMT:
DER MONTE SAN SALVATORE
UND LUGANER SEE VOM
MONTE BRÈ AUS GESEHEN.

DAS LIEBENSWERTE KUFSTEIN AM INN
IST MEHR ALS EINEN KURZEN
STOPP AUF DER REISE NACH SÜDEN WERT.

KUFSTEIN – DIE PERLE TIROLS

FESTUNG DES GUTEN GESCHMACKS

Im berühmten »Kufsteinlied« von Karl Ganzer aus dem Jahr 1947 wird schon einiges über das Städtchen verraten: Es liege am grünen Inn, werde von friedlichen Bergen gerahmt und halte für jeden ein gutes Glas Wein bereit. So ist es in der Tat. Darüber hinaus aber gibt es einiges mehr an Tiroler Geschichte und Lebensart zu entdecken.

Auf einem Felsplateau hoch über dem Inn und vor malerischer Bergkulisse thront die Festung Kufstein mit ihren strahlend weißen Mauern seit dem frühen 13. Jahrhundert. Zunächst im Besitz des Herzogs Ludwig von Bayern und des Bischofs von Regensburg, stritten Bayern und Tiroler bald um sie. Als Brautgabe der Herzogin Margarethe »Maultasch« fiel Kufstein an Tirol. Die Herzogin verschenkte es an die Habsburger, daraufhin fielen die Bayern ein … Es wäre müßig, das Gerangel um Kufstein zwischen Bayern, Österreichern und anderen über die Jahrhunderte auszuführen. Die Stadt am Inn war offenbar immer schon begehrt – seit 1814 jedenfalls gehört Tirol samt Kufstein wieder zu Österreich. Tirol ist seit Generationen als Ferienziel beliebt, doch das hübsche Kufstein vermag noch manchen Besucher zu überraschen.

Trutziges Wahrzeichen mit Konzert

Scheint die Festung heute von unten beinahe uneinnehmbar, ist sie doch zu Fuß zu bezwingen. Bequemer und vielleicht sogar eindrucksvoller ist es, sich vom Besucherzentrum aus mit der Kaiser-Maximilian-Bahn hinauffahren zu lassen und den Panoramablick zu genießen. Auf der Festung selbst mit ihrem riesigen Areal – beinahe ein Ort für sich – erkunden Kinder heute die Kanonen der Elisabeth-Batterie oder entdecken die Geheimnisse des 60 Meter tiefen »Brunnens«. Zahlreiche Museumsstationen sorgen,

DIE KAISER-MAXIMILIAN-BAHN
BRINGT BESUCHER BEQUEM HINAUF AUF
DIE FESTUNG OBERHALB DER STADT.

modern und effektvoll gestaltet, für eine sehr unterhaltsame Reise in die Vergangenheit der Region. Die kleinen steilen Gassen mit Kopfsteinpflaster auf der Festungsanlage wirken pittoresk, die Rundumaussicht über Fluss und Tal in die Bergwelt ist grandios. Nach Schlendern, Kraxeln und Klettern an heißen Sommertagen sorgt der Biergarten mit seinen alten Bäumen innerhalb der alten Mauern für Erholung und Abkühlung. Die knapp 5000 Pfeifen der ersten Freiorgel der Welt spielen jeden Tag um zwölf am Fuß der Festung ein Loblied auf dieses Reiseziel.

Die Altstadt feiert das gute Leben

Es gibt weit mehr Gründe, auf dem Weg nach Südtirol nicht nur einen kurzen Blick auf die Festung zu werfen, sondern einmal anzuhalten und Kufstein selbst zu erkunden. Natürlich würde von Kufstein aus der Kaiserlift den geneigten Gast auch in das gleichnamige Gebirge zum Genusswandern bringen, dann aber entgingen ihm überraschende Tiroler Impressionen. Geht man etwa unter der Brücke des Hunderte Jahre alten Traditionslokals »Auracher Löchl« hindurch, fühlt man sich in eine andere Zeit versetzt. Hier reihen sich urige Lokale mit dekorativen Zunftzeichen und Malereien aneinander, die von der engen, kurzen Gasse aus Einblick in gemütliche Gaststuben und Gewölbe gewähren. Auf den Speisekarten stehen nicht nur gehaltvolle und schmackhafte Tiroler Spezialitäten wie Brettljausen mit Tiroler Speck, Schlutzkrapfen, Speckknödel oder Kaiserschmarrn, sondern auch Tiroler Tapas oder saftige argentinische Steaks. Die Gebäude ihrerseits beherbergen ebenfalls Überraschendes wie etwa eine schicke Bar und die größte Gin-Sammlung der Welt.

Hochprozentig und fruchtig

Kufstein entpuppt sich gar als kleines, beschauliches Einkaufsparadies und das nicht nur für regional Typisches. Tirol ist wie Südtirol bekannt für feine Brände, die man unter anderem in der Brennerei Kronthaler bekommt. In kleinen inhabergeführten Geschäften finden sich Tiroler und andere Spirituosen, auch hiesige und mediterrane Leckereien. Trachtenmode gibt es natürlich auch. Wer sich Zeit nimmt und die Straße Unterer Stadtplatz hinunterschlendert, entdeckt hüben wie drüben eine gut sortierte Buchhandlung, hübsche Cafés und geschmackvolle Wohnaccessoires in lichten Gewölben und so manches Lokal, das zum Entspannen und Genießen einlädt.

Wein im Glas – fein und funktional

Wo immer man sich in Tirol befindet – der Wein ist nicht weit. Ob Rot oder Weiß, in Kufstein wird dafür gesorgt, dass er stilsicher kredenzt wird und sich sein Bouquet entfalten kann. In der Weissachstraße zischt und dampft es, zu Füßen entfalten sich höllische 1000 Grad Celsius – und werden von kräftigen Männern mit sonderbar anmutenden Gerätschaften meisterhaft beherrscht. Das muss auch so sein, sonst würden am Ende ihrer Bemühungen nicht die makellos schönen und wohlproportionierten zerbrechlichen Gegenstände stehen, die jeden Ästheten, vor allem aber Gastronomen und Sommeliers, erfreuen. Vom

SCHICKE JAUSE
Connaisseure haben in Kufstein ein Ziel: Die »cupa wein- & genussbar« am Unteren Stadtplatz 12. In der kleinen, feinen Gewölbegastronomie in Barrique-, Stahl- und Muschelkalk-Ambiente werden für den verwöhnten Gourmet-Gaumen Jausen mit den besten Schinken- und Käsesorten der Welt, mit Kaviar aus dem Alpenraum und Produkten aus Fischmanufakturen vom Atlantik zelebriert. Dazu munden heimische Weine oder eine erlesene internationale Auswahl. Delikatessen wie die Fischzubereitungen in dekorativen Döschen kann man mitnehmen.
Nicht weit davon, am Unteren Stadtplatz 19, verwöhnt das »Café Liebelei« seine Gäste im Innenraum oder bei gutem Wetter draußen mit immer wieder neuen kleinen Gerichten, hausgemachtem Kuchen, gutem Kaffee und ausgewählten Weinen – die man hier auch erwerben kann.

WEITERE INFORMATIONEN
Tourismusverband Kufsteinerland,
www.kufstein.com. In der überschaubaren Innenstadt ist alles fußläufig zu erreichen.

Rundweg über den Köpfen der Meister aus kann man sich gar nicht sattsehen an den Produktionsschritten der Glasbläserei.

In der Schauhütte von Riedel lässt sich ebenso authentisch wie unterhaltsam alles über Glasherstellung, das richtige Servieren von Wein und den Genuss mit allen Sinnen erfahren. Schließlich fertigt die Inhaberfamilie heute in zwölfter Generation aus Quarz, Kalk und Alkalien mundgeblasene Gefäße vor allem für den Rebensaft. Nach dem Zweiten Weltkrieg hatte Claus Riedel mit seinem Vater Walter mit Hilfe der befreundeten Familie Swarovski in Kufstein das ehemals böhmische Unternehmen wiedereröffnet. Bald sollten auch die Marken Nachtmann und Spiegelau dazugehören. Der damalige Firmenchef entwickelte nicht nur verschiedene Glasserien, er erkannte auch als erster die Wirkung der Glasform auf das Weinaroma und ging einen Schritt weiter: »Glasprofessor« Claus Riedel entwickelte das rebsortenspezifische, funktionale Weinglas – nicht mehr länger rein dekorativ gestaltet, sondern puristisch und dem Weincharakter untergeordnet. Form, Größe und Durchmesser eines solchen Weinglases entfalten Duft, Textur, Geschmack und Nachhall eines Weins aufs Beste.

Sehenswert sind auf dem großen Gelände mit Outdoor-Sitzmöglichkeiten auch das gut bestückte und hochinformative kleine Museum zur Geschichte des Glases im Allgemeinen und der des Familienunternehmens im Besonderen sowie – in Kufstein nicht zu vergessen – der große Shop, nicht nur für Gläser und Dekanter.

DER DEUTSCHE NATIONALÖKONOM FRIEDRICH LIST, IM 19. JAHRHUNDERT VERFECHTER DER ZOLLFREIHEIT, LIESS SICH IN KUFSTEIN NIEDER (OBEN). AM AURACHER LÖCHL BEFINDEN SICH URIGE KNEIPEN (RECHTS).

17

GRAZ – GENUSS UND DESIGN

UNTER DEM UHRTURM

Graz schmückt sich mit vielen Beinamen und das zu Recht. Der als UNESCO-Weltkulturerbe ausgewiesene geschlossene historische Stadtkern und seine unmittelbare Umgebung spiegeln die Entwicklung der Architektur und des Städtebaus von der Gotik bis zur Gegenwart wider. Seit 2008 nennt sich Graz auch Genusshauptstadt Österreichs. Die 17 Haubenlokale beweisen es.

Vom 437 Meter hohen Schlossberg, zusammen mit seinem auffälligen Uhrturm das Wahrzeichen von Graz, überblickt man das homogen wirkende Stadtbild am besten. Dies hat die Stadt an der Mur auch ihrer Dachlandschaft aus rotem Ziegelstein zu verdanken. Moderne Akzente setzen die Insel in der Mur und das futuristische Kunsthaus. Der 28 Meter hohe, viereckige Uhrturm stammt aus dem 13. Jahrhundert, die auffälligen Ziffernblätter auf jeder Seite wurden 1712 als Fresko aufgemalt. Ein hölzerner Wehrgang darüber führt um den Turm herum. Jede volle Stunde schlägt die Stundenglocke, vor Feuer warnte früher die Feuerglocke und zu Hinrichtungen läutete die Armesünderglocke. Turm und Uhrwerk kann man besichtigen, ebenso den wuchtigen Glockenturm mit seiner Liesl. Erreichen lässt sich der Schlossberg über die Schlossbergbahn, den gläsernen Schlossberglift oder zu Fuß über den Kriegssteig mit 260 Stufen.

Hauptplatz und Grazer Stadtkrone

Im Herzen der Altstadt liegt der von prächtigen Bürgerhäusern und Stadtpalais umgebene Hauptplatz. Ein besonders schönes Exemplar ist das mit barockem Stuck reich verzierte Luegg-Haus an der Ecke zur Sporgasse. Sitz der Grazer Stadtregierung ist das repräsentative Rathaus aus dem 19. Jahrhundert mit großer Kuppel und Ecktürmchen an der Südseite des Platzes. In der Herrengasse tagt der steiermärkische Landtag im Landhaus. Der Renaissancebau fasziniert mit seinen luftigen Laubengängen, die alle drei Geschosse des Arkadenhofs und des Landhaushofs umgeben. Im Landhaus ist auch das Landeszeughaus mit

der größten Waffenkammer der Welt untergebracht. Zwischen Schlossberg und dem weitläufigen Stadtpark erstreckt sich mit der »Grazer Stadtkrone« ein einmaliges städtebauliches Ensemble. Im Mittelpunkt stehen der im spätgotischen Stil gestaltete Grazer Dom und der manieristische Bau des Mausoleums für Kaiser Ferdinand II. aus dem 17. Jahrhundert mit der Katharinenkirche. Weitere Juwelen der Stadtkrone sind die alte Jesuiten-Universität und die Grazer Burg.

DAS IM SPÄTHISTORISTISCH-ALTDEUTSCHEN STIL ERRICHTETE RATHAUS BEHERRSCHT DEN WEITLÄUFIGEN HAUPTPLATZ MIT SEINEN RENAISSANCEHÄUSERN (LINKS UNTEN). DIE GRAZILEN STEGE ZUR MURINSEL ERSTRAHLEN BEI DUNKELHEIT LEUCHTEND BLAU (UNTEN).

Zwölfmal Joanneum

Graz wartet außerdem mit einer Fülle bedeutender Museen auf. Das Universalmuseum Joanneum, das älteste und zweitgrößte Museum Österreichs, ist auf gleich zwölf Standorte verteilt. Dazu gehören neben dem Landeszeughaus im Joanneumsviertel – auch unterirdisch miteinander verbunden – die Neue Galerie Graz und das Naturkundemuseum, außerdem das Museum für Geschichte, das futuristische Kunsthaus Graz, das Volkskundemuseum, die Sammlungen im Schloss Eggenberg und weitere Museen in der Steiermark. Gartenräume als Kunst präsentiert das Openair-Museum Kunstgarten.

Am Puls der Zeit

Mit seiner bemerkenswerten moderner und zeitgenössischer Architektur stellt Granz manche Weltmetropole in den Schatten. Bei einem Spaziergang durch die City of Design fällt sofort die gelungene Verbindung von Alt und Neu auf. Zeitgenössisches wurde teils kühn in das Stadtbild eingefügt, allen voran das mit vielen Namen, etwa »Friendly Alien«, bedachte Kunsthaus am Lendkai. Nicht weit entfernt zieht die künstliche Murinsel in Form einer Muschel die Blicke auf sich. In der Nähe des umgebauten Hauptbahnhofs mit farbiger Haupthalle steht das Rondo, in dem neben Wohn- und Geschäftsräumen auch Ateliers untergebracht sind. Ein frühes Werk der Grazer Schule von 1977 ist der bizarre Mehrzwecksaal der Schulschwestern mit seinen biomorphen Formen. Die unterschiedlichsten Stilrichtungen sind im Universitätsviertel vertreten, so die fragilen Gewächshäuser im botanischen Garten. Weltruf genießt der Steirische Herbst, ein Festival für zeitgenössische Kunst.

SCHLOSS EGGENBERG

Seit 2010 sind auch die bedeutendste barocke Schlossanlage der Steiermark und ihre weitläufigen Parkanlagen UNESCO-Weltkulturerbe. Die ehemalige Residenz der Fürsten von Eggenberg im Westen von Graz sollte mit ihrer Architektur und Innenausstattung das Universum versinnbildlichen. Im Zentrum der dreigeschossigen rechteckigen Anlage steht die Schlosskirche. Unter den 24 Prunkräumen sticht besonders der Planetensaal hervor. Besonders stimmungsvoll sind die Glanzlichter-Führungen bei Kerzenlicht. Aus konservatorischen Gründen – Heizung und künstliches Licht könnten die Innenausstattung beschädigen – sind die Prunkräume im Winter geschlossen. Ganzjährig geöffnet sind die zu einem Landschaftspark zusammengefügten Gartenanlagen, ebenso wie das Schloss ein Gesamtkunstwerk. Der Planetengarten bildet seit 1999 ein Pendant zum Planetensaal.

WEITERE INFORMATIONEN

Stadt Graz,
www.graztourismus.at
Haubenlokale,
www.graztourismus.at (Gastroguide)
Schloss Eggenberg,
www.museum-joanneum.at/schloss-eggenberg-prunkraeume-und-gaerten

IM KULTURHAUPTSTADTJAHR 2003 WURDE DIE UNTERHALB DES SCHLOSSBERGS LIEGENDE MURINSEL MIT CAFÉ, ARENA UND KLETTERGARTEN EINGEWEIHT.

LINZ – BAROCKPRACHT UND GANZ MODERNE KUNST

KULTURMETROPOLE AN DER DONAU

Linz ist anders! Die liebliche Schönheit der Architektur, wie man sie aus Wien oder Salzburg kennt, ist hier nicht dominant. Zwischen den prächtigen historischen Fassaden ist viel Platz für ein modernes Leben und zeitgenössische Kunst. Die Linzer genießen beides sehr entspannt – und empfehlen dem Besucher natürlich Linzer Torte.

Die drittgrößte Stadt Österreichs liegt direkt an der Donau. Das Image der einstigen Stahlstadt hat sich deutlich gewandelt. Mehr Umweltschutz und eine intensive Kulturförderung machten aus Linz eine lebenswerte Metropole.

Großartiges, Feinsinniges, Schmackhaftes

Auf dem Hauptplatz und in der Altstadt schlägt das Herz der Stadt. Im 13. Jahrhundert angelegt, ist er mit 13 200 Quadratmetern einer der größten umbauten Plätze in Europa. Seine Mitte ziert die 20 Meter hohe Dreifaltigkeitssäule aus weißem Salzburger Marmor (1723), die zum Dank für Rettung aus Krieg, vor Feuer und Pest errichtet wurde. Umgeben ist der Platz, der Linz als Marktplatz bereits im Mittelalter Wohlstand bescherte, von imposanten historischen Gebäuden. An der Ostseite steht das Alte Rathaus, das 1659 seine heutige Fassade und den Arkadenhof im Inneren erhielt. In seinem Foyer liegt eine Luftaufnahme der Stadt als begehbarer Stadtplan aus. Nicht weit davon entfernt beindrucken das späthistoristische Kirchmayr-Haus, das spätgotische Schmidtberger-Haus und das frühbarocke Palais Feichtinger-Haus mit dem Linzer Glockenspiel. Die wechselnde Melodie – mal Mozart, mal Bruckner, mal Weihnachtslieder – ist täglich dreimal für vier Minuten zu hören und gehört zu Linz wie die Linzer Torte, die sich übrigens ganz stilvoll in der Konditorei Jindrak genießen lässt. Sie schmeckt aber auch im hippen Ambiente eines modernen Cafés. Wobei: Es muss Linzer Torten heißen, denn es gibt verschiedene Rezepte.

BLICK AUF LINZ MIT DER NEUEN KATHEDRALE (HINTEN) UND DER URSULINENKIRCHE IM VORDERGRUND (GANZ LINKS). TAGESAUSKLANG IM SCHLOSS-BIERGARTEN ÜBER DER DONAU (LINKS).

An den Hauptplatz schließt sich die Linzer Landstraße an, die Haupteinkaufsmeile, von der man unbedingt auch mal in die Seitengässchen abbiegen sollte. Dort finden sich eine Menge junger, alternativer Läden und Labels, die auf ökologische und nachhaltige Produktion achten, und viele gemütliche Cafés und Restaurants für die Pause zwischendurch.
Am südlichen Ende des Hauptplatzes erheben sich der Alte Dom und die barocke Ignatiuskirche (1669–1683) mit der Brucknerorgel, die so heißt, weil der Komponist Anton Bruckner (1824–1896) als Linzer Domorganist 13 Jahre lang auf ihr spielte. Der Neue Dom ist der 1924 fertiggestellte Mariendom, mit Platz für 20000 Menschen die größte Kirche Österreichs. Wen die 395 Stufen auf den Turm nicht schrecken, der genießt einen fantastischen Rundumblick auf Linz.
Eine schöne Aussicht gibt es auch auf dem Hausberg, dem Pöstlingberg; mit der Pöstlingbergbahn geht es bequem hinauf. Die Wallfahrtsbasilika Sieben Schmerzen Mariä auf dem Gipfel ist von fast jedem Punkt der Altstadt aus zu sehen.

Graffiti und Hightech

Der Flusshafen steht ganz im Zeichen der zeitgenössischen Kunst. Alte Industriebauten und Häuserfassaden sind im »Mural Harbor« mit 200 teils mehrere hundert Quadratmeter großen Graffitis verziert. Internationale Künstler schufen diese beeindruckende Freiluftgalerie. Sprayen darf auch der Besucher, wenn es ihn dazu drängt. Mit moderner und zeitgenössischer Kunst beschäftigt sich auch das Lentos Kunstmuseum (2003) an der Donau. Seine 130 Meter lange Glasfassade ist nachts bunt erleuchtet und spiegelt sich in der Donau. Schaffen und Ausstellen von Kunst fließen im Offenen Kulturhaus (OK) ineinander.

DIE ZUKUNFT LIEGT AN DER DONAU
Das futuristische Ars Electronica Center (1996, 2009 umgebaut) an der Donau beschäftigt sich auch mit der Zukunft. Es macht künftige Technologien bereits heute erfahrbar. In den vier Laboren BrainLab, BioLab, RoboLab und FabLab können Besucher programmieren, experimentieren, Roboter steuern, Pflanzen klonen oder auch Bilder von der eigenen Netzhaut schießen. Mitdenken und ausprobieren erwünscht! Highlight ist der Deep Space, ein 3D-Projektionsraum, in dem gigantische, hochauflösende Bilder und Videos Reisen durch Raum und Zeit ermöglichen. Reizvolle Spielerei: Die 38 500 in vier Farben leuchtenden LEDs in der Fassade des Ars Electronica Centers kann jeder Besucher über das Fassadenterminal per Smartphone oder Notebook selbst erstrahlen lassen.

WEITERE INFORMATIONEN
Touristeninformation Linz, www.linztourismus.at
Ars Electronica Center, www.ars.electronica.art
Graffiti am Hafen, www.muralharbor.at

19

LJUBLJANA – DIE SYMPATHISCHE DRACHENSTADT

ITALIENISCHE ELEGANZ UND HABSBURGER PRACHT

Die Hauptstadt Sloweniens an der Ljubljanica ist mit knapp 300 000 Einwohnern recht überschaubar. Doch die vielen Studenten sorgen für ein reiches Kultur- und Nachtleben. Seinen Besuchern bietet Ljubljana eine große architektonische Vielfalt. Schwer vorstellbar, dass die Stadt gleich zweimal von Erdbeben komplett zerstört wurde.

Das erste Beben 1511 traf die mittelalterliche Bausubstanz, das zweite 1895 begrub viele der prachtvollen Renaissancebauten unter sich. Wiener Baumeister und italienische Künstler prägten beim Wiederaufbau den Stil Ljubljanas – hier trifft das österreichische Habsburg auf den mediterranen Süden. Typisch für das Stadtbild sind die zahlreichen Bauten des bedeutenden slowenischen Architekten Jože Plečnik, ein Sohn der Stadt.

Drachen wachen

Stolz thront die Burg (Ljubljanski grad) über den Dächern: Von ihrem Aussichtsturm aus hat man den schönsten Blick auf die Altstadt und die umliegenden Viertel. Schon seit der Frühzeit besiedelt, entstand auf dem Hügel im Mittelalter eine Festung. Die heutige Burg wurde im 15. Jahrhundert errichtet und in den folgenden 300 Jahren immer weiter ausgebaut. Eine kleine Seilbahn fährt Fußmüde hinauf. In den Burgräumen befinden sich das Puppentheater-Museum und die Ausstellung »Slowenische Geschichte« sowie die »virtuelle Burg«.
Zu Füßen des Komplexes liegt am Flussufer das religiöse Machtzentrum ganz im Stil des Barock: der Dom St. Nikolaus (Stolnica svetega Nikolaja) und der Bischofspalast (Škofiski dvorec). Zwei massive Bronzetore aus dem 20. Jahrhundert wurden 1996 von Papst Johannes Paul II. persönlich gesegnet. Barock sind auch die eleganten Häuser und Palazzi in der Fußgänger-

zone – das Palais Gruber, die Jakobskirche und das Rathaus (Rotovž) stammen aus der gleichen Zeit.
Das Schweigerhaus mit seiner detailverliebten Rokokofassade gilt als einer der schönsten Barockhäuser Ljubljanas.
Viele Brücken führen über die Ljubljanica. Die Drachenbrücke (Zmajski most) stammt aus dem Jahr 1901 und war damals einer der ersten Stahlbetonbrücken Europas. Die vier Kupferdrachen im Jugendstil bewachen nicht nur die Brücke, sondern die ganze Stadt: Sie sind ein Wahrzeichen Ljubljanas. Noch berühmter ist allerdings die Tromostovje. Das Meisterwerk von Jože Plečnik besteht aus drei Einzelbrücken. An ihren Seiten sind klassizistische Säulen und elegante Lampen als Reminiszenz an den einstigen venezianischen Stil der Stadt angebracht. Vom Dom gelangt man über die Drei Brücken zum zentralen Prešeren-Platz, wo man neben dem Jugendstil-Kaufhaus Urbančeva hiša Sloweniens Nationaldichter France Prešeren auf seinem Denkmal bewundern kann. Bei schönem Wetter entspannen sich dort Touristen und Studenten und genießen die südländische Atmosphäre.

PANORAMA MIT BURG (LINKS UNTEN). LJUBLJANAS BEKANNTESTE BRÜCKE TROMOSTOVJE FÜHRT DIREKT ZUR FRANZISKANERKIRCHE AUS DEM 17. JAHRHUNDERT MIT IHRER AUFFÄLLIGEN ROSÉFARBENEN FASSADE.

Plečniks Spuren und der Nebotičnik

Westlich der Altstadt begegnet einem der Meister auf Schritt und Tritt: Jože Plečnik hat überall seine Spuren hinterlassen, am eindrucksvollsten in der slowenischen National- und Universitätsbibliothek aus den 1930er-Jahren, die Renaissance-Elemente mit antiker Architektur verbindet. Auch die prächtigen Markthallen am Dom mit ihren steinernen Marktständen und Kolonnaden beziehen sich auf diese beiden Epochen. Weiter draußen findet man im Friedhof Žale und der Michaelskirche in Črna vas weitere Beispiele seines einzigartigen Architekturstils. Auch eine Allee zum beliebten Tivoli-Park, dem größten Park der Hauptstadt, ist von ihm gestaltet. Im Museum für moderne Kunst gleich nebenan findet die Internationale Biennale für Graphische Kunst statt. Zusammen mit dem Museum für Zeitgenössische Kunst und der Nationalgalerie bildet es das künstlerische Zentrum des Landes. Werke vom Mittelalter bis in die heutige Zeit vermitteln die Vielfalt slowenischer Kultur. Sogar über einen echten Wolkenkratzer verfügt Ljubljana: Der Nebotičnik, erbaut 1933, ist mehr als 70 Meter hoch. Von der Caféterrasse bietet sich eine wunderbare Aussicht auf die Stadt und den Burgberg.

ALTERNATIVKULTUR IN METELKOVA

Eine leerstehende Kaserne im Norden der Stadt – damit fing 1993 alles an. Künstler und Aktivisten besetzten das ehemalige Militärgelände der Jugoslawischen Volksarmee nahe des Bahnhofs, um es vor dem Abriss zu bewahren. In den letzten Jahrzehnten entwickelte sich daraus das Zentrum Metelkova (Avtonomni kulturni center Metelkova mesto) für alternative Kultur der slowenischen Hauptstadt. Musikclubs und Bars entstanden. Regelmäßig finden Konzerte, Ausstellungen, Theateraufführungen und Festivals statt. Nachtschwärmer treffen auf Studenten, alternative Intellektuelle, Touristen und ganz normale Anwohner aus der Nachbarschaft. Das Metelkova versteht sich als Zentrum kreativer Freiheit und ist daher ständig im Wandel. Wer innovative Impulse sucht, ist hier genau richtig.

WEITERE INFORMATIONEN

Stadt Ljubljana, www.visitljubljana.com
Kulturzentrum Metelkova, www.metelkovamesto.org

ČESKÝ KRUMLOV – SCHMUCKKÄSTCHEN SÜDBÖHMENS

RESIDENZ IN DER MOLDAU-SCHLEIFE

Český Krumlov, deutsch (böhmisch) Krumau, trägt zurecht den Beinamen »Perle des Böhmerwalds«, denn die gesamte Altstadt gehört zum UNESCO-Weltkulturerbe. An kopfsteingepflasterten Gassen und um lauschige Plätze stehen schmucke Häuser und prachtvolle Kirchen. Über allem thront die zweitgrößte Schlossanlage Tschechiens.

Der Name sagt es. Unter einer Burg auf einem langen Felssporn entstanden in Auen der Moldau, die hier ein großes S bildet, zwei Siedlungen, die später zu Krum(m)au zusammenwuchsen. Der Stadtgründung Mitte des 13. Jahrhunderts folgten unter drei Geschlechtern des böhmischen und österreichischen Hochadels, den Rosenbergs, Eggebergs und Schwarzenbergs, Blütezeiten, befördert durch die Erträge aus dem Silber- und Goldbergbau, der im 16. Jahrhundert seinen Höhepunkt erreichte, dann aber rasch abebbte. Geld, Geschäfts- und Kunstsinn brachten italienische Renaissance und Wiener Barock ins Dreiländereck zwischen Böhmen, Bayern und Österreich, rund 60 Kilometer von Linz entfernt. Ab Ende des 18. Jahrhunderts fiel die Residenzstadt in einen tiefen Schlaf, aus dem sie Ende des 20. Jahrhundert erst langsam wieder erwachte. Die Erhebung von Altstadt und Schloss zum Welterbe 1992 beflügelte eine umfassende Restaurierung, allerdings mit der Nebenfolge, dass kaum mehr Einheimische in der Altstadt wohnen.

Altstadt-Winkel

Mehr als 300 denkmalgeschützte Bauten weisen die beiden Altstadtviertel auf. Hinter jeder Ecke – nicht nur rund um den Stadtplatz mit dem Säulenbrunnen – und an engen Gassen erfreuen die frischen Fassaden ansehnlicher Bürgerhäuser. Anheimelnde Plätze mit Sitzgelegenheiten laden zu Pausen mit süßem Gebäck und einem Krug Krumlov-Bier ein. Schleichwege öffnen sich zu Gärten und Parks.

DIE MOLDAU TEILT BÖHMISCH-KRUMAU MIT DER WEITLÄUFIGEN SCHLOSSANLAGE (GANZ LINKS), EINE BRÜCKE VERBINDET BEIDE TEILE DER ALTSTADT (LINKS).

An einigen Stellen plätschert Wasser aus kleinen Brunnen. Wer sich ein wenig treiben lässt, hat Muße für die reizvollen Auslagen hinter Arkaden.
Kräftige bauliche Akzente setzen das ehemalige Clarissen- und das Minoritenklosters (1350) mit ihrem gemeinsamen Gotteshaus (Ausstellungen u. a. im spätgotischen Kreuzgang), und die dreischiffige gotische St.-Veits-Kirche (1407–1439) auf einer Anhöhe über der Moldau. In einem gewissen Kontrast dazu steht das Egon Schiele Art Centrum in einer ehemaligen Hausbrauerei mit Werken des Wiener Malers Egon Schiele (1890–1918), der mit lasziven Aktdarstellungen und einem unkonventionellen Lebensstil nicht nur in der südböhmischen Provinz für Aufsehen sorgte. Das ESAC ist eine überregional beachtete Einrichtung mit Wechselausstellungen zeitgenössischer tschechischer Künstler. In der ehemaligen St.-Jobst-Kirche lassen Marionetten historische Puppentheateraufführungen wieder erstehen.

Schloss mit Theater

Das Schloss zwischen Moldauschleife und Polečnice-Bach besteht aus 40 Gebäuden und fünf Höfen. Im nationalen Vergleich ist nur die Prager Burg größer. Die gesamte Anlage ist zugänglich, vom Schlossturm hat man eine herrliche Aussicht auf die Stadt. Spektakulär ist die mehrstöckige, überbaute Mantelbrücke (1777) über eine tiefe Schlucht. Räume mit hochherrschaftlicher Wohneinrichtung und repräsentative Säle mit aufwendigen Fresken, darunter der Eggenberger Saal mit der goldenen Prunkkutsche, und der Maskensaal entführen in die Renaissance, den Barock und ins 19. Jahrhundert.
Nur zwei erhaltene Barocktheater (ab 1682) mit funktionierender Bühnenmaschinerie gibt es noch auf der Welt. Das Schloss von Český Krumlov hat eines davon. Drei Dutzend Personen werden teilweise benötigt, um die Holzmechanik in Gang zu setzen und die Original-Kulissen aus dem Off in die Mitte des Dramas zu rücken. Aufführungen erlebt das Juwel am fünften Schlosshof immer zum Barockfest im Sommer. Überhaupt wird das historische Ambiente des Schlosses regelmäßig für Musik- und Theaterfestivals genutzt, darunter der Maskensaal, die Reithalle und eine Freilichtbühne mit drehbarer Zuschauertribüne inmitten des sieben Hektar großen barocken Schlossgartens. Eine Verschnaufpause lässt sich an der Kaskadenfontäne im Park oder auch auf einer Restaurant- und Café-Terrasse unten am Flussufer einlegen.

AUF DEM WASSER, IN DEN WALD

Nach ausgiebigem Sightseeing zu Fuß braucht es einen Ausgleich. Ist eine Floßfahrt auf der Moldau, nur bei schönem Wetter, noch vergleichsweise gemächlich, werden Geschick und Kraft bei einer Kanuwanderung schon stärker gefordert. Boote können an mehreren Stationen ausgeliehen werden. Auch ist Český Krumlov ein guter Ausgangsort für Fahrradtouren durch die hügelige Landschaft, etwa zum Graphit-Schaubergwerk. Zu Wanderungen rufen der Blansker Wald (Blansky les) mit dem Aussichtsturm auf dem Klet' (1083 m) und das Biosphärenreservat Šumava im Böhmerwald. Am Wegesrand liegen verwunschene Burgruinen, etwa Dívčí Kámen, oder der Lipno-Stausee.

WEITERE INFORMATIONEN

Český Krumlov,
www.ckrumlov.info (auch deutsch),
Schloss,
www.zamek-ceskykrumlov.cz/en

DIE MÄCHTIGE BAROCKE VIERFLÜGEL-
ANLAGE DER BURG THRONT ÜBER
DER ALTSTADT MIT DER DOMKIRCHE
ST. MARTIN (1302–1452).

SHOPPEN IM ANGESICHT RESTAURIERTER BÜRGERHAUSFASSADEN, DIE HÄUFIG AUS DEM 18. JAHRHUNDERT STAMMEN, IST EIN BESONDERES VERGNÜGEN.

BRATISLAVA – ALTEUROPA AUFPOLIERT

ZWISCHEN DONAU, BURGBERG UND HAUPTPLATZ

Aus der 1100 Jahre alten Stadt an der Donau schaut noch Alteuropa hervor, in dem viele Nationalitäten auf engem Raum zusammen oder nebeneinander lebten, und das nach den Weltkriegen unterging. Das österreichisch-ungarische Preßburg ist heute als Bratislava die lebhaft-junge Metropole des slowakischen Nationalstaats.

Alle Namen haben ihre Berechtigung: Pozsony (ungarisch), Preßburg (deutsch), Prešporok und Bratislava (slowakisch). Sie kennzeichnen das jeweils sprachlich, kulturell oder auch politisch vorherrschende Element. 1000 Jahre unter ungarischer Herrschaft, wurde die Stadt ab Mitte des 19. Jahrhunderts immer »slowakischer«, obwohl kurz vor dem Zweiten Weltkrieg noch etwa die Hälfte der Einwohner Deutsch als Muttersprache hatte. Dennoch war Bratislava bis zur Vertreibung der Deutschen nach 1945 nie auf einen einheitlichen »nationalen« Nenner zu bringen. Heute befindet sich die Stadt wieder mitten in Europa. Die Altstadt ist restauriert und in ihrer geschlossenen Schönheit wiedererstanden. Die Oper im Slowakischen Nationaltheater und der Kultursommer locken sogar, wie früher, die nahen Wiener an, während die junge Szene fröhlich und ohne historischen Ballast im Gepäck sich Rockmusik und Jazz hingibt. An Preßburg als Perle der nach 1939 nahezu ausgelöschten jüdischen Kultur erinnern das Jüdische Gemeindemuseum in der Synagoge (1926), ein Holocaust-Mahnmal und das Mausoleum für den großen Gelehrten Chatam Sofer (1762–1832) mit Überresten des 2002 restaurierten jüdischen Friedhofs.

Königin und Präsident

Wahrzeichen Bratislavas, rund 85 Meter über der Donau, ist die Burg (Bratislavský hrad), eine mächtige

WEINSTRASSE DER KLEINEN KARPATEN

Gleich in der Altstadt kann man sich im Appónyi-Palais einstimmen: mit einer Weinprobe im Innenhof und einer Ausstellung zum traditionsreichen Weinanbau (Múzeum vinárstva) an den südlichen Berghängen der Kleinen Karpaten, dessen Anfänge weit in die vorrömische Zeit reichen. Die Weinstraße beginnt in den nördlichen Außenbezirken von Bratislava (Rača) und führt bis Smolenice. Zentrum des regionalen Weinanbaus und ein besonders malerischer Ort ist Pezinok. In den Schlosskellern des »Národný salón vín« kann man seine Geschmackskenntnisse anhand der Top 100 aus der Slowakei vertiefen. Regionale Weine lernt man am »Tag der offenen Weinkeller« im November persönlich kennen. Darüber hinaus folgt im September ein Weinfest auf das andere. Bei dieser Gelegenheit kann auch der erste Tropfen der Saison, burčiak (Federweißer), verkostet werden.

WEITERE INFORMATIONEN

Bratislava,
www.visitbratislava.com/de/
Stadtmuseen mit Burg Devín,
www.muzeum.bratislava.sk/en/
Weinstraße der Kleinen Karpaten,
www.mvc.sk, www.visitslovakia.com/kleine-karpaten-die-weinreise

Vierflügelanlage (15.–18. Jh.), in der zeitweise die ungarischen Krönungsinsignien verwahrt wurden. Als Königin von Ungarn hielt sich Maria Theresia gern in Preßburg auf und ließ die Burg als Barockresidenz umgestalten. In den Napoleonischen Kriegen abgebrannt, wurde die Ruine in den 1950/60er-Jahren wiederaufgebaut. Im Kultursommer (mit Burgfestspielen) wird die historische Krönungszeremonie nachgestellt. Das Parlament der Slowakischen Republik, das gleich nebenan in einem neueren Gebäude tagt, und der Staatspräsident, der weiter nördlich im feinen Grasalkovič-Palais (1760, Garten öffentlich zugänglich) seinen Amtssitz hat, nutzen einige Räume der Burg für Empfänge.

Kirchturm mit Paradekissen

Seit 4500 Jahren haben sich Menschen auf dem Burgberg niedergelassen. Kaiser Friedrich Barbarossa machte hier Station auf dem Weg ins Heilige Land, sein Kreuzfahrerheer lagerte auf den Wiesen der Donau-Auen. Von der Burgterrasse (mit Café) aus sieht man heute auf dem rechten Donauufer hinter dem Stadtpark (Sad Janka Kráľa), eine der ersten öffentlichen Parkanlagen Europas, die Hochhäuser der in sozialistischer Zeit für 150 000 Menschen erbauten Trabantenstadt Petržalka. Dorthin führt die Neue Brücke (1972) mit einem »Ufo« auf dem Pfeiler. In die Altstadt hinab steigt man durch das gotische Sigismundtor.
Der mehrfach umgebaute Dom St. Martin, die größte der ein Dutzend Kirchen im Stadtzentrum, war 1563–1830 die Krönungskirche der ungarischen Monarchen – darauf verweist, statt Wetterhahn oder Kreuz, die Turmspitze mit der goldenen Stephanskrone auf einem Paradekissen. Glanzstücke aus der Barockzeit sind die sehr lebendig wirkende Reiterstatue des heiligen Martin (1735) sowie die Elomosynarius-Kapelle (1732) mit dem Grab des Erzbischofs, beides Werke des österreichischen Bildhauers Georg Raphael Donner.

Altstadt: prächtig und frech

Für die Tour durch die Altstadt, etwa entlang des einstigen Krönungswegs (mit Plaketten gekennzeichnet) muss der Besucher vor allem eines mitbringen: Zeit – um die herrlichen Bürgerhäuser und Palais, vor allem aus dem 18. Jahrhundert, angemessen würdigen zu können. Wer aufmerksam ist, wird auch freche

Skulpturen wie den »Glotzer« (Čumil), einen neugierigen »Kanalarbeiter«, entdecken. Besonders lebhaft geht es in der Michalská ulica zu, die auf das einzig erhaltene der vier Stadttore, das Michaelertor, zuläuft, in der Rybárska brána (Fischertor) und auf dem Hauptplatz mit der steinernen Roland-Statue, dem Maximiliansbrunnen (1572) und vor allem dem Alten Rathaus (Stará radnica) mit dem Stadtmuseum, einer Anlage aus mehreren Häusern (15.–19. Jh.) und dem 45 Meter hohen Barockturm. Nicht weit davon residiert heute der Oberbürgermeister im klassizistischen Primatialpalast (18. Jh.).

Kulturpausen

Für eine Pause bestens geeignet sind die Cafés der Altstadt, nicht nur auf dem Hauptplatz, sowie Bistros und Weinstuben. Auf dem Hviezdoslav-Platz kann man sich unter schattigen Bäumen und am Ganymed-Brunnen schon einmal das Abendprogramm zusammenstellen. Eine italienische Oper im Nationaltheater gegenüber? Livemusik in einem Club oder den Straßenmusikern lauschen? Oder lieber doch das volle Programm auf den Festspielen klassischer Musik im Herbst?

Burgruine Devín

Nur wenige Kilometer donauaufwärts über der Mündung der March (Morava) befindet sich die 1809 zerstörte und teilweise wieder aufgebaute Burg Devín, ein Nationaldenkmal. Bereits die Römer sollen auf dem markanten Felsen Wache gestanden haben, auch machten Archäologen Funde aus der Zeit des Großmährischen Reichs (9. Jh.). Die Ruinen inspirierten die slowakische Nationalbewegung um den Romantiker Ľudovít Štúr. Der Begründer der slowakischen Schriftsprache machte am 24. April 1836 mit seinen Anhängern einen Ausflug dorthin. Besonders romantisch wirkt der einsame Jungfrauenturm am Steilhang. Im Kalten Krieg war das Gebiet streng bewacht, dennoch versuchten einige, hier den Eisernen Vorhang zu überwinden. Den meisten gelang es nicht – ein Denkmal an der March erinnert an die Flüchtlinge. Zur Burgruine Devín kommt man mit dem Stadtbus, es gibt aber auch einen Wanderweg.

AUF EINEM HANDWERKERMARKT ZEIGT EIN TÖPFER SEINE FERTIGKEITEN (OBEN). DAS MICHAELERTOR MIT SEINEM 51 METER HOHEN TURM MARKIERTE EINST DEN HAUPTZUGANG IN DIE ALTSTADT (RECHTS).

22

EGER – PERLE DES BAROCK IN UNGARN

PRACHT UND EDLE TROPFEN

Eger muss man einfach genießen: Auf Straßen und Plätzen schwelgt man in barocker Architektur, in den Weinstuben und Restaurants fließt ungarischer Spitzenwein, dessen Tradition bis ins Mittelalter zurückreicht, und in den exquisiten alten und neuen Bäderwelten der Stadt lässt es sich herrlich entspannen oder kuren.

Malerisch an den Ausläufern von Mátra- und Bükkgebirge liegt Eger (deutsch: Erlau), umrahmt von Wäldern und sanft gewellten Weinbergen. Ihre Blüte erlebte die Stadt mit einer turbulenten 1000-jährigen Geschichte im 18. Jahrhundert. Damals wurde das Zentrum nach den Vorstellungen der Bischöfe und den Plänen von Baumeistern aus Deutschland, Italien, Österreich und Ungarn neu- und umgestaltet. Es entstand ein Gesicht, das Eger den Beinamen »Perle des Barock« einbrachte. Im gleichen Jahrhundert startete die professionelle Weinlagerung im Viertel Tal der Schönen Frauen. Eger stieg zu einem Weinanbaugebiet und Weinlager mit Spitzenruf auf.

Opulentes Freilichtmuseum

Das Zentrum der Stadt bildet die Burg Eger, von der aus man 1552 zunächst glorreich den Türken trotzte, dann aber doch überwältigt wurde und unter osmanische Herrschaft geriet. Die vieleckige Festung wird seit den 1990er-Jahren restauriert und gibt einen spannenden Einblick in die Verteidigungsanlagen des 16. Jahrhunderts. Zu Füßen der Burg breitet sich die Altstadt mit Plätzen und Gassen aus, die von historischen Bauten, hauptsächlich im Stil des Barock, gesäumt sind. Am Hauptplatz Egers, dem Dobó ter, erhebt sich die zweitürmige Minoritenkirche (1758–1773), eine der schönsten Barockanlagen Ungarns. Ihre Gewölbe sind mit Szenen aus dem Leben des heiligen Antonius bemalt. Rechts neben der Kirche steht das eklektizistische Rathaus (19. Jh.). Im Norden des Platzes thront das Denkmal des einstigen Burghauptmanns, István Dobó (1502–1572), nach dem auch der Platz benannt ist.
Westlich dieses belebten Herzens von Eger liegt der kleinere Platz Eszterházy ter. Dort befindet sich der klassizistische Dom, eine dreischiffige Kuppel-Basilika

(1831–1837). Das Innere zieren Marmorsäulenreihen und zahlreiche Fresken. Das Erzbischöfliche Lyzeum gegenüber ist eines der größten Gebäude im Rokokoklassizismus in Ungarn. Die Decke der Bibliothek im ersten Stock ist aufwendig mit Schnitzereien und Fresken dekoriert. Dort stehen 130 000 Bände, darunter das erste in Ungarn gedruckte Buch aus dem Jahr 1473. Dem Dom schließt sich nördlich das Erzbischöfliche Palais im spätbarocken Stil an. Egers Altstadt kommt einem stimmungsvollen Freilichtmuseum gleich.

NÖRDLICHSTES »SOUVENIR« DER OSMANEN IN EUROPA: DAS MINARETT VON EGER (LINKS). BESTE BEDINGUNGEN FÜR EDLE TROPFEN: WEINKELLER IM TAL DER SCHÖNEN FRAUEN (UNTEN).

Osmanische Souvenirs

Als die habsburgischen Armeen die Türken 1687 aus Eger vertrieben hatten, wurde die 1624 errichtete Kethuda-Moschee zunächst als Kirche genutzt, dann aber im 19. Jahrhundert abgerissen. Ein Minarett blieb jedoch erhalten. Das 40 Meter hohe Bauwerk ist das nördlichste osmanische in Europa und mittlerweile das Wahrzeichen von Eger. 93 Stufen führen hinauf; die Sicht von oben lohnt die Mühe! Im türkischen Bad, originalgetreu restauriert, lädt ein mehr als 400 Jahre altes Becken zum Entspannen ein. Man genießt das warme radonhaltige Heilwasser in orientalischem Ambiente. Gleich nebenan geht es in moderne Thermalbadwelten.

Stierblut und Mädchentraube

Im Weinviertel Tal der Schönen Frauen lagern seit 1774 nicht nur Eigenprodukte, sondern auch edle Tropfen anderer ungarischer Winzer. In mehr als 200 Weinkellern, die teils miteinander verbunden sind, findet der Wein beste Bedingungen vor. Erlauer Stierblut und Erlauer Mädchentropfen sind international bekannt und geschätzt und werden selbstverständlich auch in den zahlreichen Weinlokalen und Restaurants der Stadt ausgeschenkt. Mit Einbruch der Dämmerung zieht es die Menschen hinaus auf die Gassen und Plätze, um in beinahe mediterraner Atmosphäre ungarische Weinseligkeit zu erleben.

DAS UNGARISCHE PAMUKKALE

Nur sechs Kilometer von Eger wartet die kleine Stadt Egerszalók mit einem in Europa einzigartigen Naturwunder auf, das eher aus der Türkei bekannt ist: Wie in Pamukkale speist eine unterirdische Quelle das Naturschauspiel. Das 68 °C warme Wasser schießt wie ein Geysir aus 410 Meter Tiefe an die Oberfläche und ergießt sich dann den Hang hinunter. Im Laufe der Zeit bildete das kalkhaltige Wasser strahlendweiße terrassenförmige Ablagerungen, die inzwischen eine beachtliche Fläche einnehmen und stetig weiter in den Hang wachsen. In der Therme von Egerszalók sitzt man im warmen Wasser und schaut auf das natürliche Kunstwerk – ein ganz besonderes Erlebnis. »Salzhügel« nennen die Einheimischen das Gebilde, eine echte Untertreibung für die spektakulären Formationen.

WEITERE INFORMATIONEN

Touristeninformation Eger,
eger.hu/de/tourismus
Informationen zu Ungarn, Eger und Egerszalók,
www.ungarn-tourist.de

EIN STOLZES SYMBOL DES KATHOLIZISMUS IN SCHLESIEN IST DER DOM VON BRESLAU.

DIE JAHRHUNDERTHALLE WURDE IN REKORDZEIT FERTIGGESTELLT, BESASS DIE DAMALS GRÖSSTE FREITRAGENDE KUPPEL DER WELT UND BIETET PLATZ FÜR 10 000 PERSONEN.

23

BRESLAU – BRÜCKE ZWISCHEN OST UND WEST

POLENS VENEDIG

Breslau (polnisch Wrocław) ist alt und jung zugleich. Seit 1000 Jahren prägen Menschen unterschiedlichster Herkunft die schlesische Hauptstadt, die mit ihren alten Handelsrouten seit jeher Ost und West miteinander verbindet. Die Kulturhauptstadt Europas von 2016 präsentiert sich als junge, weltoffene Uni-Metropole mit einem außergewöhnlich reichen Kulturangebot.

Der Marktplatz (Rynek) in der Altstadt (Stare Miasto) ist einer der größten seiner Art in Europa. Ihn umgeben stattliche Häuser aus vielen Kunstepochen: Handelskontore aus dem Mittelalter, repräsentative Patrizierhäuser und das gotische Rathaus (Stary Ratusz). Und so reihen sich die Prachtstücke an der Sieben-Kurfürsten-Seite, der Naschmarktseite, der Grüne-Röhr-Seite und der Goldene-Becher-Seite auf. Unzählige Cafés, Restaurants und Biergärten sind dort zu Hause, das berühmteste und älteste Lokal ist der Schweidnitzer Keller (Piwnica Świdnicka) aus dem 15. Jahrhundert. Schon Goethe und Chopin haben hier gezecht. Auf dem Salzmarkt (Plac Solny) mit seinen farbenfrohen, vornehmen Stadtvillen wird heute der Blumenmarkt abgehalten. Angesichts dieser Pracht vergisst man leicht, dass dies nicht selbstverständlich ist: Breslau, bei Kriegsende zerbombt, wurde in den Jahrzehnten nach der Vertreibung der deutschen Bevölkerung vor allem von Neusiedlern aus Lemberg (Lwiw) wieder aufgebaut und restauriert.

Reif für die Insel

Seit über 1000 Jahren bietet die Dominsel (Ostrów Tumski) mit ihren Kirchen und Klöstern den katholischen Christen eine Heimat. Am mächtigen Dom (Katedra św. Jana) wurde 500 Jahre lang gebaut. Im Zweiten Weltkrieg trug er ebenfalls schwere Schäden davon. Angesichts der zahlreichen Gläubigen wird deutlich, dass auch der Sozialismus dem tiefverwurzelten Glauben kaum etwas anhaben konnte. Vom Turm der Kathedrale hat man einen fantastischen Blick über die Altstadt und die Insel, die seit dem frühen 19. Jahrhundert gar keine mehr ist, da der Oderarm zugeschüttet wurde. Die Kreuzkirche und die Ägidienkirche sind von dort ebenso gut zu sehen wie der Sitz des Erzbischofs und der botanische Garten. Auf die Dominsel gelangt man über die wesentlich kleinere Sandinsel (Wyspa Piaskowa), die über die Sandbrücke mit der Altstadt verbunden ist – die Kirche Maria auf dem Sande hat ihr den Namen gegeben. Eine andere berühmte Kirche, die Elisabethkirche in der Altstadt, ist eng mit der protestantischen Geschichte der Stadt verbunden: Über 400 Jahre lang war sie die evangelische Hauptkirche Schlesiens. Auch sie hat einen Aussichtsturm, der Zugang zum Kirchhof führt durch einen Torbogen der beiden Häuschen Hänsel und Gretel (Jaś i Małgiosa).

Liebe deinen Nächsten

In vielen Städten wird Toleranz gegenüber anderen eingefordert, in Breslau wird dies auch gelebt: Im »Viertel der gegenseitigen Achtung« (Dzielnica Wzajemnego Szacunku Czterech Wyznań), dem einstigen jüdischen Viertel, schlossen sich Anfang der 1990er-Jahre vier religiöse Gemeinden zusammen, um eine gemeinsame Basis zu schaffen. Katholische, evangelische, orthodoxe und jüdische Gläubige schufen ein lebendiges kulturelles Zentrum und begehen seitdem gemeinsam ihre Feste. Neben den vier Gotteshäusern gibt es zahlreiche Restaurants, Cafés, Kinos, Buchhandlungen und Künstlerwerkstätten. Über allem wacht die langbeinige und zierliche »Planeta«, eine Frauenskulptur von Ewa Rossano an der Kreuzung von ul. św. Antoniego und ul. Kazimierza Wielkiego. Ihr Kleid hat die Form einer Weltkugel und soll die Einheit der Welt symbolisieren. Nachts strömen Besucher und Studenten in das Viertel am Südwestrand der Altstadt und machen es zur Partymeile: In den Kneipen, Musikclubs und Diskotheken der restaurierten Innenhöfe von Niepoldpassagen und Pokoyhof wird bis zum frühen Morgen gefeiert. Vor allem der Jazz ist in Breslau eine feste Größe.

1000 Jahre Kunstgeschichte

Für architektonisch interessierte Besucher ist Breslau eine Fundgrube. Mittelalter- und Renaissancebauten finden sich in der Altstadt, den Barock vertreten das Hauptgebäude der Universität (Collegium Maximum)

FARBENFROH STRAHLEN DIE MARKTHÄUSER AM RYNEK (GROSSER RING). DER HANDELSPLATZ HAT SEINEN URSPRUNG IM 13. JAHRHUNDERT UND IST AUCH HEUTE NOCH EIN ZENTRALER TREFFPUNKT.

und das preußische Königsschloss, in dem heute das Historische Museum untergebracht ist. Märchenhaft, fast kitschig erstrahlt der Hauptbahnhof (Wrocław Główny) im englischen Tudorstil aus dem 19. Jahrhundert. Häuser im Jugendstil verteilen sich über die ganze Stadt. Ein außergewöhnlicher Bau in der Nähe des Zoologischen Gartens ist die Jahrhunderthalle auf dem Breslauer Messegelände. Der Monumentalbau aus Stahlbeton von Max Berg wurde 1913 in Rekordzeit errichtet und wies mit 65 Metern Spannweite die damals weltgrößte freitragende Kuppel auf. Platz finden dort über 10 000 Personen, was die Halle für Messen, Sportveranstaltungen, Bälle, Festivals und Konzerte attraktiv macht. Im interaktiv gestalteten Entdeckungszentrum erfährt man alles über die Geschichte des Bauwerks. Auf dem Gelände stehen auch noch der Vier-Kuppel-Pavillon und die von Hans Poelzig entworfene Pergola, hinter der sich der Japanische Garten anschließt.

Schlechtes Wetter? Kein Problem!

Breslau besitzt eine Vielzahl an Museen, in denen man sich wunderbar die Zeit vertreiben kann, etwa im Architekturmuseum am Juliusz-Słowacki-Park an der Oder. Dort befinden sich auch das Nationalmuseum und das Panorama von Racławice: Im Inneren des Rundbaus findet man sich mitten in der historischen Schlacht von 4. April 1794 zwischen polnischen und russischen Truppen wieder. Im Hydropolis ist in einem alten Speicher ein interaktives Zentrum für ökologische Bildung mit Themen rund ums Wasser entstanden.

Wem das zu viel Kultur ist, der kann sich in der eleganten Schweidnitzer Straße in der Altstadt die Zeit mit Shopping vertreiben: Das Kaufhaus Renoma, früher Wertheim, glänzt mit einer Prachtfassade aus glasierten Ziegeln und goldenen Mosaikbändern. Zum Abschluss schmeckt ein gutes polnisches Bier in einem der Brauhäuser. Die Minibrauerei Spiż bietet ihr Bier in hauseigenen Krügen an. Dazu passen Piroggen, Klöße oder bigos, ein Krauteintopf.

Am großen Fluss

Mehr als 100 Brücken und zwölf Inseln verdeutlichen eindrucksvoll Breslaus Lage an der Oder. Der große mitteleuropäische Strom mit seinen Kanälen und Nebenarmen ist Polens größter Wasserknotenpunkt und für Wassersportler ein beliebtes Revier. An seinen Ufern wachsen Wohnbauten, und Hotels, Restaurants und Biergärten ziehen im Sommer Gäste an. Per Boot oder mit dem Fahrrad kann man die Stadt auf eine andere, entspannte Weise erschließen. Die Altstadtpromenade (Promenada Staromiejeska) am linken Oderufer um das historische Zentrum lässt sich gut zu Fuß oder mit dem Rad bewältigen. Dort warten das Breslauer Puppentheater, die Breslauer Oper und das 2015 erbaute Nationale Musikforum, berühmt für seine hervorragende Akustik, auf Besucher.

DIE KLEINEN HELDEN

Beim Bummel durch die alten Gassen fallen sie auf: Zwerge an nahezu jeder Straßenecke. Mal sitzen die kleinen Bronzefiguren gemütlich beim Biertrinken, mal kraxeln sie an Laternen hoch oder heben sogar Geld am Bankschalter ab. Ihren Anfang nahm die »Zwergen-Bewegung« zu Beginn der 1980er-Jahre im Zuge der Solidarność: Unter dem Motto »Zwerge aller Länder vereinigt euch!« der »Orange Alternative« gaben sie die sozialistischen Machthaber der Lächerlichkeit preis – und trugen dadurch mit zum politischen Umsturz bei. Seitdem haben sich die Zwerge stark vermehrt. Aus der ursprünglichen Idee des Happening-Künstlers Waldemar Frydrych Major ist eine große Familie geworden. Ihr »Stammvater«, Papa Krasnal, lebt in der Swidnicka-Straße.

WEITERE INFORMATIONEN

Internetseite der Stadt Breslau (auch auf Deutsch), www.wroclaw.pl

Neugierige können im Internet unter **krasnale.pl/de** auf Zwergensuche gehen.

24

ŁÓDŹ – VON DER TEXTILMETROPOLE ZUR KULTURSTADT

INDUSTRIEARCHITEKTUR UND ELEGANTE FABRIKANTENVILLEN

Der Aufstieg kam rasant. Um 1800 war Łódź ein Provinznest, Ende des 19. Jahrhunderts wohnten über 300 000 Menschen in der Textilmetropole. Heute ist das »Manchester Polens« mit den ehemaligen Fabriken und Unternehmerpalästen ein Zeugnis für die Industrielle Revolution und ein Beispiel für eine sich neu erfindende Kunst- und Kulturstadt.

Theo hat einen Fehler gemacht: Das faule Murmeltier hat sich nicht auf den Weg nach Lodz gemacht. Sonst hätte er gehört, dass Łódź im Polnischen wie »wutsch« klingt, mit einem weichen »w« am Anfang und einem langen »u« in der Mitte. 1820 erklärte die kontrollierende russische Regierung das 200-Seelen-Dorf zum Industriestandort – Polen als Staat gab es damals nicht. Deutsche und böhmische Weber, Färber und Spinner wurden angeworben, um Baumwolle zu verarbeiten. Der große Aufschwung kam, als 1826 die erste Fabrik mit mechanischen Webstühlen gebaut wurde. Tiefpunkt der Stadtgeschichte war die deutsche Terrorherrschaft im Zweiten Weltkrieg. Die jüdische Bevölkerung wurde zur Umsiedlung in die teils als »Ghetto« proklamierte und in Litzmannstadt umbenannte Altstadt gezwungen. An den Holocaust erinnert die Gedenkstätte Bahnhof Radegast/Radogoszcz.

Längster Boulevard Europas

Die schnurgerade fast fünf Kilometer lange Ulica Piotrkowska ist nicht nur der längste Boulevard Europas, sondern auch die Hauptstraße der Cafés, Restaurants und Bars. Sie ist gesäumt von prachtvollen Bauten mit Jugendstil- und Gründerzeitfassaden. In den noch nicht durchgehend renovierten Hinterhäusern ist eine innovative Atmosphäre zu spüren. Die Piotrkowska ist auch der Walk of Fame. Sterne erinnern an polnische Regisseure, Schauspieler und Absolventen der 1948 gegründeten Filmhochschule von »Hollylodz«; zu ihnen gehören Roman Polański und Andrzej Wa-

jda. Am Ende der Piotrkowska steht die Weiße Fabrik von Louis Geyer, der mit zwölf Zentnern Baumwollgarn seinen Aufstieg begann. Heute ist in der ehemaligen Produktionsanlage das Zentrale Textilmuseum beheimatet. Alte Webstühle, Stoffproben und Konfektionsware machen es zu einer der schönsten Ausstellungen.

FREIHEITSPLATZ (PLAC WOLNOŚCI) MIT DER KATHOLISCHEN HEILIG-GEIST-KIRCHE (LINKS UNTEN). INSTALLATION ZUM JÄHRLICHEN »FESTIVAL OF LIGHTS« (LINKS).

Baumwollbarone im polnischen Manchester

160 Prachtbauten haben die Industriellen in Łódź errichten lassen. Den größten Palast im Wettbewerb der Textilbarone ließ sich Izrael Poznański bauen. Inzwischen ist in dieses Spiel aus Neorenaissance, Neobarock und Jugendstil das Museum für Stadtgeschichte eingezogen. Gleich um die Ecke liegt im alten Produktionsimperium die Manufaktura. Nach fast zehn Jahren Bauzeit wurde der Fabrikkomplex 2006 sandgestrahlt wieder eröffnet und wird heute mit einer Mischung aus Kunst und Kommerz bespielt.
In der ehemaligen Weberei präsentiert das Muzeum Sztuki für Moderne Kunst ms2 seine Sammlung klassischer Moderne und polnischer Avantgarde. Dort, wo einst die Baumwollstoffe in die Endfertigung gingen, erzählt das Muzeum Fabryki die Geschichte des Poznańskischen Imperiums und schildert auch die Bedingungen, unter denen die Textilarbeiter schufteten. Ein weiterer superreicher Baumwollbaron war Karl Scheibler. Nach großem wirtschaftlichen Erfolg schlug sein soziales Gewissen. Neben dem Fabrikgebäude gründete er Schulen, sorgte für kostenlose Medikamente und ließ 200 Arbeiterwohnungen bauen. Gepflasterte Wege führen durch diese »Pfaffenmühle«. Die Villa der Scheiblers in einem Parkgelände nebenan beherbergt Teile der Filmhochschule sowie das Filmmuseum. Der vielleicht schönste Palast ist der Herbst-Palast, Karl hat ihn seiner Tochter zur Hochzeit mit Herrn Herbst geschenkt. Der Umbau-Boom geht weiter, neuestes Projekt ist der Umbau des alten E-Werks. Die Maschinenhalle im Jugendstil wird für Veranstaltungen genutzt, in den Nebengebäuden sind das Wissenschafts- und Technologiezentrum und das Zentrum für Filmkultur untergebracht. Drei ehemalige Industrielle sind derweil in der Stadt anzutreffen. Sie sitzen, in Bronze gegossen, gemeinsam am Tisch.

DIE FRIEDHÖFE
Auf den Friedhöfen von Łódź liegen die Industriellen in prächtigen Mausoleen neben ihren ungenannten, längst vergessenen Arbeitern. Die Familie Scheibler ruht auf dem evangelischen Friedhof in einer Grabstätte, die einer Kirche gleicht. Die Familie Poznański wurde auf dem Neuen Jüdischen Friedhof in einem mit zwei Millionen Mosaiksteinen ausgestalteten Grab beerdigt. Auch die Eltern des Pianisten Artur Rubinstein ruhen hier. Das verwunschene und überwachsene Gräberfeld wurde zwischen 1893 und 1939 belegt. Mit etwa 180 000 Grabstätten und 65 000 Grabmälern auf einem 40 Hektar großen Gelände ist es der größte jüdische Friedhof Europas. Dort sind auch etwa 43 000 Opfer des Ghettos Litzmannstadt beerdigt. Ein Mahnmal erinnert an die Opfer des Ghettos und der Vernichtungslager.

WEITERE INFORMATIONEN
Łódź,
www.polen.travel/de/stadte/lodz
Weiße Fabrik,
https://cmwl.pl/public/
E-Werk EC1,
www.ec1lodz.pl/?language=en

POSEN – IM HERZEN VON GROSSPOLEN

GLANZ AM MARKT, GOTIK IM DOM

Posen, polnisch Poznań, ist eine quirlige Messe- und Universitätsstadt mit einer vielschichtigen Vergangenheit und die Keimzelle des alten Polen. Doch hat auch die preußische Zeit ihre Spuren hinterlassen. Mittelpunkt der Stadt in Großpolen ist die Renaissanceperle des Rathauses auf dem alten Marktplatz.

Das 10. Jahrhundert war der Wendepunkt. 968 wird Posen, nicht lange vor der Gründung der ersten römisch-katholischen Diözese in Polen, erstmals erwähnt. Seit über 12 000 Jahren ist die Gegend am Kreuzungspunkt der Warthe mit einer wichtigen Handelsroute besiedelt. Während der großen Völkerwanderung kamen slawische Stämme in den von Burgunden verlassenen Landstrich. Herzog Mieszko I. aus der Familie der Piasten nutzte seine Chance: 966 ließ er sich auf der Insel zwischen Warthe und Cybina taufen und wurde als erster slawischer Fürst »Herzog der Polen«.

Ziegenböcke am Rathaus

Der alte Marktplatz, Stare Rynek, ist umgeben von farbenfrohen Häusern verschiedener Stilepochen. Sie bilden den Rahmen für das markante Rathaus. 1550–1560, in der Blütezeit der Handelsstadt, leitete der Tessiner Baumeister Giovanni Battista di Quadro den Umbau und schuf einen der schönsten profanen Renaissancebauten nördlich der Alpen. Mittags um zwölf bläst der Turmbläser und eine kleine Holztür am Rathausturm öffnet sich. Zwei Metallziegen schlagen ihre Hörner aneinander und erinnern damit an eine Legende, in der ein Rehbraten verbrannte und die als Ersatz geplanten Ziegen – ungebraten – entflohen. In den Laubengängen der benachbarten Krämerhäuser werden Souvenirs verkauft. Das heutige Rathaus ist im ehemaligen Jesuitenkolleg aus der ersten Hälfte des 18. Jahrhunderts untergebracht. Außerdem hat ein Team aus italienischen und polnischen Baumeistern mit der Kirche des Hl. Stanislaus eine der herausragenden Barockkirchen Polens geschaffen.

MARKTPLATZ MIT DEM HOHEN TURM DES RATHAUSES (GANZ LINKS) UND HEILIGENFIGUR (DETAIL UNTEN). MODERNE KUNST AM FREIHEITSPLATZ (LINKS).

Im Warthebogen auf der Dominsel (Ostrów Tumski) steht die älteste Kathedrale Polens. Nach dem Zweiten Weltkrieg wurde sie mit ihrem backsteingotischen Kern saniert. In der Krypta sind die ersten polnischen Herzöge und Bischöfe bestattet. Mit der »Porta Posnania« und dem »Genius Loci« erzählen zwei didaktisch modern und interaktiv gestaltete Museen die Geschichte der Stadt. Die in der Vergangenheit auch militärisch genutzte Dominsel ist mit der spätgotischen Marienkapelle, den großen Gartenanlagen und den Wegen entlang der Flüsse eine wahre Idylle. Ein schöner Blick auf den Dom öffnet sich über den roten Bögen der über die Cybina führenden Jordanbrücke.

Kaiser und Kryptologen

Am Rande der Altstadt nahe des modernen Hauptbahnhofs und Messezentrums steht das Kaiserschloss. Der mächtige neoromanische Bau wurde bis 1913 für den deutschen Kaiser Wilhelm II. errichtet und während des Zweiten Weltkriegs im Auftrag Hitlers zur »Führerresidenz« umgebaut. Vor dem Westflügel erinnern ein Denkmal und eine Museumsbox an die polnischen Kryptologen, die im Zweiten Weltkrieg wesentlich zur Entzifferung der Chiffriermaschine »Enigma« beitrugen. Im Inneren des Schlosses ehrt eine Ausstellung die Teilnehmer des Arbeiteraufstandes von 1956.

Poznań geht auch ohne traditionelles Sightseeing. Die ehemalige Brauerei Stary Browar ist in eine Mischung aus Kultur und Shopping umgebaut worden. Ein Street-Art-Walk führt zu den größten und spannendsten Bildwerken. Und für den Hunger zwischendurch bieten zahlreiche Bäckereien mit Weißmohn gefüllten Martinshörnchen an.

SCHLÖSSER KÓRNIK UND ROGALIN

Schloss Kórnik ist eine Wasserburg, deren erste Anlage im Mittelalter entstand. Mehrfach wurde sie umgebaut und im 19. Jahrhundert von Karl Friedrich Schinkel für Graf Tytus Działyński im neogotischen Stil neu gestaltet. Zur Gemäldesammlung im Schloss gehört die »Weiße Dame« Teofila, die nachts aus dem Bild steigt und durch den englischen Landschaftsgarten mit dem größten polnischen Arboretum wandelt. Das Barockschloss Rogalin ist eine der schönsten Residenzanlagen Polens. Die Familie Raczyński erwarb 1768 das alte Schloss und begann mit dem Neubau eines monumentalen spätbarocken Herrenhauses. Der letzte private Besitzer, Edward Raczyński, war bis 1986 Exilpräsident der Republik Polen. Berühmt ist der Französische Park, der in die Uferlandschaft an der Warthe übergeht. Dort stehen die über 600 Jahre alten Rogaliner Stieleichen.

WEITERE INFORMATIONEN

Poznań,
www.poznan.travel/de/
Porta Posnania,
www.bramapoznania.pl
Kaiserschloss,
www.zamek.poznan.pl

EUROPAS WESTEN

Pracht der Könige, Lifestyle der Moderne

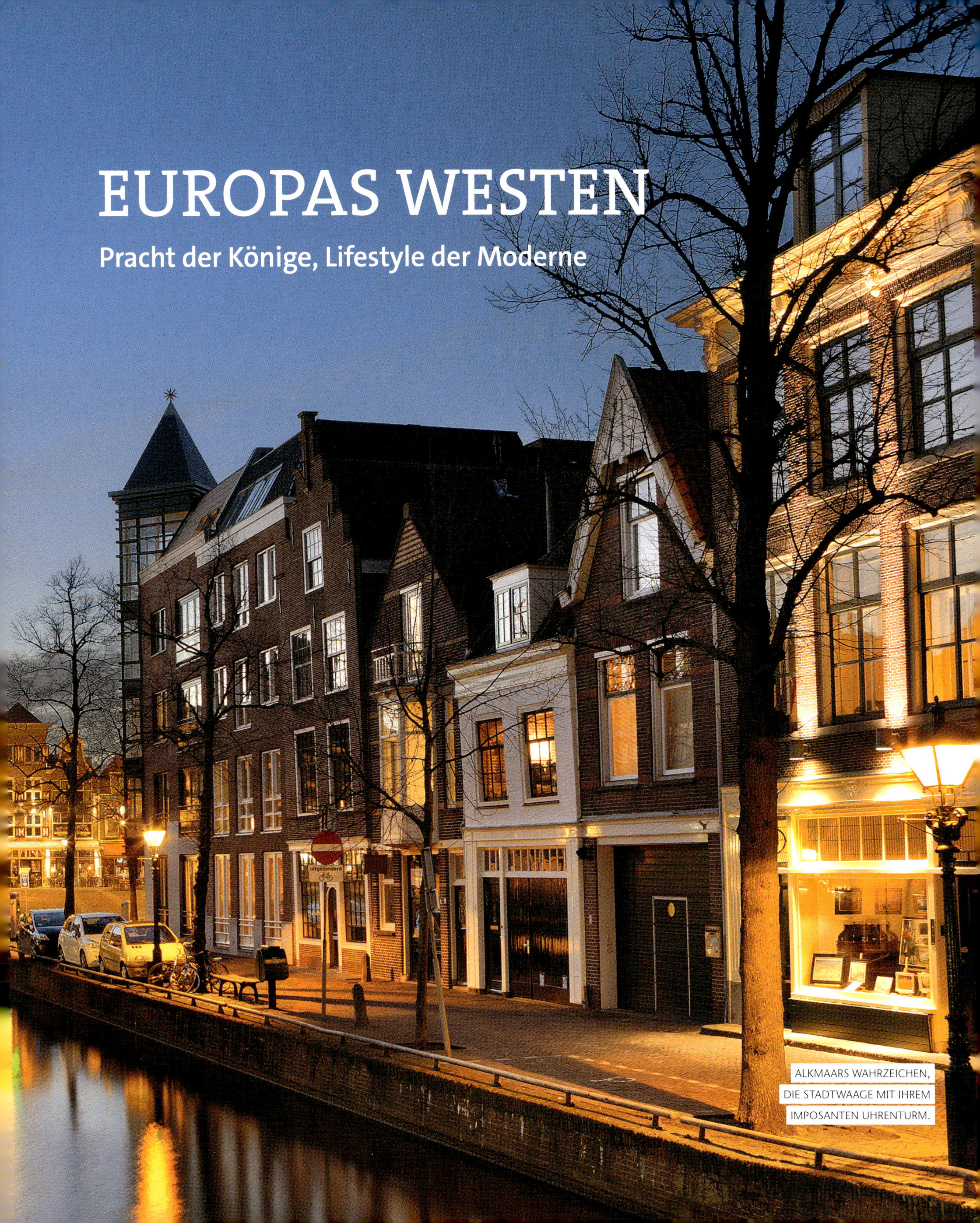

ALKMAARS WAHRZEICHEN, DIE STADTWAAGE MIT IHREM IMPOSANTEN UHRENTURM.

26

CORK – MEHR ALS BUSINESS

HANDEL, KUNST UND GUTES ESSEN

Die Stadt im Südwesten Irlands steht ein wenig im Schatten ihrer berühmten Schwestern Dublin und Galway, doch ein Besuch in Irlands Wirtschaftsmetropole lohnt sich. Allein ihre Lage an der irischen Riviera spricht für sich. Hinzu kommen historische Bauten und der Ruf als Mekka der Feinschmecker.

Cork ist seit jeher geschäftig, auch heute umgibt die Stadt eine wachsende Industriezone mit Niederlassungen internationaler Konzerne. Der Altstadtkern befindet sich auf einer Insel und ist umgeben vom Nord- und Südkanal des River Lee. Zwischen Grand Parade, St. Patrick's Street und South Mall erstreckt sich die Einkaufszone, im nördlichen Teil vergnügen sich Touristen und Einheimische in Pubs und Cafés. Kunstgalerien zeigen Werke der Moderne, die Kunst des Mittelalters findet sich in den Kirchen der Stadt.

Lügen-Uhren und Frauengefängnis

Wer einen guten Überblick haben möchte, macht sich zum Elizabeth Fort auf. Die Wehranlage aus dem 17. Jahrhundert vor der Altstadtinsel auf dem Keyser Hill musste sich immer wieder heftigen Angriffen stellen. Zur Zeit des irischen Bürgerkriegs in den 1920er-Jahren brannten Teile der Festung ab. Der Spaziergang entlang des Festungsrings gestaltet sich heute sehr friedlich und kann mit einem Besuch der nahe gelegenen St. Finn Barre's Cathedral enden. Die Hauptkirche der Stadt westlich des Forts präsentiert sich mit Statuen, Glasfenstern und Mosaikfußböden im neogotischen Stil als selbstbewusster Bau des 19. Jahrhunderts. Aus derselben Epoche stammt auch die St. Peter and Paul's Church in der Altstadtmitte, die einen älteren Bau aus dem 18. Jahrhundert ersetzte. Die georgianische St. Anne's Church nördlich der Altstadtinsel ist nicht nur älter als die beiden anderen Kirchen, sie wartet auch noch mit zwei Besonderheiten auf: Zum einen dürfen die Besucher das Glockenspiel eigenhändig läuten, zum anderen

kann sich niemand auf die vier Uhren am Turm verlassen: »Four Faced Liar«, der Lügner mit den vier Gesichtern – so nennen die Einheimischen spöttisch ihre Kirchturmuhr, die sich hartnäckig weigert, die genaue Zeit anzuzeigen. St. Anne's Church liegt im multikulturellen Shandon-Viertel mit seinen Bistros, Cafés und Kunsthandwerkerläden.
Wer beim Anblick der eleganten Mauern auf ein Schloss tippt, liegt falsch: Das Cork City Gaol diente im 19. und 20. Jahrhundert als Gefängnis, hauptsächlich Frauen waren hier untergebracht, darunter die Countess Markiewicz, eine irische Nationalistin und die erste Frau, die 1918 ins britische Unterhaus gewählt wurde. Als Museum bietet das Gaol einen ganz besonderen Geschichtsunterricht.
Cork ist auch bekannt für seine Sammlung von irischen Malern wie Seán Keating und Jack Butler Yeats, die sich in der Crawford Municipal Art Gallery befinden. Wer zeitgenössische Kunst auf sich wirken lassen will, ist in der Lewis Glucksman Gallery auf dem Uni-Campus richtig. In dem preisgekrönten Gebäude finden regelmäßig Wechselausstellungen statt, in einer Kunstpause wartet das Café Glucksman.

CORK MIT DER ST. ANNE'S CHURCH (LINKS). SO FRIEDLICH GING ES WOHL NICHT IMMER ZU: IM CORK CITY GOAL, HEUTE EIN MUSEUM, KÖNNEN BESUCHER ZWEI WÄRTERN AUS WACHS BEIM KARTENSPIEL ZUSEHEN (UNTEN).

English Market

Liebe geht durch den Magen – für Cork gilt das Sprichwort ganz besonders. Seit dem 18. Jahrhundert ist die Stadt bekannt als der Gourmettreffpunkt Irlands. Grund dafür ist der English Market inmitten der Altstadtinsel. Der imposante viktorianische Bau beherbergt über fünfzig Marktstände, an denen alles verkauft wird, was das Herz bzw. der Bauch begehrt: Fisch und Meeresfrüchte, Schweinefüße, Milleens-Käse, traditionelle irische Gerichte, Brot, Pralinen, Obst und Gemüse. Selbst Feuer und Krieg konnten den Markt nicht zerstören. In den 1980er-Jahren bewahrten die Einwohner die Prachthalle vor dem Abriss und besannen sich auf ihr kulinarisches Erbe. Sogar die Queen stattete dem English Market 2011 einen Besuch ab. Bei so vielen Delikatessen sollte das Trinken nicht vergessen werden: Die Franciscan Well Brewery knüpft an die alte Brautradition der Stadt an und bietet in ihrem Biergarten frisch gezapfte Ales, Stouts und Weizenbiere an. Die altehrwürdige Beamish Brewery und das berühmte Murphy's sind inzwischen in niederländischer Hand.

ALLES IN BUTTER
Irische Butter ist ein Exportschlager der grünen Insel. In Cork, lange Zeit Mittelpunkt des europäischen Butterhandels, haben sie dem Milchprodukt ein ganzes Museum gewidmet. Im Butter Museum im Stadtteil Shandon erfährt der Besucher alles über die Historie, die Herstellung und den Handel. Die berühmten saftigen Weiden gaben seit jeher der Milch der irischen Kühe ihren unverwechselbaren Geschmack. Butter und Käse sind seit langer Zeit wichtige Handelsgüter. Von den bescheidenen Anfängen im Mittelalter über das internationale Geschäft im 19. Jahrhundert bis zur heutigen Kerrygold-Marke erzählt das Museum seine ganz eigene, typisch irische Geschichte. In einem Video erfährt man, wie die irische Regierung in den 1960er-Jahren mithilfe einer amerikanischen Werbeagentur die heute berühmte Marke schuf.

WEITERE INFORMATIONEN
English Market,
www.englishmarket.ie
Buttermuseum,
thebuttermuseum.com – mit Butter Wrapper Collection, einer Sammlung mit Verpackungen der vergangenen Jahrzehnte

ABERDEEN – SILVER CITY

ALTE UNIVERSITÄTSSTADT UND ÖLMETROPOLE

Nach jedem Regenguss glitzern die aus grauem Granit erbauten Häuser in hellem Silber. Die altehrwürdige und quirlige Universitätsstadt Aberdeen liegt zwischen den Flüssen Dee und Don und ist nicht nur Metropole des Nordseeöls, sondern auch vielfache Gewinnerin des Blumenwettbewerbs »Britain in Bloom«.

Die Vorsilbe des Stadtnamens kommt aus dem Gälischen, »Aber« bedeutet Mündung. Dort wo Dee und Don in die Nordsee fließen und seit 8000 Jahren Menschen wohnen, entstand im 6. Jahrhundert eine Siedlung. Bereits im 12. Jahrhundert hatte der Ort eine Kathedrale, eine Burg und die städtischen Rechte der Hanse. Gehandelt wurde überwiegend mit Wolle, Fellen und mit silbernen »Lieblingen«. Diese silver darlings wurden eingesalzen und exportiert. Denn der romantische Kosename bezeichnete den Nordsee-Hering.

Alt, aber lebhaft

Der älteste Teil der Stadt, Old Aberdeen, entstand nahe der seit 1320 über den Don führenden Brig-o'Balgownie-Brücke. Dort wo der Fluss sich wie ein Bischofsstab krümmt, wurde im 14. Jahrhundert auf Vorgängerbauten die Kathedrale St. Machar erbaut. Ihre Mauern sollen den linken Arm des in London hingerichteten schottischen Freiheitskämpfers William Wallace bergen. Weniger gruselig ist der nahe gelegene idyllische Seaton Park, eine der zahlreichen Grünanlagen der Stadt.
Das ruhige Klerikerleben in diesem Viertel änderte sich, als Bischof William Elphinstone 1495 mit dem King's College die Universität gründete. Old Aberdeen wurde zum studentischen Campus und ist mit seinen historischen Gebäuden und Kopfsteinpflasterstraßen immer noch charmant und lebhaft. Das Symbol der Universität ruht als steinerne Krone auf der Kapelle des King's College.

EINFARBIG DIE GRANITHÄUSER RICHTUNG KING'S COLLEGE (GANZ LINKS), BUNT DIE UNIVERSITÄT (LINKS). DIE ST.-MACHAR-KATHEDRALE GLEICHT EINER TRUTZIGEN BURG (UNTEN).

1593 wurde die zweite Universität Aberdeens als protestantisches Gegengewicht zum katholischen King's College im Zentrum gegründet. Die Planungen für das heutige Bauwerk wurden 1906 vollendet. Seitdem steht im Herzen der Stadt eine Anlage der Superlative. Der vierflügelige, vom 72 Meter hohen Mitchell Tower überragte Bau ist das weltweit zweitgrößte Granitgebäude nach dem Escorial bei Madrid. Wenige Schritte weiter steht der Tolboth. Das ehemalige Rathaus und Gefängnis steht Besuchern offen, die sich vor Spuk nicht fürchten.
Die georgianischen und viktorianischen Bauten entlang der Union Street zeigen wie das Provost Skene's Haus als ältestes Wohnhaus der Stadt ein Gesicht aus Granit. Viele Gebäude wurden aus dem harten Stein des Umlandes erbaut. Das Baumaterial gab der Stadt den Beinamen »Granit« oder »Silver City«.

Nordseestrand und Nordseeöl

Mit dem Erdöl aus der Nordsee wurde Aberdeen in den 1970er-Jahren zur Ölmetropole Europas. Im Maritime Museum ist eine in Originalgröße nachgebaute Ölbohrinsel der Höhepunkt der Ausstellung. Das Museum verbindet das mittelalterliche Provost-Ross-Haus mit einem modernen Bau, von dessen Glasfassade der Blick über den Ölhafen schweift. Mit Glück zeigt sich ein vorüberschwimmender Delfin.
Die Seepromenade führt zum Stadtstrand und zum Beach Ballroom. Der schönste Ballsaal Schottlands ist für seine schwingende Tanzfläche und seinen Art-déco-Stil berühmt. Ein charmantes kleines Viertel ist die im 19. Jahrhundert für arme Fischer angelegte Siedlung Footdee, »Fittie« gesprochen, heute eine bunte Mischung aus Exzentrik und Shabby-Chic.
An Regentagen lockt einer der größten Wintergärten Europas in Duthie Park.

DUNNOTTAR CASTLE

Wie ein Nest klebt die Burgruine von Dunnottar Castle auf einem roten Felsen über dem oft stürmischen Meer. Nur eine schmale Landbrücke führt zu den Resten der Festung, die seit dem frühen Mittelalter Wache steht. Pikten, Wikinger, Engländer und schottische Clans rannten gegen sie an. William Wallace kam in tödlicher Absicht. Andere Könige verweilten friedlich an dem schwer zu bezwingenden Ort, auch Maria Stuart verbrachte einige Tage auf dem windigen Burgfelsen. Während des Bürgerkriegs im 17. Jahrhundert wurden unter schwierigen Bedingungen die schottischen Kronjuwelen hier versteckt und schließlich gesichert. Dunnottar Castle ist ein bei jedem Wetter mystischer Ort, der gern und unvorhersehbar vom Geist der »Green Lady« besucht wird.

WEITERE INFORMATIONEN

Aberdeen, www.visitscotland.com/de-de/destinations-maps/aberdeen
Maritime Museum Aberdeen, www.aagm.co.uk/Visit/AberdeenMaritimeMuseum/amm-overview.aspx
Dunnattor Castle, www.dunnottarcastle.co.uk

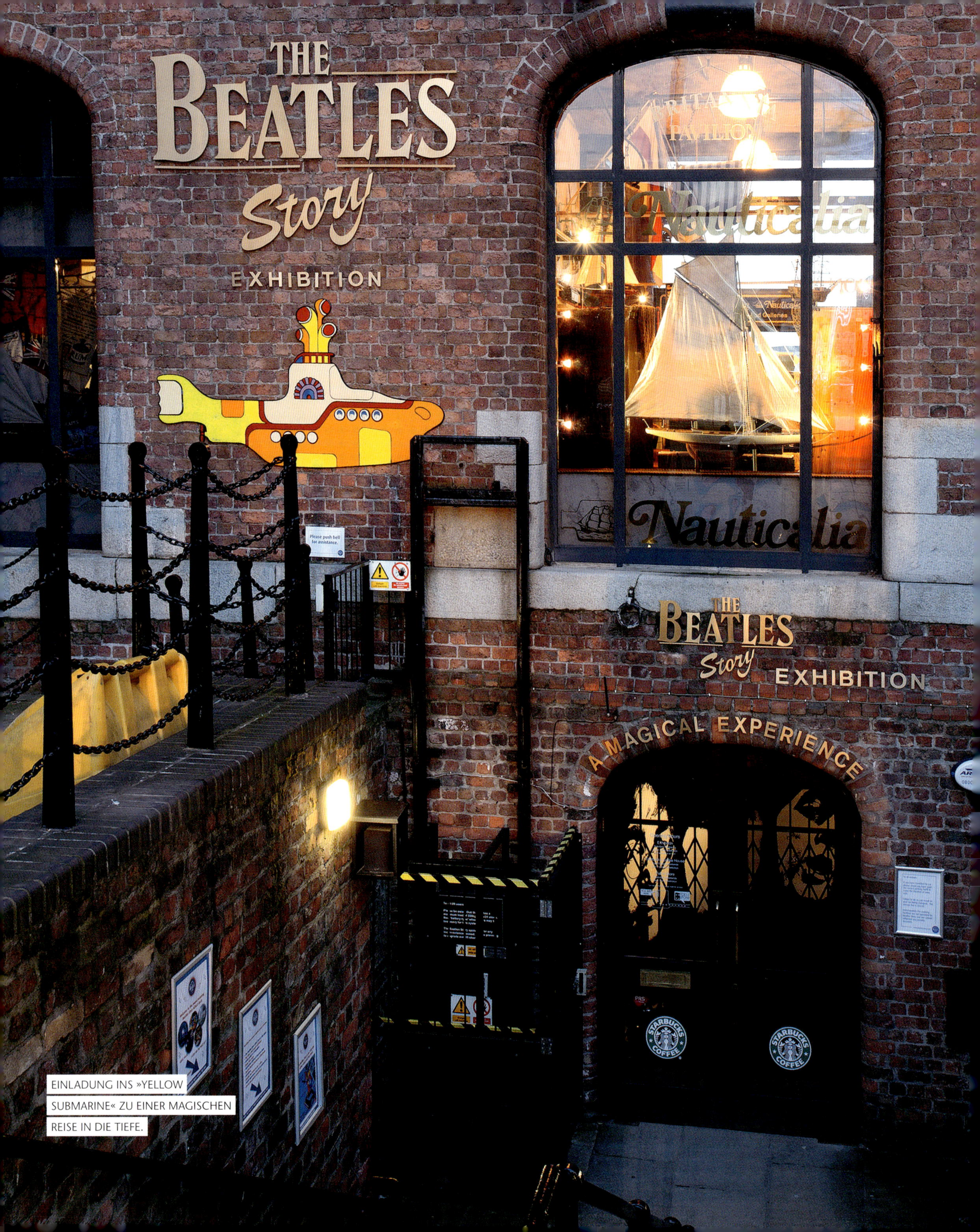

EINLADUNG INS »YELLOW SUBMARINE« ZU EINER MAGISCHEN REISE IN DIE TIEFE.

DAS VERWALTUNGSGEBÄUDE DER HAFENBEHÖRDE GEHÖRT ZU DEN PRACHTVOLLSTEN GEBÄUDEN LIVERPOOLS.

28

LIVERPOOL – MULTIKULTURELLER RHYTHMUS

DIE HIPSTE STADT ENGLANDS

Der Flughafen heißt »John Lennon« und sein Motto ist »above us only sky«. Nicht nur bei schlechtem Wetter singen die Liverpudlians ihre Hymne »walk on through the rain ... you'll never walk alone«. In Anfield und im Goodison Park wird Fußball gespielt und fast überall spielen die Beatles.

Nach dem Ersten Weltkrieg begannen die harten Jahre. Im Zweiten Weltkrieg folgten Zerstörungen durch Bomben, in den 1970ern wurde die Industrie abgewickelt. Tristesse legte sich über die 800 Jahre alte Stadt. Große Hafenstädte sind nichts für Weicheier. »You may say I'm a dreamer, but I'm not the only one« (John Lennon). Liverpool ist heute eine moderne Metropole und war 2008 Kulturhauptstadt Europas. Die Filmindustrie hat dort ein Zuhause gefunden und mit »Liverpool2« ist ein neuer Containerhafen mit 5000 Arbeitsplätzen entstanden.

Die Lage an der Mündung des Mersey in die Irische See hat Liverpool zum Hafenstandort bestimmt. Nach der Entdeckung der Neuen Welt begannen Sternstunden, Anfang des 19. Jahrhunderts wurden 40 Prozent des Welthandels über den Hafen abgewickelt. Prachtvolle Häuser, inzwischen sandgestrahlt und restauriert, entstanden. Gehandelt wurde mit Stahl, Textilien, Brandy, Zucker – und Menschen. Liverpool war bis zum Verbot 1807 der wichtigste britische Hafen im Sklavenhandel. Das International Slavery Museum versucht dieses bittere Kapitel Geschichte aufzuarbeiten. Zusätzlich brachte der Transport von Auswanderern den Reedereien viel Geld. Mehr als neun Millionen Menschen verließen von Liverpool aus Europa Richtung Amerika, Australien und Neuseeland. Dafür kamen andere. Chinesen, die mit Tee, Seide und Baumwolle handelten, gründeten 1834 die älteste chinesische Siedlung in Europa,

Chinatown. Die meisten Einwanderer jedoch kamen aus Irland, drei Viertel der Liverpudlians sollen zumindest einen irischen Vorfahr haben.

Drei Grazien und ein komischer Vogel

Am Pier Head blicken die »Drei Grazien« aufs Wasser. Auf den Türmen des Royal Liver Building, Sitz der gleichnamigen Versicherung, eines der weltweit ersten Gebäude aus Stahlbeton, sitzen zwei mythische »Liver Birds« aus Kupfer. Sie sind von alters her das Wahrzeichen der Stadt. Einstmals waren es Adler, inzwischen sehen sie einer Mischung aus Adler, Kormoran und gerupftem Huhn ähnlich. Eine Mischung, die zu Liverpool passt. Die zweite Grazie ist das im Greek-Revival-Stil erbaute Cunard Building, ehemals Sitz der berühmten Reederei, die von hier aus ihre Luxusliner über die Meere schickte. Die dritte der Schönen, das Port of Liverpool Building, früher Sitz der Hafenbehörde, präsentiert sich neobarock. Am Kai davor legt die Fähre über den Mersey ab. Eine Fahrt bietet die perfekte Sicht auf die Stadtkulisse und auf die zweitlängste Kathedrale der Welt, die Cathedral Church of Christ. Zur musikalischen Unterhaltung an Bord schallt bei jeder Fahrt der Song von Gerry and the Pacemakers aus den Lautsprechern: »So ferry 'cross the Mersey 'cause this land's the place I love and here I'll stay.«

Neues Leben im Dock

Die Albert Docks, nach dem deutschen Ehemann der Königin Victoria benannt, waren einst die modernsten der Welt. 1846 wurden dort erstmals Lagerhäuser aus Gusseisen und roten Ziegeln anstatt aus Holz gebaut. Hydraulische Kräne be- und entluden die Schiffe; das Umladen auf Barkassen entfiel. Nach der Stilllegung der Docks in den 1980er-Jahren wurde mit der Umgestaltung des Geländes begonnen. Es entstand ein Mix aus historischen Stätten, stilvollen Bars, Restaurants und Kultureinrichtungen. Die Kunstsammlung der Tate Liverpool, die Beatles Story, das Merseyside Maritim Museum mit dem International Slavery Museum, das World Museum und das Pier-

DIE »FAB FOUR« SIND IN LIVERPOOL ALLGEGENWÄRTIG (LINKS). AUSGEBOMBT SEIT DEM ZWEITEN WELTKRIEG, IST DIE RUINE VON ST. LUKE EIN MAHNMAL FÜR DEN FRIEDEN (OBEN).

master's House bieten eine Vielfalt an Installationen und Informationen. Bei einem Drink auf einer der Terrassen streift der Blick die im Abendlicht glühenden Lagergebäude.

Kunst und Scouse

In der Innenstadt stehen die restaurierten Gründerzeitbauten. Und es lockt die Kunst: Die Liverpool Biennial ist die britische Biennale für Gegenwartskunst, alle zwei Jahre findet sie in den zahlreichen Galerien der Stadt und auf öffentlichen Plätzen statt. 1873 stiftete Andrew Barclay Walker, durchs Bierbrauen zu Geld gekommen, die Walker Art Gallery. Heute birgt das Museum eine der wichtigsten europäischen Sammlungen mit Kunst vom Mittelalter bis heute.
Als eines der schönsten neoklassizistischen Gebäude weltweit gilt die George Hall, eine Konzerthalle. Allein die von roten Granitsäulen gestützte Decke ist atemberaubend. Zur Pause gibt es Labskaus. Liverpool ist die einzige britische Stadt, in der das nordeuropäische Gericht aus Pökelfleisch, Kartoffeln, Matjes und Roter Beete zur traditionellen Küche gehört. Hier heißt es »Lobscouse« oder kurz »Scouse«. Scouse ist aber mehr als Essen: der schwer verständliche Dialekt der Liverpudlians, der gnadenlos sarkastische Humor, die Hafenstadtmentalität, auch die Ablehnung Londons. Scouse hört man noch in den einfachen Pubs der nicht gentrifizierten Arbeiterviertel. Dort, wo sich die Debatten um »The Blues«, den FC Everton oder um »The Reds«, den FC Liverpool, drehen.

Das Urinal ist rosa

Das Herz von Liverpool ist die Musik. »Die Art von Stadt, in der Leute montags ausgehen, ohne an Dienstag zu denken.« Zur Wiege der Beatmusik gehört der Cavern Club in der Matthew Street. Dort spielten die Bands, die später legendär wurden: die Rolling Stones, Kinks, The Who und natürlich die Beatles. Eine Magical Mystery Tour führt zur Penny Lane und nach Strawberry Field. Die klassische Musik wird in der Philharmonie an der Hope Street von einem traditionsreichen Symphonieorchester gespielt. Als Simon Rattle als Elfjähriger dort Mahler hörte, wusste er, dass er Dirigent werden würde. Schräg gegenüber warten die Philharmonic Dining Rooms mit einer ganz besonderen Sehenswürdigkeit auf: Die Pinkelbecken der bekanntesten Herrentoilette Englands sind aus verziertem rosarotem Marmor. Im Hotel »Hard Days Night« lässt sich trefflich träumen: »Imagine all the people living life in peace.«

CROSBY BEACH

100 lebensgroße gusseiserne Figuren stehen im Meeressand, manche scheinen zu versinken, andere sind von Muscheln und Tang besetzt. Bei einigen platzt die »Haut« ab. Manchmal sind sie von der Flut fast vollständig bedeckt. »Another Place« heißt die Installation des britischen Künstlers Anthony Gormley.
Die Skulpturen sind Abgüsse seines Körpers in 17 Variationen. Das Werk war zunächst in Cuxhaven zu sehen und zog 2005 zum Crosby Beach um und sollte dort noch zwei Jahre bleiben. Doch die Bevölkerung entschied sich für einen Daueraufenthalt. So wechselt die Stimmung mit und zwischen den 100 Statuen mit der Tageszeit und dem Wetter – eine originelle Begegnung am Strand nördlich von Liverpool.

WEITERE INFORMATIONEN

Städtische Museen,
www.liverpoolmuseums.org.uk
Biennial,
www.biennial.com
Crosby Beach,
www.visitliverpool.com

WINCHESTER – DIE ALTE HAUPTSTADT ENGLANDS

STADT GROSSER KÖNIGE UND ROMANTISCHER DICHTER

Merry old England vom Feinsten. Die alte Hauptstadt der Angelsachsen ist idyllisch und quirlig. Hier steht die längste gotische Kathedrale der Welt, buntes Marktreiben füllt die Straßen, in gemütlichen Pubs wird Bier gezapft und am Flüsschen Itchen führt der Spazierweg in ruhige Auen. Ein Ort nicht nur für romantische Dichter.

Am westlichen oberen Ende der Hauptstraße steht die aus Feuersteinen erbaute Great Hall, der Rittersaal der ehemaligen Burganlage. Die normannischen Eroberer Englands haben sie nach 1066 über römischen Fundamenten errichtet. Die stille Halle beherbergt den bekanntesten runden Tisch des Landes.

Arthur der Unsterbliche und Alfred der Große

Angeblich saß hier der legendäre König Arthur (Artus) mit seiner Tafelrunde. Doch dendrologische Untersuchungen haben die Vermutungen bestätigt, dass Merlin, der Zauberer, keinen einzigen Namen eingeritzt hat – die Tafel stammt aus dem 13. Jahrhundert. Auch wenn der legendäre König aus dem 6. Jahrhundert niemals an ihr Platz genommen hat, bleibt die Tischplatte bemerkenswert und hängt zur Sicherheit unerreichbar hoch oben an der Wand der Great Hall.

Am anderen Ende der Stadt steht das gegossene Standbild Alfred des Großen. Im 9. Jahrhundert war der sächsische König der erste gemeinsame Herrscher der Angelsachsen. Nur zwei englische Monarchen haben den Beinamen »der Große« und beide sind in Winchester bestattet. Von Alfred hat man in einer Museumskiste nur einen Beckenknochen gefunden.

ABENDS WIRD DIE KATHEDRALE VON WINCHESTER STIMMUNGSVOLL BELEUCHTET (GANZ LINKS); IM INNEREN BEEINDRUCKT DAS GOTISCHE GEWÖLBE DES MITTELSCHIFFS (LINKS).

Durch das trutzige Westgate, das westliche Stadttor, in dem ein kleines Mittelaltermuseum eingerichtet ist, führt die Hauptstraße direkt zum Marktkreuz Butter Cross. Wie eine abgeschlagene Kirchturmspitze wacht es seit dem 15. Jahrhundert über das Markttreiben. Im Schatten der Fachwerkgebäude werden die Stände aufgebaut. Mittwochs und samstags gibt es Lebensmittel aus der Region, donnerstags Shabby-Chic und sonntags abwechselnd Antiquitäten und den berühmtesten Bauernmarkt Englands.

Super-Kathedrale

Wenige Schritte entfernt, vorbei an den Straßenpfosten auf denen die Szenen aus der englischen Geschichte aufgemalt sind, öffnet sich die grüne Domfreiheit mit dem Blick auf die mittelalterliche Kathedrale. Der Bau wurde 1079 begonnen und gleicht von außen einer Festung. Innen überrascht das mit 168 Metern längste gotische Kirchenschiff der Welt als lichtdurchfluteter Raum der Hochgotik, über dem sich ein filigranes Gewölbe spannt. Jeden Tag schweben während der gesungenen Abendvesper, dem Evensong, die Stimmen der Chorjungen und -mädchen engelsgleich durch den Raum. Sie streifen auch das Grab der Schriftstellerin Jane Austen, die am 24. April 1817 im Seitenschiff bestattet wurde. In der Krypta steht die Skulptur »Sound II« von Antony Gormley und schaut auf die Reflexionen des bei Regen eindringenden Wassers.

MOTTISFONT ABBEY

Ein Steg über das Flüsschen Test führt in die Welt des englischen Landadels. Als dieser nicht mehr genug Geld hatte, zog die Stiftung des National Trust ein und engagierte den Rosenzüchter Stuart Graham Thomas. Nun blüht in Mottisfont die weltweit größte Sammlung alter Rosen. Wenn die Rosen gerade nicht blühen, wagen sich die Stauden im walled garden hervor. Prachtvolle Bäume stehen um das Haus. In den 1930-Jahren zog Maud Russell in das alte Herrenhaus und machte es zu ihrem Musenhof.

WEITERE INFORMATIONEN

Winchester Cathedral,
www.winchester-cathedral.org.uk
Great Hall,
www.visitwinchester.co.uk/listing/the-great-hall
Mottisfont Abbey,
www.nationaltrust.org.uk/mottisfont

Jahrhunderthochzeit und romantische Spazierwege

Die Romantiker folgen dem Dichter John Keats, der die Stadt 1819 kennenlernte und durchwanderte. Hinter der Kathedrale geht es zum Cathedral Close, weiter zum stillen Dean Garnier Garden mit einem guten Überblick über die ganze Länge der Kathedrale, vorbei am gelb gestrichenen Sterbehaus Jane Austens und der ältesten Eliteschule Englands, dem 1382 gegründeten Winchester College. Der Weg passiert die Ruinen von Wolvesey Castle. Dort fand 1554 eine der wichtigsten Hochzeiten des Jahrhunderts statt: Maria I. von England (die Katholische oder die Blutige) heiratete Philipp II. von Spanien, und ihre Väter, Heinrich VIII. und Karl V. ließen es aus diesem Anlass nicht an Glamour fehlen.
Am Ufer des leise dahin plätschernden Flüsschens Itchen taucht, oft als Filmkulisse genutzt, das normannische Armenhaus St. Cross auf.

30

BATH – MONDÄN AUF SIEBEN HÜGELN

QUELLEN DES LIFESTYLES

Seit Jahrtausenden sprudelt das Wasser aus Englands einziger Mineralquelle 46 °C Grad warm an die Oberfläche. Das Schwein des an Lepra erkrankten keltischen Königs Bladud hat die heilende Wirkung entdeckt, die Römer bauten die Badeanlagen aus und die Könige aus Hannover verhalfen ihnen im 18. Jahrhundert zu großem Glanz.

Bath ist ein Synonym für steinerne Eleganz und teures Pflaster. Wie Rom liegt es auf sieben Hügeln, durch das Tal fließt gemächlich der Avon. Als ein legendärer keltischer König namens Bladud an Lepra erkrankte, wurde er ausgestoßen und blieb als Schweinehirte allein zurück. Zufällig suhlte sich eines der Tiere im Matsch einer warmen Quelle und entdeckte so die für den König nützlichen Heilkräfte. Seitdem sucht man in Bath nach Linderung.

Ein Bad für die Londoner Gesellschaft

In römischer Zeit entstand eine prachtvolle Badeanlage, die neben dem Tempel der Göttin Sulis Minerva im Zentrum der Stadt Aquae Sulis lag. Heutzutage ist diese Anlage das einzige noch mit Wasser gefüllte römische Bad Europas, in dem das Baden allerdings verboten ist. Ein Wellnessprogramm mit Schwimmbad auf dem Dach bietet heute das moderne Thermae Bath Spa, das zu den englischen Milleniumsprojekten gehört.

Während des Mittelalters spielte die Badekur keine Rolle. Erst die Könige aus Hannover brachten ihre heimische Tradition, Gesundheit und Gesellschaft mondän zu vereinbaren, mit nach England. Die große Blütezeit der Stadt begann. Im Winter reiste die High Society von London nach Bath und entsprechend wurden Häuser und Plätze imposant gestaltet. Das römische Bad wurde klassizistisch überbaut und erweitert. Plätze wurden mit Reihenhäusern im Kreis oder der Form eines Halbmondes bebaut und fortan als »Circus« und »Crescent « bezeichnet. Diese großartige Architektur des 18. Jahrhunderts im georgianischen Stil gehört zum UNESCO-Weltkulturerbe. Am exklusiven Royal Crescent Nr. 1 zeigt ein Museum, wie man kurz vor 1800 stilecht wohnte.

Das Winning Team der damaligen Zeit waren der Steinbruchbesitzer Allen, der Großgrundbesitzer Gay und die Architekten Wood, Vater und Sohn. Ihr Projekt war die Gestaltung des »Georgian Bath«. Das moderne Reihenhausprinzip lockte Käufer und Mieter. Die einheitlichen Fassaden wurden mit hauchdünnen Platten aus Bath Stone verkleidet und die Fenster mit den damals gerade in Frankreich erfundenen großen klaren Fensterscheiben ausgestattet.

BLICK ÜBER DEN AVON AUF DIE ABBEY VON BATH (LINKS). IN DER INNENSTADT LADEN STILVOLLE GESCHÄFTE ZU LÄNGEREM VERWEILEN EIN (UNTEN).

Ballsaal für Beauties

Während der Blütezeit sorgte ein Zeremonienmeister für den angemessenen Gang des Gesellschaftslebens. Der Meister seines Faches hieß Beau Nash. Mit seiner Mätresse namens Popjoy unterhielt er die Damen auf ihrer Promenade entlang des Avon und auf der mit Häusern bebauten klassizistischen Pultney Bridge. Im Ballsaal der eleganten Assembly Rooms versammelte sich die Gesellschaft zum Plaudern und Tanzen. Das dortige Modemuseum zeigt mit einer Sammlung historischer Garderoben die damalige Grandesse. Wer es sich leisten konnte, kam nach Bath.
Auch der Musiker Wilhelm Herschel zog, gemeinsam mit seiner Schwester Caroline, aus Hannover in die Stadt und wurde Leiter eines der besten englischen Orchester. Sein großes Interesse galt jedoch der Astronomie. Durch ein selbstgebautes Riesenfernrohr erspähten er und seine Schwester erstmals den Uranus. Ein kleines Museum erinnert an diese Entdeckung.
Die Hauptkirche The Abbey steht am Marktplatz nahe des Avon. Steinerne Engel am Eingang erklimmen eine überdimensionale Himmelsleiter, im Inneren strahlt ein neogotisches Gewölbe. Während der »Baedeker-Angriffe« der deutschen Luftwaffe im Zweiten Weltkrieg blieb die Kirche unbeschädigt. Zahllose Cafés, Restaurants und Läden in den Hauptstraßen bieten Möglichkeiten zum Shoppen und Pausieren. Im ruhigen Kontrast dazu schippert das Ausflugsboot auf dem schmalen Kennet-und-Avon-Kanal nach Bathhampton. In der Dorfkirche ist Arthur Philipp, der erste Gouverneur und Gründer von Sydney, bestattet. Ein Spaziergang das Kanalufer entlang führt zurück in die geschäftige Stadt.

BRISTOL

Nach kurzer Fahrt erreicht der Zug einen der ältesten Bahnhöfe der Welt, die viktorianische Temple Mead Station von 1840. Bristol liegt wie Bath am Avon und war einer der wichtigsten Häfen Großbritanniens. John Cabot segelte von hier als erster namentlich bekannter Europäer 1497 zur nordamerikanischen Küste. 1843 wurde in Bristol die heute noch zu besichtigende »Great Britain«, das erste ozeantaugliche Schiff mit eisernem Rumpf und Propellerantrieb, gebaut. Der spektakuläre Floating Harbour ist inzwischen die Ausgehmeile der quirligen Universitätsstadt. Nach dem alten Fischerhafen Portishead benannte sich eine der ersten Trip-Hop-Bands, Pioniere der vielfältigen Musikszene. Zu den berühmten Kunstkindern Bristols gehört auch der Street-Art-Künstler Banksy. Wahrzeichen der Stadt ist die über die Avonschlucht führende Suspension Bridge, eine Kettenbrücke von 1864.

WEITERE INFORMATIONEN

Bath,
www.visitbath.co.uk
Modemuseum in den Assembly Rooms,
www.fashionmuseum.co.uk
Bristol,
www.visitbristol.co.uk

31

GRONINGEN – STADT DER FAHRRÄDER UND BOOTE

GRACHTEN UND KANÄLE

Hansestadt, Universitätsstadt, Wasserstadt – Groningen, Zentrum der gleichnamigen niederländischen Provinz, gebührt viele Namen. Mit altehrwürdigen Bauten und avantgardistischer Architektur, ruhiger Gediegenheit und dem flotten Studentenleben bietet die Stadt eine gelungene Mischung aus alt und neu.

Fahrräder überall. Groningen gehört zu den fahrradfreundlichsten Städten Europas. Das Stadtzentrum um den Großen Markt und den Fischmarkt ist sogar komplett autofrei und das macht einen Erkundungsspaziergang durch die historische Mitte zu einem angenehm entspannten Erlebnis. Weithin sichtbares Wahrzeichen der Stadt, und das schon seit über 500 Jahren, ist der 97 Meter hohe Martiniturm, der bis zum dritten Treppenabsatz bestiegen werden kann. Die angrenzende, in der ersten Hälfte des 13. Jahrhunderts entstandene Martinikirche, das älteste und größte Gotteshaus Groningens, beherbergt eine der größten Barockorgeln des nordwestlichen Europa. Das markante Akademiegebäude verweist auf die lange Tradition als Universitätsstadt. Bereits 1614 frönten die ersten Wissbegierigen der Wissenschaft, heute sind rund 50 000 Studierende an der Reichsuniversität Groningen eingeschrieben. Diese große Schar an jungen Leuten senkt den Altersdurchschnitt der rund 230 000-Einwohner-Stadt erheblich und gibt dem Alltag viel Farbe und Schwung. Wie ein Raumschiff aus einer fernen Galaxie thront auf einer Grachteninsel zwischen Altstadt und Hauptbahnhof ein spektakuläres Bauwerk der Moderne: Das 1994 eröffnete Groninger Museum ist außen wie innen sehenswert. Der Kunsttempel bietet in seinen Pavillons Meisterwerke verschiedener Epochen, aber auch Exponate aus der Frühgeschichte der Provinz.

Handel und Wandel am Wasser

Groningen ist von einem dichten Netz an Wasserwegen durchzogen und umringt. Im Stadtgebiet stoßen mehrere Kanäle aufeinander: von Westen der Van

DIE GRACHTEN ODER »DIEPEN« (GANZ LINKS), WIE SIE IN GRONINGEN HEISSEN, ZIEHEN SICH WIE EIN RING UM DIE GESAMTE INNENSTADT. AN DEN GRÜNEN UFERN DER GEWÄSSER LÄSST ES SICH HERRLICH ENTSPANNEN (LINKS).

Starkenborghkanaal, von Osten der Eeemskanaal, von Süden der Noord-Willemskanaal und von Südosten das Winschoterdiep. Diese günstige Lage im Binnenland mit einem schnellen Zugang zur Nordsee machte die Stadt bereits im Mittelalter zu einem wichtigen Umschlagplatz für Waren aller Art. 1422 schloss sich Groningen der Hanse an und entwickelte sich bis zum 17. Jahrhundert zu einem florierenden Handelszentrum. Auch heute noch spielt das Wasser für die Handelsschifffahrt, aber auch für den Tourismus eine große Rolle. Auf den Grachten und anderen Gewässern finden sich Segel- und Motorboote, Kanus, Tretboote und die elektrisch betriebenen fluisterboten. Wer Groningen aus der Wasserperspektive kennenlernen will, kann diese Boote stundenweise buchen oder es sich auf einem Rundfahrtschiff gemütlich machen. Damit geht es vorbei an sehenswerten Bauwerken und an den beachtlichen Lagerhallen, die an die große Handelsgeschichte der Hansestadt erinnern.

Landschaften für Entdecker

Auch das Umfeld der Stadt hat viel zu bieten. Groningen liegt eingebettet in eine Polderlandschaft mit weiten Feldern, ehemaligen Seedeichen, großen Bauernhöfen, alten Warftendörfern und Borken, den für die Region typischen prächtigen Landhäusern. Der Fluss Reitdiep (früher Hunze) schlängelt sich von Groningen der Küste entgegen bis nach Zoutkamp am Lauwersmeer. Sein Tal ist seit Langem eine Kulturlandschaft, die heute mit einem Netz von Wanderwegen und Radrouten zur Erkundung einlädt. Ein lohnendes Ziel für alle Naturfreunde, die sich für Stille und Weite begeistern können, ist auch der Nationalpark Lauwersmeer mit seiner reichen Tier- und Pflanzenwelt. Vom Küstenort Lauwersoog aus geht es mit der Fähre zur Wattenmeerinsel Schiermonnikoog.

KUNST UNTER FREIEM HIMMEL

Wer aufmerksam durch die Stadt spaziert, stößt an vielen Ecken auf hohe Kunst. Am Emmasingel vor dem Cascade-Komplex steht unübersehbar die acht Meter hohe Frauenskulptur »Ultra« von Silvia B. Eine öffentliche Toilette als Kunstwerk? In Groningen mit dem von Rem Koolhaas entworfenen Pissoir mit Milchglaswand am »Kleine der A«-Kanal nichts Ungewöhnliches. Und wer mit dem Boot auf dem Verbindungskanal unterwegs ist, sollte ebenfalls die Augen offenhalten. Denn beim Öffnen der Brücken zeigen sich an den Mauern oder an den Brückenunterseiten Werke aus dem Projekt »Kunst unter Brücken«. So präsentiert die Museumsbrug beim Groninger Museum ein dem klassischen Delfter Blau nachempfundenes Fliesentableau von Wim Delvoye und die Oosterbrug ein Gedicht des niederländischen Avantgardekünstlers H. N. Werman.

WEITERE INFORMATIONEN

Groningen,
www.toerisme.groningen.nl/de
Groninger Museum,
www.groningermuseum.nl/de

32

ALKMAAR – HOLLANDS KÄSESTADT

AUF HISTORISCHEN WEGEN

Zwischen Nordseeküste und dem IJsselmeer liegt eingebettet in eine herrliche Polderlandschaft die historische Handelsstadt Alkmaar. Hier wurden schon im Mittelalter landwirtschaftliche Güter und etwas später auch große Käseräder feilgeboten. An diese glorreiche Vergangenheit erinnert der Käsemarkt.

Ein Spaziergang durch das historische Zentrum lässt Teile der Vergangenheit wiederauferstehen. Die vor mehr als 750 Jahren gegründete Stadt, 50 Kilometer nordwestlich von Amsterdam, hat sich in ihrem Kern viele eindrucksvolle Baudenkmäler erhalten. Wer durch die Gassen schlendert, erlebt ein schönes Panorama nach dem anderen. Es geht vorbei an schmalen Grachten, einladenden Cafés, Kneipen und Restaurants sowie den kleinen Läden, die oftmals Selbstgemachtes anbieten. Dazu gehören auch die legendären der ehemaligen Königin gewidmeten Wilhelmina-Pfefferminzbonbons.
Ein Rundgang führt vorbei an Alkmaars Wahrzeichen, den Waagtoren, ein imposantes und nicht zu übersehendes Gebäude mit Uhrenturm, das zunächst als Kapelle, dann als städtische Käsewaage genutzt wurde. Auch die 1440–1512 im Stil der Brabanter Gotik errichtete St.-Laurens-Kirche mit ihren weltberühmten Orgeln bestimmt seit Jahrhunderten das Stadtbild. Denkmalgeschützt sind auch das Alte Rathaus, der Zollturm Accijnstoren, die alte Mühle Mohlen van Piet und einige historische Wohnanlagen. Eine andere, nicht weniger eindrucksvolle Sicht auf die Stadt bietet eine Rundfahrt durch die Grachten. Hier heißt es »Vorsicht, Kopf einziehen!«, denn in den breiten, offenen Booten geht es auch unter den niedrigsten Brücken hindurch.

Käse für die ganze Welt

Mit seinen rund 100 000 Einwohnern ist Alkmaar eine überschaubare Stadt mit vielen ruhigen Ecken. Das ändert sich allerdings, wenn der weltbekannte Käsemarkt ansteht. Seit 1622 wird dieses Spektakel auf

dem Waagplein abgehalten. Tausende Besucher kommen dann auf den Platz vor der Stadtwaage, um dort freitagvormittags von April bis Oktober der traditionellen Käseauktion beizuwohnen. Wurden früher in der Blütezeit des Handels auf dem Waagplein bis zu 300 000 Kilogramm Käseräder in verschiedenen Größen, Formen und Farben präsentiert, ist es heute immerhin noch ein Zehntel davon. Wer früh genug kommt, kann die in Weiß gekleideten und mit bunten Hüten bestückten Käseträger oder »Setzer« beobachten, die zum Teil gewaltige Käselaibe auf wackeligen hölzernen Tragegestellen transportieren. Steht alles in Reihen gut sortiert bereit, beginnt das lebhafte Feilschen.

Mehr über die beliebten holländischen Käsesorten wie Gouda und Edamer und die alten, heute nur noch aus touristischen Gründen zelebrierten Verkaufstraditionen erfährt man im Käsemuseum. Dieses befindet sich direkt am Platz in der zweiten und dritten Etage der alten Stadtwaage. Anhand von historischen Gebrauchsgegenständen, Gemälden, Zeichnungen, Filmen und anderen Exponaten wird die Geschichte der Käseherstellung von der handwerklichen Erzeugung auf dem Bauernhof bis zur industriellen Produktion gezeigt.

DIE MODERNEN HOLZHÄUSER AM WASSER (LINKS) ERMÖGLICHEN EIN NEUES NACHBARSCHAFTLICHES MITEINANDER. KOSTEN UND GENIESSEN – DAS KÄSEANGEBOT IN ALKMAAR IST ÜBERWÄLTIGEND (UNTEN).

In Windeseile an der Nordsee

Wer genug Stadtluft geschnuppert hat, macht sich auf, das schöne Umland von Alkmaar mit seinen Poldern, den sattgrünen Wiesen und den historischen Windmühlen zu erkunden. Das klappt am besten mit dem Fahrrad, denn die nordholländische Region ist auch ein Radlerparadies. Geleitet von einem ausgetüftelten »Knotenpunkt-Radwegenetz«, das eine kinderleichte Orientierung ermöglicht, fährt man sicher und entspannt auf vom Autoverkehr getrennten Wegen. Das Meer ist nicht weit: Bis zum Strand der Nordsee beträgt die Fahrzeit mit dem Auto etwa eine Viertelstunde. Besonders lohnen die nahgelegenen Küstenorte Bergen aan Zee mit Meeresaquarium und Egmond aan Zee mit Leuchtturm.

ZURÜCK INS »GOLDENE ZEITALTER«

Die Museen von Alkmaar bieten eine Vielfalt an Anregungen. Sie huldigen nicht nur dem Käse, sondern im Nationalen Biermuseum, untergebracht in einer alten Brauerei, auch dem beliebten Hopfengetränk. Im privat betriebenen Beatles-Museum gibt es allerlei Kuriositäten zu den weltberühmten Pilzköpfen aus Liverpool zu entdecken. Mit Alkmaar selbst und seiner Vergangenheit beschäftigt sich das Stedelijk Museum auf dem Kanadaplatz mitten im Zentrum. Es gehört zu den ältesten Museen der Niederlande. Als »Gedächtnis der Stadt« lässt der 1875 eröffnete Bau seine Besucher auf interaktive Weise in das »Goldene Zeitalter« Hollands eintauchen. Das Museum zeigt neben Exponaten zur Stadtgeschichte auch Meisterwerke der bildenden Kunst, darunter auch Gemälde der Bergener Schule wie Landschaften, Stillleben und Porträts, die dem Expressionismus zugerechnet werden.

WEITERE INFORMATIONEN

Käsemarkt Alkmaar,
www.kaasmarkt.nl/de
Stedelijk Museum Alkmaar,
www.stedelijkmuseumalkmaar.nl/de

33

MAASTRICHT – INSPIRATIONEN ZU BEIDEN SEITEN DER MAAS

ÜBER UND UNTER TAGE

Die Hauptstadt der Provinz Limburg gehört zu den ältesten Städten der Niederlande. Ihre Ursprünge gehen auf eine keltische Siedlung am Ufer der Maas, die auf etwa 500 v. Chr. datiert wird, und ein römisches Kastell zurück. Maastricht hat sich zu einer modernen Metropole entwickelt, ohne seinen historischen Charme zu verlieren.

Ein rotes Banner mit einem silbernen Stern und dahinter eine Engelsgestalt im leuchtend blauen Gewand – so farbenfroh präsentiert sich das Wappen von Maastricht. Es ist damit ebenso bunt wie das Stadtleben selbst. Mit ihrer Kulturszene, ihrer international renommierten Universität, ihren gut sortierten Mode- und Designgeschäften und ihrem reichhaltigen kulinarischen Angebot von der Sterneküche bis zur rustikalen Regionalkost zieht die Stadt viele Menschen an. Ihre geografische Lage ganz im Südosten der Niederlande zwischen Deutschland und Belgien gibt ihr internationales Flair. Nicht zuletzt durch den Vertrag von Maastricht, der 1992 die Europäische Union gründete, ist die Stadt ein fester Ankerpunkt für Europa.

Geschichte auf der Spur

Auf dem Vrijthof-Platz im historischen Zentrum, einem beliebten Treffpunkt von Studenten, Einheimischen und Touristen gleichermaßen, flaniert man auf altem Kopfsteinpflaster oder genießt die Atmosphäre von einem der vielen Straßencafés aus. In der Kulisse der mittelalterlichen Architektur, die Maastrichts Vergangenheit als religiöses Zentrum und als Festungsstadt erahnen lässt, finden im Sommer gut besuchte Freiluftkonzerte statt. Beherrscht wird der Platz von zwei Kirchen: der gotischen Sankt-Johannis-Kirche mit ihrem leuchtend roten Kirchturm und der romanischen Sankt-Servatius-Basilika, die als ältestes noch erhaltenes Gotteshaus des Landes gilt. Die dreischiffige Kreuzkirche birgt eine prächtige Schatzkammer mit Meisterwerken der Goldschmiedekunst und den Gebeinen des Heiligen Servatius.

Spaziergang am Fluss

Geprägt wird die Stadt mit ihren rund 120 000 Einwohnern vom namensgebenden Fluss. Auf ihrem Weg vom Quellgebiet in Frankreich bis zu ihrer Mün-

AUCH ABENDS IM SCHEIN DER LATERNEN BIETET DIE MAAS MIT DER HISTORISCHEN SANKT-SERVATIUS-BRÜCKE EINEN FOTOREIFEN ANBLICK (GANZ LINKS). TAGSÜBER LADEN IM ZENTRUM GEMÜTLICHE CAFÉS ZU EINER KLEINEN PAUSE EIN (LINKS).

dung in die Nordsee fließt die Maas auch mitten durch Maastricht und bildet dabei eine attraktive Promenadenlandschaft, die zu Spaziergängen, Radtouren oder auch zu einem gemütlichen Picknick einlädt. Die von den Römern erbaute steinerne Sankt-Servatius-Brücke verbindet die Altstadt mit dem exklusiven Wohnviertel Wyck. Auch das 1992–1995 errichtete Bonnefanten Museum mit seiner umfangreichen Sammlung alter flämischer und niederländischer Malerei sowie zeitgenössischer Kunst befindet sich am Ufer der Maas. Der außergewöhnliche Bau mit seiner berühmten Treppenstraße wurde von dem italienischen Architekten Aldo Rosse entworfen.

Tiefe Geheimnisse

Wer Lust auf ein kleines Abenteuer verspürt, steigt hinab und besichtigt im Rahmen einer Führung die unter der Erde liegenden weitverzweigten Grotten, die so manche spannende Geschichte erzählen. Das labyrinthartige Gangsystem der nördlichen Grotten befindet sich unter dem Hochplateau Sint Pietersberg und dem gleichnamigen Fort aus dem 18. Jahrhundert. Unzählige Schaufeln und Hacken trugen hier im Verlauf von 800 Jahren wertvollen Kalkstein ab und schufen damit ein riesiges Netz an Gruben und Höhlen. Diese versteckte Welt diente den Menschen auch als Zufluchtsort, Lazarett und Versteck. So soll hier z. B. auch Rembrandts Meisterwerk »Die Nachtwache« während der deutschen Besatzung im Zweiten Weltkrieg Schutz gefunden haben. Die 1575–1875 errichteten Stollen der Kasematten auf der westlichen Seite der Stadt dienten dagegen der militärischen Verteidigung. Durch die unterirdischen Gänge konnten sich bis zu 5000 Soldaten unbemerkt vom Feind bewegen.

NACHMITTAGS IM PARK

Eine Stadtbesichtigung kostet Energie. Wer nach vielen Eindrücken etwas Erholung sucht, findet sie im über 175 Jahre alten städtischen Park entlang der Maas. Eigentlich sind es drei Grünanlagen, die direkt ineinander übergehen: der Stadspark, der Monseigneur Notenspark und der Aldenhofpark. Betritt man den Stadtpark vom Prins Bisschopssingel aus, stößt man rasch auf die Bärengrube. Aber keine Angst – statt echter Bären gibt es dort heute Kunst in Form von Skulpturen. Etwas weiter verweist das Standbild von D'Artagnan auf den großen Musketier, der in der Nähe 1673 seinen Tod fand. Auch einen Mini-Tiergarten mit heimischen Wildtieren beherbergt der Park. Schön ist es auch, auf die historischen Stadtmauern zu steigen oder einfach von einer Bank aus die sonnige Stille zu genießen.

WEITERE INFORMATIONEN

Maastricht,
www.besuchemaastricht.de
Bonnefanten Museum,
www.bonnefanten.nl/nl/de
Grotten und Kasematten,
www.maastrichtunderground.nl/de

SPEKTAKULÄR UND ÜBERWÄLTIGEND ANDERS – DAS PORT HOUSE IST DER NEUE HAUPTSITZ DER HAFENBEHÖRDE.

34

ANTWERPEN – HAFENSTADT MIT REICHEM ERBE

RUHMREICHE VERGANGENHEIT UND LEBENDIGE GEGENWART

Als europäische Handelsmetropole gehörte Antwerpen einst zu den größten Städten der Welt. Noch heute finden sich überall im Stadtbild beeindruckende Zeugnisse dieser Blütezeit. Doch auch das moderne Leben mit seiner Vielfalt an Kulturen, Sprachen, Farben und Gerüchen macht einen Besuch zu einem unvergesslichen Erlebnis.

Ein Bummel durch die belgische Provinzhauptstadt, die im niederländischsprachigen Teil des Landes liegt, ist wie ein Gang durch die Architekturgeschichte: Wer durch den weitgehend erhaltenen Stadtkern spaziert, trifft auf das Spätmittelalter, auf Renaissance und Barock, aber auch auf Spuren des Jugendstils und des Art déco. Da fällt es nicht schwer, sich in die Glanzzeit der flandrischen Metropole im 15. und 16. Jahrhundert zurückzuversetzen. 726 erstmals urkundlich erwähnt, erhielt Antwerpen 1291 die Stadtrechte. Dank seiner geografisch günstigen Lage an der Schelde, die hier in Form einer breiten Trichtermündung auch großen Schiffen den Weg zur 88 Kilometer entfernten Nordsee frei macht, blühte schon früh der Handel, insbesondere mit Tuch, aber auch mit Diamanten. Antwerpen, heute nach Rotterdam Standort des zweitgrößten Seehafens Europas, zog aber nicht nur Kaufleute an, sondern versammelte in seinen Mauern auch Meister der Künste wie den berühmten Barockmaler Peter Paul Rubens (1577–1640).

Der Grote Markt

Wer Antwerpen mit dem Zug erreicht, hat bereits eine Sehenswürdigkeit kennengelernt: Das majestätische Bahnhofsgebäude, auch als »Eisenbahnkathedrale« gerühmt, gehört zu den schönsten Bahnhöfen

DIE PRUNKVOLLEN ZUNFTHÄUSER UND
DER BRABOBRUNNEN AM GROTE MARKT
SIND ABENDS KUNSTVOLL ILLUMINIERT.

weltweit. Als Ausgangspunkt für eine erste Eroberung der Stadt bestens geeignet ist der Grote Markt, der als zentraler Platz mitten in der historischen Altstadt liegt. Mit den Füßen auf altehrwürdigem Kopfsteinpflaster, mit dem Kopf inmitten eines grandiosen Panoramas von prächtigen Zunfthäusern aus dem 16. und 17. Jahrhundert – hier lässt sich Geschichte hautnah spüren. An der Westseite des Großen Marktes erhebt sich auch das im Renaissancestil errichtete Rathaus mit seiner prächtig geschmückten Fassade. Davor erzählt der 1887 errichtete Brabobrunnen auf bildhafte Weise die Entstehungslegende der Stadt: Der heldenhafte Silvius Brabo ist gerade dabei, die abgetrennte Hand eines grausamen Riesen in den Fluss zu werfen. Dieser große Tyrann hatte, so erzählt man es sich zumindest, von allen vorbeisegelnden Schiffen Wegzoll verlangt. Wer nicht spurte, verlor seine Hand.

DIAMANTENHANDEL
Antwerpen lebt seit Jahrhunderten auch vom Handel und der Verarbeitung von Diamanten. Noch heute werden in der Stadt täglich Edelsteine im geschätzten Wert von 220 Millionen Euro von Hand zu Hand gereicht. Hauptzentrum des lukrativen Geschäfts ist das durch Überwachungskameras und Sicherheitskräfte gut geschützte Diamantenviertel nahe des Hauptbahnhofs. Auf eigene Faust können Touristen hier wenig entdecken. Dafür werden begleitete Touren angeboten. 2018 wurde außerdem gleich hinter dem historischen Rathaus das Diamantenmuseum DIVA eröffnet, das den stillen Handel mit den kostbaren Steinen von früher bis heute näher beleuchtet und dazu noch viele edle Schmuckstücke präsentiert.

WEITERE INFORMATIONEN
Sehenswürdigkeiten der Stadt,
www.visitantwerpen.be/de
Touren durch das Diamantenviertel,
www.degoudenstraatjes.be
DIVA-Diamantenmuseum,
www.divaantwerp.be/en

Augenweide aus Stein

Die Altstadt wird von fünf großen Kirchen beherrscht, darunter auch die siebenschiffige Liebfrauenkathedrale. Bereits 1352 begonnen, dauerte es noch weitere 169 Jahre, bis das Bauwerk in all seiner Pracht vollendet war. Das gotische Gotteshaus, dessen 123 Meter hoher, filigraner Turm seit 1999 zum UNESCO-Weltkulturerbe gehört, ist außen wie innen eine Augenweide. Neben den Altären der Gilden und Zünfte sowie den großen Fenstern mit Glasmalerei beherbergt die Kathedrale auch eine Vielzahl an berühmten Kunstwerken, darunter zwei Triptychons von Rubens, »Die Kreuzaufrichtung« und »Die Kreuzabnahme«.
Von der Altstadt geht es weiter bis zum nahen Ufer der Schelde. Dort steht das älteste Gebäude der Stadt, die Burg Het Steen (Der Stein). Im frühen 13. Jahrhundert erbaut, war der Koloss Teil der Stadtbefestigung, später diente er als Gefängnis, Fischlager und Museum. Heute ist ein Jugendbildungszentrum eingezogen. Wer weiter Richtung Süden am Fluss entlanggeht, stößt auf eine weitere Besonderheit Antwerpens: den Sint-Anna-Fußgängertunnel, der unter der Schelde hindurch zum anderen Ufer führt. Um die Schifffahrt nicht zu stören, gibt es nämlich im gesamten Stadtgebiet keine Brücken, stattdessen mehrere Tunnel.

Kunst und Kommerz

Antwerpen ist auch eine Stadt der Museen – mit einem Angebot für jeden Geschmack. Wer auf den Spuren von Rubens wandeln möchte, besucht das einem italienischen Renaissance-Palazzo nachempfundene Rubenshaus. Die Wohn- und Werkstätte des großen Malers ist heute ein Museum, das auch eine große Anzahl seiner Meisterwerke zeigt. Das Plantin-Moretus-Museum, von der UNESCO als Weltkulturerbe

anerkannt, ist ebenfalls eine ehemalige Wohnstätte. Hier lebte und arbeitete etwa 300 Jahre lang die Familie Platin-Moretus, die mit ihrer Druckerei ein neues Zeitalter einläutete. Die historischen Räumlichkeiten geben einen lebendigen Einblick in die Familiengeschichte und in die flämische Kunst- und Wohnkultur. Ein Neuling unter den Museen ist das 2011 im Hafenviertel eröffnete Museum am Strom, das allein von seiner markanten Architektur her nicht zu übersehen ist. Die Geschichte Antwerpens und seines Hafens – jede der insgesamt fünf Etagen vervollständigt mit unzähligen Exponaten das Bild einer bedeutenden Stadt. Vom Panoramadach aus (im Sommer sogar bis Mitternacht geöffnet) bietet sich ein großartiger Blick über den Hafen und die gesamte Stadt.
Dass die Stadt seit Langem auch ein Mekka für Mode- und Designliebhaber ist, zeigt auf meisterliche Art das Modemuseum, kurz MoMU. Es präsentiert Modegeschichte, Designer-Genies und neue Trends. Hier auf den Geschmack gekommen, lässt sich ein Einkaufsbummel durch das Antwerpener Modeviertel anschließen, wo neben exklusiven Häusern mit Pariser und internationaler Mode auch Erzeugnisse junger belgischer Designtalente zu finden sind.

Kulinarische Genüsse aus aller Welt

Wer zwischendurch eine kleine Ruhepause braucht, kann in das große kulinarische Angebot der Stadt eintauchen. In den Straßen der Altstadt, aber auch in den modernen Vierteln findet sich eine große Auswahl an gemütlichen Cafés, schicken Bars, urigen Kneipen und einladenden Restaurants. Kleine Läden offerieren handgemachte Pralinen. Nette Lokale mit koscheren Speisen verweisen auf die größte jüdische Gemeinde Europas. Leckeres Streetfood aus allen Teilen der Erde gibt es an jeder Ecke. Auch beim Essen wird deutlich: In der Schelde-Stadt leben heute Menschen aus mehr als 170 Nationen – und das kann man auch schmecken. Übrigens werden als Erinnerung an die Großtat des legendären Stadtgründers Julius Braho und als städtisches Markenzeichen die Antwerpse handjes angeboten, kleine Gebäckstücke oder Pralinen in Form einer Hand.

DIE MÄCHTIGE BURGANLAGE HET STEEN (RECHTS), EINST TEIL DER STADTBEFESTIGUNG, IST EIN WAHRZEICHEN VON ANTWERPEN. NACH DER BESICHTIGUNG LOCKEN FRISCHE BELGISCHE WAFFELN (OBEN).

35

WIE KLEINE KEGEL ODER EBEN WIE MENSCHLICHE NASEN SEHEN DIE SÜSSEN »GENTER NEUZEN« AUS, DIE ES HIER ALS STÄDTISCHE SPEZIALITÄT ZU KAUFEN GIBT.

GENT – STADT DER DREI TÜRME

DIE PRACHT FLANDERNS

Sehenswürdigkeiten in Hülle und Fülle, doch von der Fläche her trotzdem angenehm überschaubar: Das flandrische Gent, eine moderne und trendige Stadt im historischen Gewand, lässt sich bestens zu Fuß oder mit dem Rad erkunden. Der historische Stadtkern lädt ein zur Zeitreise zurück in eine glorreiche Vergangenheit.

Gent, zweitgrößte Stadt Flanderns und nach Antwerpen und Brüssel die drittgrößte Stadt Belgiens, gilt als das historische Herz der Region Flandern und wird auch als »das Manhattan des Mittelalters« bezeichnet. Tatsächlich war die Hafenstadt am Zusammenfluss von Leie und Schelde dank ihres blühenden Tuchhandels und des florierenden Flachs- und Leinengewerbes ein mächtiger Stadtstaat. Ihre Bewohner konnten es sich leisten, imposante Kirchen zu errichten und ihre Stellung durch stattliche Gebäude zu demonstrieren. Zum Glück für alle Besucher der Stadt sind viele dieser mittelalterlichen und frühneuzeitlichen Bauten im Stadtkern erhalten geblieben und stehen heute als beeindruckende Zeitzeugen unter besonderem Schutz.

Türme als Wahrzeichen

Bereits im Mittelalter war Gent als die Stadt der drei Türme bekannt, denn die städtische Silhouette wird durch drei Gebäudespitzen geprägt. Zu den in einer Reihe stehenden »Riesen« im Herzen der Altstadt, die man am besten von der St.-Michaels-Brücke aus bewundern kann, gehört zum einen der Turm der St.-Niklas-Kirche am Kornmarkt. Im 13. Jahrhundert im Stil der Scheldegotik als Pfarrkirche für die betuchten

WER DEN TURM DER GRAVENBURG ERKLIMMT, WIRD MIT EINEM IMPOSANTEN BLICK AUF DIE STADT UND IHRE TÜRME BELOHNT.

Bürger errichtet, ist sie besonders prunkvoll ausgestattet. Es folgt der Genter Belfried, der gemeinsam mit anderen in Belgien verteilten weltlichen Glockentürmen dieser Art zum UNESCO-Weltkulturerbe gehört. Der 95 Meter hohe Turm, errichtet im 14. Jahrhundert als Sinnbild für die Unabhängigkeit der Stadt, trägt auf seiner Spitze den berühmten »Drachen von Gent« und auf seinen vier Ecktürmen steinerne Wächter. Lange Zeit diente der Koloss als Schutzort vor feindlichen Angriffen und vor verheerenden Bränden. Außerdem beherbergte er das geheime Stadtarchiv mit den Stadtprivilegien. Seine große Glocke, die Rolandsglocke, wurde bei heraufziehender Gefahr geläutet und gab das Signal zum Öffnen oder Schließen der Stadttore. Heute bietet der Belfried seinen Besuchern vor allem eine grandiose Aussicht über die Stadt. Der Aufstieg ist weniger anstrengend als zunächst erwartet, denn ab der ersten Etage gibt es einen Aufzug. Der letzte in der Turmreihe ist der Turm der St.-Bavo-Kathedrale, der ältesten Pfarrkirche auf Genter Boden, die im Laufe der Jahrhunderte immer prächtiger wurde. Ihre heutige gotische Form erhielt die Kathedrale Mitte des 16. Jahrhunderts.

Genter Altar

Wer die Kathedrale des Schutzheiligen Bavo ausgiebig von außen bewundert hat, sollte unbedingt eintreten. Denn im Inneren wartet der Bau mit großen Kostbarkeiten und einer Fülle an Marmor und vergoldetem Holz auf: Da ist die Rokokokanzel aus Eiche, der barocke Hochaltar, das Ewige Licht in Form eines gotischen Kronleuchters, das Rubens-Gemälde, das den Eintritt des heiligen Bavo in das Kloster von Gent zeigt, und Justus van Gents Kreuzigungstriptychon. Außerdem natürlich der Genter Altar der Gebrüder van Eyck, das wohl berühmteste Gemälde der altniederländischen Malerei. Das 1432 fertig gestellte Meisterwerk Hubert und Jan van Eycks, das den vollen Titel »Die Anbetung des Lamm Gottes« trägt, besteht aus zwölf Eichentafeln, die biblische Szenen zeigen. Der Flügelaltar weckte schon immer Begehrlichkeiten. Kaum ein anderes Kunstwerk wurde so oft

DIE ALTEHRWÜRDIGE UND INZWISCHEN VOLLSTÄNDIG RESTAURIERTE GRAVENBURG ZÄHLT ZU DEN GRÖSSTEN WASSERBURGEN EUROPAS.

geraubt, entführt und verschleppt, zuletzt 1934, als eine Doppeltafel verschwand. Eine Seite davon tauchte wieder auf, doch die Szene der »Gerechten Richter« blieb verschwunden und ist bis heute nur als Kopie zu bestaunen.

Bollwerk Gravenburg

Neben imposanten Gotteshäusern hat Gent auch beeindruckende weltliche Bauwerke aus vergangenen Zeiten zu bieten: Am alten Hafen an der Graslei (Straße der Kräuter und des Gemüses) und der Korenlei (Straße des Weizens) stehen prächtige Gildenhäuser und in der Nähe des Gravensteen (Grafenstein) liegt der Fischmarkt mit seiner barocken Fassade und die gotische Fleischhalle. Der Gravenstein stammt aus dem 12. Jahrhundert. Die im romanischen Stil errichtete Wasserburg vermittelt mit ihren nahezu intakten Verteidigungsanlagen ein authentisches Mittelalterbild. Zum Schutz ihrer Macht ließen damals die Grafen von Flandern die ursprünglichen Holzbauten zu einem Donjon, einem Wohn- und Wehrturm, ausbauen, der von einer Mauer mit 24 Türmen vollständig umschlossen war. Diese Mauer kann ebenso wie der Donjon, das Torgebäude, die gräfliche Residenz und die Stallungen besichtigt werden. Wer dabei auch etwas zum Schmunzeln haben möchte, wählt am besten die von dem bekannten Stadt-Comedian Wouter Deprez eingesprochene Audioführung, welche die bewegte Geschichte mit allerlei Anekdoten wieder zum Leben erweckt.

Feiern und schlemmen

Alljährlich im Juli befindet sich die Genter Innenstadt für zehn Tage im Ausnahmezustand. Das Genter Fieste, ein kostenloses Straßen-, Musik- und Kulturfestival, gehört zu den größten seiner Art in Europa und verwandelt Straßen und Plätze in ein buntes, lebhaftes Treiben. Neben kulturellen Feinschmeckerhäppchen lockt das Fest auch mit einem breiten kulinarischen Angebot. Überhaupt gehört die Restaurant- und Kneipenszene das ganze Jahr über zu den Highlights der Stadt. Nicht nur rund um den Saint Veerleplein oder an der Overpoortstraat finden sich unzählige Kneipen und Bars. Im Patershol, im Mittelalter das Viertel der Händler und Kunsthandwerker und heute ein Gewirr aus kleinen, schönen Gassen, haben sich viele innovative Restaurants angesiedelt. Gent ist reich an jungen Köchen, die die Gourmetszene revolutionieren. Und wer lieber auf Fleisch verzichtet: Die Stadt gilt mit ihrem reichhaltigen Angebot an frischen fleischlosen Gerichten als europäische Vegetariermetropole. Bereits 2009 wurde hier der Donnerstag zum »Veggieday« ausgerufen, eine beispielhafte Aktion, der mittlerweile viele andere Städte gefolgt sind.

ERLEUCHTUNG

Wenn die Sonne untergeht, ist in Gent der Sightseeing-Tag noch lange nicht zu Ende. Denn in der Dunkelheit zeigt sich die Stadt als geradezu magische Lichterlandschaft. Abend für Abend wird die historische Innenstadt mit ihren Denkmälern, Kirchen, Eingangstoren, herausragenden Profanbauten und Plätzen nach einem eigens dafür kreierten und mehrfach ausgezeichneten Lichtplan kunstvoll illuminiert. Wer zu einem Abendspaziergang durch das mittelalterliche Zentrum aufbricht, taucht ein in eine faszinierende Welt aus Licht und Schatten und erlebt die zuvor bei Tageslicht besuchten historischen Gemäuer noch einmal neu aus einer ungewöhnlichen Perspektive. Doch Nachtschwärmer aufgepasst: Punkt Mitternacht ist das Lichtspektakel wieder vorbei, deshalb den Lichtspaziergang besser nicht zu spät starten!

WEITERE INFORMATIONEN

Gent,
www.visit.gent.be/de
St.-Bavo-Kathedrale,
www.sintbaafskathedraal.be/en (englisch)
Grafenstein,
www.gravensteen.stad.gent/en (englisch)

AN DER GRACHT DES ALTEN HAFENS VON GENT STEHEN SCHMUCKE GILDENHÄUSER, DIE VOM WOHLSTAND VERGANGENER ZEITEN ERZÄHLEN.

36

MALMEDY – DER DISKRETE CHARME BELGIENS

DAS GLÜCK IM KLEINEN FINDEN

Touristen in Belgien zieht es meist nach Brügge oder Gent. Als habe es sich für Ruhesuchende versteckt, schmiegt sich Malmedy zwischen Eifel und Ardennen in eine Talsenke, umgeben von sanften Hügeln, Wäldern und Grünflächen. Die Stadt hält für Besucher charmant unspektakulär viele Dinge bereit, die Belgien ausmachen.

So einiges musste Malmedy, heute nur wenige Kilometer von der deutschen Grenze im Osten entfernt, über sich ergehen lassen. Einst gehörte es zum Fürstentum Stavelot-Malmedy, später zu Frankreich, dann zu Preußen und kam nach dem Ersten Weltkrieg zu Belgien. Im Zweiten Weltkrieg wurde Malmedy von Deutschen besetzt.

Von Arbeit und Wohlstand vergangener Tage

Nicht nur deutsche Knobelbecher, sondern viel früher auch normannische, ungarische, französische und amerikanische Soldaten haben deutliche Spuren der Verwüstung hinterlassen. Das und viel mehr lässt sich im Malmundarium auf rund 3000 Quadratmetern nacherleben. Das Museumsgebäude stammt aus dem frühen 18. Jahrhundert. An dieser Stelle stand einmal ein Kloster – bereits im 7. Jahrhundert hatten sich Mönche an dem Ort niedergelassen, Remaklus war einer von ihnen. Das Malmundarium zeigt vieles aus der Stadtgeschichte. Im Lederatelier erwacht das einst prägende Gerberhandwerk wieder zum Leben und im Papieratelier die Technik der Papierherstellung – Papier aus Malmedy war für höchste Qualität bekannt.

Für die meisten viel Arbeit und ein bescheidenes Dasein, für wenige Wohlstand brachten Tuch-, Leder- und Papierindustrie. Davon kündet in den Gassen und Vierteln noch die Architektur, etwa in den ältes-

ten Stadtvierteln in der Rue La Vaulx, der Rue Haute Vaulx oder im Quartier Outrelepont. Im etwas windschief wirkenden Haus Vinette in der Route des Chôdes 1 wollten französischen Besatzer Ende des 18. Jahrhunderts einer armen Schreinerstochter die letzte Ölung verweigern – die guten Bürger Malmedys aber erhoben sich und schafften einen Geistlichen heran. Die Szene wurde in einem Raum nachgestellt.
Für den einstigen Wohlstand stehen das schmucke Rathaus und Villen wie die Villa Lang (Rue Jules Steinbach 2) oder die Villa Steisel (Place de Châtelet 4) mit Ornamenten aus Schmiedeeisen, Giebeln und Türmchen. Im Haus Villers (Chemin Rue 11) ist sogar noch die Originaleinrichtung aus dem frühen 18. Jahrhundert zu bewundern. Die reichen Stuck- und Holzverzierungen, die leuchtend blauen Delfter Kacheln lassen erahnen, dass die Gerbereibesitzerfamilie nicht jedes Geldstück dreimal umdrehen musste.

DAS BESCHAULICHE MALMEDY GÄBE WAHRHAFTIG DIE KULISSE ZU EINEM FRANZÖSISCHEN FILM AB (LINKS UNTEN). EINIGE PRÄCHTIGE VILLEN ERINNERN HEUTE NOCH AN DEN EINSTIGEN WOHLSTAND (UNTEN).

Stärkung für Geist und Körper

Das Wahrzeichen von Malmedy ist die Kathedrale St. Peter, Paul und Quirin mit ihren imposanten Türmen samt Glockenspiel. Ein Vorgängerbau datiert zurück bis ins 10. Jahrhundert; die heutige Kathedrale ist schlicht gehalten. Elegant wirken ihr weißes, stuckgeschmücktes Inneres, die Holzkanzel und der Marmoraltar aus dem 18. Jahrhundert auf den, der einen Moment der Stille haben will. An Place de Rome, Place de St-Géréon und Place du Pont-Neuf fallen sie sofort ins Auge, die fotogenen Musikpavillons mit ihren Säulen, Zäunchen und dekorativen Verzierungen. Wenn die Musikvereine der Stadt aufspielen, strömen die Menschen zusammen und lassen sich unterhalten. An hübschen kleinen Plätzen wie der Place Albert 1er oder der Place de Rome lässt sich auch etwas für das leibliche Wohl tun. Im Sommer sitzt man draußen und genießt einen Hauch französisches Flair. Das sich bescheiden gebende Malmedy hält manchen Genuss bereit – Belgien bietet bekanntermaßen eine kulinarische Bandbreite von gehobener französischer Küche über klassische Fleischterrinen, Ardenner Schinken und moules frites bis zu Waffeln und Apfeltarte.

WANDERGEBIET HOHES VENN UND EIFEL

Malmedy liegt am Fuße des Naturparks Hohes Venn-Eifel. Das belgische Hohe Venn lässt sich sehr gut vom Besucherzentrum Botrange auf Holzstegen über moorigem Untergrund erkunden. Weit schweift der Blick über Hochflächen mit blühendem Wollgras, kleine Wasserläufe glucksen und unter kleinen Baumgruppen lässt sich gut rasten. Ein Wildnistrail lockt zu Wanderungen in den deutschen Nationalpark Eifel. Ein Rundkurs direkt von Malmedy aus, etwa über Hédomont, Ligneuville und Pont, hügelauf und hügelab, tut es aber auch. Steil ist der Weg auf den Livremont-Hügel im Norden Malmedys entlang der 14 Kreuzwegstationen. Weg und Stationen wurden immer wieder umgestaltet, gleich blieb indessen die Natur mit ihrem dichten Blattwerk von Buchen, Ahorn, Linden und Lärchen sowie Türkenbundlilien. Der Blick vom Belvedere auf Malmedy und Umgebung ist die Belohnung für die Anstrengung.

WEITERE INFORMATIONEN

Gemeindeverwaltung Malmedy,
www.malmedy.be und www.ostbelgien.eu
Für Wanderungen,
www.naturpark-eifel.de

CAFÉKULTUR UND SAVOIR-VIVRE
WERDEN BESONDERS IM HISTORISCHEN
ZENTRUM GROSSGESCHRIEBEN.

AM PLATZ DER REPUBLIK REPRÄSENTIERT DIE PRÄFEKTUR VON LILLE DIE FRANZÖSISCHE STAATSMACHT.

37

LILLE – STADTJUWEL IM NORDEN FRANKREICHS

FLÄMISCHE TRADITION UND FRANZÖSISCHE LEBENSART

Als architektonische Schatzkammer lockt Lille, die »Hauptstadt von Flandern«, Besucher in den hohen Norden von Frankreich, dort wo das Land an Belgien stößt. Die ehemalige Garnisonsstadt ist reich an Geschichte, aber auch der Gegenwart zugewandt – dafür sorgen nicht zuletzt die zahlreichen Studenten, die der Stadt ein kosmopolitisches Flair geben.

Die Hauptstadt der Region Hauts-de-France, im 11. Jahrhundert auf einer Sumpfinsel im Tal der Deûle gegründet, gilt als die meistbelagerte Stadt Frankreichs. In ihrer wechselvollen Geschichte vom Mittelalter bis zur Französischen Revolution war sie Teil der Grafschaft Flandern, fiel dann unter die direkte Verwaltung Frankreichs, gehörte zum Haus Burgund und zu den Spanischen Niederlanden, bevor sie 1667 endgültig französisch wurde. Alle diese »Herrschaften« hinterließen im Stadtbild ihre Spuren und gaben Lille seinen unverkennbaren Mix aus flämischer Vergangenheit und französischer Lebensart, der überall zu spüren ist. Den gelungenen Übergang in die moderne Zeit schaffte Lille einmal mehr in den 1990er-Jahren, als zahlreiche Stadtviertel der im Niedergang begriffenen Industriestadt aufwendig saniert wurden und man mit viel Erfolg auf das historische Erbe, auf Kunst und Kultur setzte. Heute ist Lille mit seinen rund 230 000 Einwohnern weit mehr als ein Geheimtipp für Städteliebhaber.

Auf der Grand Place

Bester Ausgangspunkt für eine erste Erkundung der Stadt ist die Place du Général de Gaulle oder die Grand Place, das historische Wohnzimmer von Lille.

Der Brunnen in der Mitte des schmucken Platzes ist ein bevorzugter Treffpunkt von Jung und Alt. Wer eine kleine Erfrischung sucht, findet ein reiches Angebot in den sonnigen Straßencafés, die den zentralen Platz säumen. Hier steht auch die Vieille Bourse, die prächtige barocke Alte Börse von 1652. Ob Straßenbuchhändler, Schachspieler oder gar Tangotänzer – alle lieben das historische Zentrum mit seinen Prachtbauten wie der Oper, der Industrie- und Handelskammer mit ihrem Belfried oder dem Théâtre du Nord. Nur ein paar Schritte weiter, und man taucht ein in die historischen Kopfsteinpflastergassen mit ihren bunten Bürgerhäusern, den schönen Plätzen und Passagen, den schicken Boutiquen und den kleinen Holzbrücken. In der Rue Esquermoise befindet sich ebenfalls ein grandioses Erbe, auch wenn es eher den Gaumen anspricht: Die Pâtisserie Méert bietet seit 1761 köstliche Schokolade und leckere Kuchen an, darunter auch die les gaufres, traditionelle Waffeln, die bereits Staatspräsident Charles de Gaulle, ein berühmter Sohn der Stadt, zum Schwärmen gebracht haben sollen.

Stadtgeschichte, Kunst und Natur

Wer den Boulevard de la Liberté Richtung Südwesten entlangspaziert, stößt auf die 1692 errichtete Porte de Paris, das Stadttor, das früher ein Teil der Stadtmauer war. Das Bauwerk versteht sich als monumentales Symbol für die Angliederung Lilles an Frankreich. Nicht weit davon beeindruckt das Hôtel de Ville, das Rathaus, dessen weithin sichtbarer Belfried zum UNESCO-Weltkulturerbe gehört. Von seiner 105 Meter hohen, mit einem Aufzug zu erreichenden Spitze aus bietet sich ein herrlicher Panoramablick über die Stadt.
An der Place de la République wartet das Palais des Beaux Arts auf kunstinteressierte Besucher. Auf einer Ausstellungsfläche von rund 22 000 Quadratmetern bietet der zu den größten Kunstmuseen Europas ge-

DIE PORTE DE PARIS VERHERRLICHT DEN »SONNENKÖNIG« LUDWIG XIV.

hörende Bau aus dem 19. Jahrhundert eine reichhaltige Sammlung von der Antike bis in die Moderne. Neben Meisterwerken von Rubens und van Dyck überrascht das Museum in seinen Kellerräumen auch mit detaillierten Reliefkarten der Nachbarstädte, die einst Ludwig XIV., der Sonnenkönig, anlegen ließ. Wen es ein wenig ins Grüne zieht, der findet am anderen Ende des Boulevard de la Liberté die Zitadelle von Lille, ein in Form eines regelmäßigen Fünfecks angelegtes Festungsmonument. Als Teil eines Verteidigungsgürtels entlang der französischen Nordostgrenze wurde die auch als »Königin der Zitadellen« gerühmte Anlage im 17. Jahrhundert kurz nach der Einnahme der Stadt errichtet. Schon immer standen bei der Zitadelle militärischer Schutz und öffentliche Nutzung nebeneinander. Auch heute trifft man sich hier zum Spazierengehen, Joggen, Picknicken, Bootfahren und anderen Freiluftaktivitäten.

Euraville – Blick in die Zukunft

Dass Lille auch sehr modern sein kann, zeigt sich im neuen Geschäftsviertel Euraville im Osten des Zentrums. Stahl und Glas sind die vorherrschenden Materialien der Gebäude, die Ende der 1980er-Jahre von namhaften Architekten aus aller Welt entworfen wurden. Als höchstes Gebäude der Stadt reicht der spektakuläre wie ein L geformte Büro-Koloss Tour de Lille 120 Meter in den Himmel. Auch der ultramoderne Bahnhof Lille Europe mit Eurostar- und TGV-Anbindung und der Gare Lille Flandres mit seiner Fassade aus dem späten 19. Jahrhundert, beide abends ungewöhnlich illuminiert, sind einen genaueren Blick wert. Wohnen, arbeiten und einkaufen im 21. Jahrhundert – dafür steht Euraville. Wer zuvor Alt-Ville mit seinen historischen Prachtbauten besichtigt hat, erlebt hier ein spannendes architektonisches Kontrastprogramm.

Hauptstadt des Trödels

Zum größten Trödelmarkt Europas lädt Lille seit dem 12. Jahrhundert alljährlich am ersten Wochenende im September ein. Dann lockt die »Braderie de Lille« von Samstag 12 Uhr bis Sonntag 24 Uhr rund 3 Millionen Menschen an, darunter Flohmarktprofis, Antiquitätenliebhaber oder einfach Besucher, die das Treiben einmal hautnah erleben möchten. Wer eher die Angebote professioneller Aussteller schätzt, schaut sich am besten auf dem Boulevard Jean-Baptiste Lebas um. Wer den Trödel liebt, macht sich auf den Weg zum Champ de Mars und wer englisches Geschirr erstehen möchte, sucht an den Ufern der Deûle und in der Nähe der Oper. Zum Festtag, der die gesamte Stadt beherrscht, gehört auch die lokale Spezialität moules frites, die überall in den Restaurants angeboten wird. Kurioserweise stapeln sich an diesem Wochenende die leeren Muschelschalen meterhoch auf den Straßen, denn die Lokale wetteifern miteinander um den größten Haufen.

ENTDECKUNGSTOUR DURCH WAZEMMES

Mit seiner Mischung aus Bodenständigkeit, kreativem Schwung, neuem Chic und internationaler Vielfalt liegt der ehemalige Arbeiterstadtteil Wazemmes voll im Trend. Mittelpunkt sind die aus Ziegel erbauten Halles de Wazemmes, die historischen Markthallen, die jeden Sonntag einem geschäftigen und exotischen Markttreiben drinnen wie draußen Raum geben. Wer durch die Gassen schlendert, begibt sich auch auf eine Feinschmeckerreise durch alle Kontinente. Da gibt es asiatische Imbisse, arabische Backwaren, orientalischen Couscous, aber auch köstliche Käsesorten, frisches Bier aus den Hausbrauereien, köstliche Waffeln und die für die Region typische Fleischterrine Potjevlesch. Wazemmes ist auch Standort eines maison folie, eines »verrückten Hauses«: Die ehemalige Textilfabrik Leclercq wurde mit anderen Projekten im Rahmen der Europäischen Kulturhauptstadt 2004 zu einem neuen Kulturtreffpunkt ausgebaut.

WEITERE INFORMATIONEN

Stadt Lille,
www.lilletourism.com (englisch)
Citadelle de Lille,
www.citadelle.fr/en (englisch)

REIMS SPIELTE EINE PROMINENTE ROLLE
IN DER FRANZÖSISCHEN GESCHICHTE.

KOSTBARE HISTORISCHE WANDTEPPICHE IM EHEMALIGEN ERZBISCHÖFLICHEN PALAST, PALAIS DU TAU.

38

REIMS – EIN PRICKELNDES ERLEBNIS

CHAMPAGNER, GEKRÖNTE HÄUPTER UND ROSA PLÄTZCHEN

In der Hauptstadt des Champagners prickelt das luxuriöse Getränk allerorten. Doch die Stadt im Nordosten Frankreichs steht auch für zahlreiche Sternstunden und beeindruckende Bauten der französischen Geschichte, für einzigartige Architektur im Stil des Art déco und – ein ganz besonderes Gebäck: für rosa Kekse.

Eine Autostunde von Paris entfernt liegt Reims im Tal des Flusses Vesne. Im Westen und Süden wird die Stadt von den Erhebungen der Montagne de Reims umrahmt. Die Weinreben der Region Champagne begründeten ihren Aufstieg zum Zentrum des Champagners. Ludwig der Fromme (778–840), Sohn des großen Karl, war der Erste, der 816 in Reims als Mitkaiser seinen Herrschaftsauftrag von Gottes Gnaden erhielt.

Krönung – nur in Reims

Der Legende nach wurde der Grundstein für Reims von Remus gelegt, dem Bruder von Romulus, dem Gründer von Rom. Tatsächlich gründeten die Kelten die Stadt. Benannt wurde sie nach den romtreuen Remern, einem dort lebenden Stamm der gallischen Belger: Durocortorum Remorum. Aus den Anfängen der späteren Hauptstadt der Provinz (Gallia) Belgica stammt die Porte de Mars (3. Jh.), der mit 13 Meter Höhe und 23 Meter Breite größte Triumphbogen der römischen Welt. Schon unter den Römern prosperierte Reims, im Frühmittelalter wurde es mit seiner Kathedralschule zum intellektuellen Zentrum Frankenreichs. Vom 12. bis zum 19. Jahrhundert wurden in Reims die französischen Könige gekrönt. So hatte es eine besondere Symbolkraft, als die Franzosen im Hundertjährigen Krieg unter Jeanne d'Arc

(1412–1431) Reims von den Engländern zurückeroberten und Karl VII. dort 1429 krönen konnten. Eine Statue auf der Place de Luçon erinnert an die »Jungfrau von Orléans«.
Ort der Krönung war immer die Kathedrale Notre Dame (13. Jh.) im Stadtzentrum. Sie zählt zu den bedeutendsten gotischen Bauwerken Europas. 81 Meter sind die beiden mächtigen Westtürme hoch, im Innern wölbt sich auf 38 Metern der »Himmel« über den Gläubigen. 150 Meter lang ist das gesamte Bauwerk, das überdies mit Tausenden bildhauerischen Elementen dekoriert ist. Die bemerkenswerte Stileinheit der Kathedrale ist der kurzen Errichtungszeit von »nur« 65 Jahren zu verdanken. Eine für die damalige Zeit erstaunlich große Zahl an Fenstern und Rosetten sorgen für Helligkeit und verleihen dem Bau eine überraschende Leichtigkeit. Wer an einer geführten Turm-Tour teilnimmt, erfährt nicht nur viel über die gotische Bildhauerkunst der oberen »Etagen«, sondern darf auch eine weite Sicht über Stadt und Land genießen. Einen umwerfenden Blick auf die Kathedrale wiederum erhält man am besten von der Terrasse des Restaurants »Il Duomo«. Besonders schön, wenn das Bauwerk von Juni bis September bei einer Ton- und Lichtschau erstrahlt.
Die Kathedrale zählt ebenso wie der Palast des Erzbischofs, Palais du Tau (1498–1509), in dem die Könige bei den Krönungsfeierlichkeiten logierten, und die romanische Basilika Saint-Remi (ab 11. Jh.) zum UNESCO-Weltkulturerbe.

FLASCHENBELEUCHTETES SCHATZKÄSTLEIN
Eine außergewöhnliche Adresse für Champagner in Reims ist die Boutique Trésors de Champagne (Schatzkammer des Champagners). Sie ist der Showroom eines Clubs von 28 Champagnerwinzern, die zu den besten ihrer Zunft gehören. In der Boutique kann man – je nach Trinkvermögen – die Erzeugnisse aller 28 Winzer oder eben eine Auswahl verkosten, ein Unterfangen, für das man sonst alle Kellereien nacheinander besuchen müsste. Auf Wunsch werden zu den prickelnden Luxusgetränken Käsehäppchen gereicht. Beleuchtet wird die sehr modern designte »Schatzkammer« von Glasflaschen, die nicht einfach nur Leuchten sind, sondern zusätzlich Informationen zu den 28 Winzern enthalten. Santé!

WEITERE INFORMATIONEN
Boutique Trésors de Champagne,
www.boutique-tresors-champagne.com
Informationen zu Reims,
www.champagne-ardenne-tourismus.de/reims-deutsch-7
www.frankreich-info.de/reisen/champagne/reims

Architektonische Spielwiese und historische Schauplätze

Im Ersten Weltkrieg wurde die Kathedrale wie auch Reims zu großen Teilen zerstört. Die Stadt organisierte den Wiederaufbau in den 1920er-Jahren durch mehr als 100 Architekten, unterstützt von Sponsoren, insbesondere aus den USA, und den ansässigen Champagnerhäusern. Es entstanden bezaubernde Straßen wie der Boulevard Foch und die Prachtstraße Cours Jean-Baptiste Langlet überwiegend im Stil des Art déco. Kein Haus gleicht dem anderen. Hier und da wurde auf barocke Formen oder die Pariser Haussmann-Architektur zurückgegriffen. Herausragend ist die Bibliothèque Carnegie (1928) im Art-déco-Stil. Außen wie ein griechischer Tempel, fasziniert sie im Inneren mit Mosaiken und außergewöhnlich geformten Glaselementen. Gleichfalls ein Schmuckstück des Art déco ist die 100 Meter lange Markthalle Boulingrin (1927) mit ihrer spektakulären Dachkonstruktion. Ihr Angebot hält so manche kulinarische Sensation bereit, doch auch in den Straßen um die Markthalle herum gibt es Restaurants und Kneipen, in denen man vorzüglich speist.
Im Zweiten Weltkrieg spielte Reims erneut eine wichtige Rolle. Die sichtbaren Zeugnisse dessen sind im Musée de la Reddition (Museum der Übergabeerklärung) ausgestellt. Es zeigt u. a. den Saal im ehemaligen Hauptquartier von US-General Dwight D. Eisen-

hower, wo am 7. Mai 1945 die Kapitulationserklärung Hitler-Deutschlands unterzeichnet wurde.

Unterirdische Welt des Champagners

Unter dem Asphalt von Reims lagern reiche Schätze. In den weichen Kreidefelsen wurde teils schon zur Römerzeit ein System von Kellern mit einer Gesamtlänge von 120 Kilometern gegraben. Bei 10 °C finden edle Tropfen der umliegenden Weinberge ideale Bedingungen und reifen zu Champagner heran. Nur der nach strengen Vorgaben produzierte Sekt der Region darf sich »Champagner« nennen. So müssen die Trauben auch heute noch per Hand geerntet werden und der Schaumwein in der Flasche gären.

Die meisten großen Champagnerhäuser haben ihren Sitz in Reims. Eines der schönsten ist die Maison de Champagne Pommery, die Madame Louise Pommery (1819–1890) entwarf und im elisabethanischen Stil bauen ließ. Vom schlossähnlichen Gebäude mit parkartigen Gärten führt eine 116 Stufen lange Treppe in die Welt des Champagners hinab. In zwölf Kreidebrüchen mit teils 60 Meter hohen Gewölben lagern etwa 21 Millionen Flaschen des prickelnden Getränks. Madame Pommery erkannte übrigens als eine der Ersten, dass die Kreidebrüche der Champagnerlagerung dienen konnten. Sie entwickelte 1874 auch als Erste einen trockenen Champagner; bis dahin schäumte es eher süß. Schon beim Bau ließ Pommery Reliefs in die Wände der Weinkeller hauen. 2003 wurde die Idee, in den Kellern Kunst zu zeigen, wieder aufgegriffen. Seitdem ist zwischen den Champagnerflaschen Kunst aus aller Welt zu sehen.

Einst begleitete der Champagner vermutlich jede Krönungszeremonie. Inzwischen ist er bürgerlicher geworden – in Reims trinkt man Champagner praktisch zu jeder Gelegenheit. Allerdings ist er auch schon für 12 € pro Flasche zu haben. Und wer ihn standesgemäß genießen möchte, der macht es wie einst die Könige: Die erhielten bereits zum Empfang Champagner mit biscuits roses, jenen rosafarbenen Plätzchen, die man früher in den Champagner tunkte. Seit 1756 stellt die Maison Fossier in Reims das Gebäck her.

EINE BEMERKENSWERTE ARCHITEKTONISCHE EINHEIT BILDET DIE GOTISCHE KATHEDRALE NOTRE DAME (RECHTS) MIT IHREM REICHEN SKULPTURENSCHMUCK (OBEN).

DIE KATHEDRALE ST. MAURICE IM HISTORISCHEN ZENTRUM VON ANGERS IST PRACHTVOLL ILLUMINIERT.

ANGERS – KULTUR UND GENUSS IM HISTORISCHEN GEWAND

FACHWERK UND WANDTEPPICHE, COINTREAU UND HIMBEERKUCHEN

Angers rangiert unter den lebenswertesten Städten Frankreichs regelmäßig auf den vorderen Plätzen. Vielleicht wegen der romantischen Gassen, gesäumt von Fachwerkhäusern? Oder der vielen Kunstschätze? Aufgrund der feinen Gastronomie? Oder eher, weil die Stadt so grün ist? Auf jeden Fall lohnt es sich herauszufinden, was Angers so anziehend macht.

Im Westen Frankreichs, am Fluss Maine kurz vor dessen Zusammenfluss mit der Loire, liegt Angers, einst das Zentrum der keltischen Andes (auch Andegawen) – daher der Name. Die Römer eroberten es im Jahr 50 v. Chr. und machten es zu ihrem Juliomagus (Marktplatz des Julius Cäsar). Die Thermen und andere römische Gebäude wurden inzwischen freigelegt. Ab dem 9. Jahrhundert war Angers Sitz der Grafen von Anjou. Sie machten die Stadt zu einer regionalen Metropole.

Tuff und Schiefer, Holz und Marmor

Das Schloss von Angers steht auf einem Felsvorsprung leicht oberhalb der Stadt und der Maine. Das imposante Bauwerk mit seinen 17 Türmen in dunklem Schiefer und hellem Tuffstein ist eines der am besten erhaltenen historischen Gebäude Frankreichs. Das gesamte Areal, das Schloss und die Gärten, erstreckt sich über mehr als 20000 Quadratmeter. Im historischen Zentrum erhebt sich die Kathedrale St. Maurice aus dem 12. und 13. Jahrhundert mit romanischen und gotischen Elementen. Das mehr als 90 Meter lange Gebäude repräsentiert den in Angers geprägten »Style angevin«. Die Gewölbe überspannen das mit 16,38 Metern breiteste Kirchenschiff der damaligen Zeit. Die mächtige Orgel ruht auf Atlanten. Der Hauptaltar wird von einem Baldachin aus vergoldetem Holz überwölbt, den Marmorsäulen tragen. Das Chorgestühl ist aufwendig

WERKE DES BERÜHMTESTEN BILD-
HAUERS DER STADT, DAVID D'ANGERS,
IN DER ABTEIKIRCHE TOUSAINT.

geschnitzt. Die Wände zieren edle Wandteppiche, die Fenster Glasmalereien.

Leichte und schwere Kunst

Auf der Place Sainte-Croix hinter der Kathedrale befindet sich das älteste Haus von Angers, die Maison d'Adam von 1491 mit reichhaltigem Figurenschmuck und Schnitzwerk an der prachtvollen Fachwerkfassade. In einem schönen Renaissancebau ist heute das Musée des Beaux Arts untergebracht, das Bilder und Skulpturen vom 14. Jahrhundert bis zur Gegenwart zeigt. Davor leuchtet fröhlich-bunt die moderne Skulptur »Snake Trees« der französisch-schweizerischen Künstlerin Niki de Saint-Phalle (1930–2002). Werke des berühmtesten Bildhauers der Stadt, David d'Angers (1788–1856), sind in direkter Nachbarschaft im Museum der einstigen Abteikirche Toussaint zu sehen.
Auf der anderen Seite der Maine, zu der einige wirklich schöne Brücken, darunter der 105 Meter lange Pont de Verdun (19. Jh.), führen, erstreckt sich das Viertel La Doutre. Romantische Gassen, gesäumt von Fachwerkbauten und prächtigen Stadthäusern mit Fassaden aus Kalktuff prägen diesen Stadtteil. Hier lässt man sich gerne treiben.
Der kleine Hafen La Savette lädt mit seinen Cafés und Kneipen zur Rast. Im früheren Krankenhaus Saint-Jean (12. Jh.), im Museum Jean Lurçat, erwartet den Besucher eine exquisite Sammlung von Wandteppichen aus dem 20. Jahrhundert, darunter Werke von Lurçat (1892–1966) wie der »Gesang der Welt« (1957–1966). Das zehnteilige Werk (347 Quadratmeter) illustriert das menschliche Schicksal und zeigt u. a. die Explosion der Atombombe von Hiroshima und die Eroberung des Weltalls. Der Wandteppich verdeutlicht, dass Glück nur im Einklang mit den natürlichen Elementen möglich ist.

Stilecht trinken …

Wichtiger Teil der Kulturszene von Angers ist Le Quai in La Doutre, ein Kulturzentrum und Theater, in dem ganzjährig zahlreiche Veranstaltungen stattfinden.

AM MAISON D'ADAM (1491), DEM ÄLTESTEN HAUS VON ANGERS, MÜNDETEN IM MITTELALTER WICHTIGE HANDELSSTRASSEN (LINKS).
PAUSE BEI DEN HERZÖGEN – CAFÉ IM HOF DES SCHLOSSES (OBEN).

Vom Restaurant auf der Dachterrasse genießt man einen grandiosen Blick auf die Altstadt, die Kathedrale und das Schloss. Dazu ein Glas regionalen Weins in der Hand: einen trockenen Weiße wie Savennière oder einen Roten wie Anjou Villages Brissac. Auch ein Cointreau wäre stilecht, denn der Orangenlikör wurde 1849 in Angers erstmals destilliert. Das Carée Cointreau informiert über die Geschichte des berühmten Getränks. Sehenswert sind dort auch die ersten Werbespots für den Likör, den die Erfinder des Films, die Brüder Lumière, bereits in den 1890er-Jahren produzierten.

... und naschen

Zurück auf der anderen Seite der Maine lohnt sich die Erkundung der Straßen und Gassen rund um das Herz der Stadt, die Place du Ralliement. Hier pulsiert das Leben, umringt von stattlichen Gebäuden wie dem Theater und dem berühmten Kaufhaus Galeries Lafayette. Kleine Cafés, Restaurants, Modeboutiquen und Läden für die schönen Dinge laden zum Stöbern und Genießen ein. Apropos Genuss: Der Himbeerkuchen le sully, eine Spezialität der Region, ist eine Sünde wert. Auch die leckeren tuff'line, kleine Pralinés aus Himbeergelee umhüllt von Marshmallows und weißer Schokolade, sind typisch für das Loiretal. Sie symbolisieren den typischen weißen Tuffstein der Region. Die besten Köche der Umgebung trifft man wie viele andere Angevins am Mittwoch- oder Samstagmorgen auf dem Marché Lafayette. Das bunte Angebot, das fröhliche Tratschen und Feilschen, die Frische und die Vielfalt der Produkte sind legendär. Kein Wunder, dass Angers eine Vielzahl an Restaurants mit feiner Küche aufweist.

Im grünen Gewand

Viele Angevins verbringen ihre Mittagspause in einem der vielen Parks der Stadt, etwa im Jardin du Mail gegenüber dem Rathaus. Der Name leitet sich von einem Spiel der höfischen Gesellschaft ab. Zwischen Blumen, Büschen und Bäumen setzen ein großer Springbrunnen, ein Musikpavillon, Statuen und Skulpturen künstlerische Akzente – der richtige Ort zum Entspannen und Flanieren. Die Insel Saint-Aubin, drei Kilometer vom Stadtzentrum entfernt, wird von Sarthe und Mayenne umflossen, die sich zur Maine vereinigen. Sie lässt sich am besten mit dem Rad oder zu Fuß erkunden.

Wen es nach mehr Wasser gelüstet, der ist im Freizeitpark am Lac de Maine, einer 220 Hektar großen Grün- und Wasserfläche, genau richtig – und darf surfen, segeln, Kanu fahren oder schwimmen. Gemächlicher geht es mit Schiff oder Mietboot über Maine, Loire, Sarthe und Mayenne – 300 Kilometer schiffbare Gewässer in lieblicher Landschaft sind von Angers aus zu erreichen – sofern man die Stadt überhaupt verlassen möchte.

ELEGANTE FESTUNG

Schloss Angers, vom 11. bis zum 13. Jahrhundert erbaut, wirkt von außen abweisend: die Tore mit Fallgattern und Mordlöchern versehen und in die 17 Türme Schießscharten eingelassen. 16 Türme wurden Ende des 15. Jahrhunderts um zehn Meter verkürzt, um Terrassen für die Artillerie zu schaffen. Einzig der Tour de Moulin weist noch 40 Meter auf. Im Inneren der Trutzburg bietet sich ein anderes Bild: Im eleganten Châtelet der Herzöge von Anjou (15. Jh.) vergnügte sich einst die Hofgesellschaft. In den ausgedehnten Gärten wuchsen Heilpflanzen und Gewürze neben Weinreben. Eine L-förmige Galerie beherbergt den 105 mal 4,50 Meter messenden Wandteppichzyklus »Apokalypse von Angers«, der im 14. Jahrhundert gewebt wurde. Er zeigt Motive und Szenen aus der Offenbarung des Johannes.

WEITERE INFORMATIONEN

Touristeninformation zu Angers,
auf den Seiten von www.france-voyage.com,
außerdem www.destination-angers.com (französisch)

40

METZ – ZAUBER IM ZEICHEN DER MIRABELLE

PRACHT UND ROMANTIK AM MOSELUFER

Ein Bummel durch Metz im Herzen von Lothringen (Lorraine) gleicht einer Zeitreise. Von der Antike bis in die Gegenwart reicht das architektonische und kulturelle Erbe. Schnell wird klar: Metz spielte immer eine herausragende Rolle. Kaum zu glauben, dass die Stadt an der Mosel in der Gegenwart ein Geheimtipp ist.

Spuren erster Besiedlung sind stolze 5000 Jahre alt. Vom 5. bis 3. Jahrhundert v. Chr. ließen sich die keltischen Mediomatriker nieder. Ob sie die göttliche Lage an der Mündung der Seille in die Mosel zu schätzen wussten? Die Stadt nannten sie jedenfalls »Götterburg der Mediomatriker«, lateinisch Divodurum Mediomatricorum. Daraus wurde im Hochmittelalter Metis und schließlich der heutige Name. Die Römer führten Metz ab 52 v. Chr. nach der Eroberung Galliens zu einer ersten Blüte. Im Frühmittelalter bauten Merowinger und Karolinger es zu einer der bedeutendsten Städte des Fränkischen Reiches aus. Dann begann das deutsch-französische Wechselspiel: Vom 16. Jahrhundert bis 1944 ging Metz dreimal an Frankreich und zweimal an Deutschland – nicht ohne Folgen.

»Laterne Gottes«

Römische Relikte sind nur noch in den Museen von Metz zu bewundern – Hunnenkönig Attila zerstörte die Stadt 451. Die malerische Altstadt formten die engen Gassen des Mittelalters. Architektonische Zeugnisse aus dieser Zeit sind insbesondere die zahlreichen Kirchen, aber auch weitere Gebäude wie der Kornspeicher von Chèvremont (1457) sowie die Plätze Saint-Louis, Sainte-Croix und Saint-Jacques. Überbleibsel der fränkischen Zeit ist die Porte des

Allemands (1230, 1445 und 1529 ergänzt), das letzte erhaltene Stadttor von Metz. Herausragend unter den Kirchen ist die Kathedrale St. Etienne, der Stephansdom. Ihr eigentümlicher Grundriss entstand durch die Zusammenlegung mit einer Stiftskirche 1250. Das Gewölbe misst 42 Meter, ihr Glockenturm mit der berühmten Glocke »Dame Mute« 90 Meter. Der gotische Baustil erlaubte große Fensterflächen, 6500 Quadratmeter betragen sie in der Kathedrale, gestaltet von Glasmalern verschiedener Epochen, darunter auch Marc Chagall (1887–1985). Die gigantischen Glasflächen brachten der Kirche den Namen »Laterne Gottes« ein.

Barocke Freuden

Dem 18. Jahrhundert – Metz gehörte zu Frankreich – waren die Gassen zu schmal: Einzug hielt der Spätbarock mit neuen Vierteln, prächtigeren Gebäuden, breiteren Straßen und großzügigeren Plätzen. Davon zeugen die Theater-Oper (1752) und das Rathaus (1771) sowie die Place d'Armes an der Kathedrale, die Place de la Comédie, die Place Saint-Thiébault und die Place de la France.

Die zahllosen Terrassen der gemütlichen Altstadtcafés laden ein zu allerlei Gaumenfreuden. Dazu gehören neben den exzellenten Weinen der Region Mirabellen in allen Verarbeitungsformen und Variationen – Metz produziert 70 Prozent der Welternte. Und immer wieder findet man sich an einem der Moselarme und romantische Brücken wieder.

Deutsches Kaiserviertel

Zwischen 1870 und 1918 – unter deutscher Herrschaft – wurde Metz zur stärksten Festungsstadt des Deutschen Reichs ausgebaut; es entstand die Neustadt inklusive Bahnhof. An weitläufigen Boulevards hielt architektonische und farbliche Vielfalt Einzug: Romanik, Gotik, Renaissance und Barock, Art déco und Jugendstil. Ein schönes Beispiel ist die charmante Avenue Foch. Hinter dem Bahnhof beginnt die Moderne, u. a. mit dem luftigen Centre Pompidou Metz (2010), das unter seinem geschwungenen Dach, einer Holzkonstruktion mit lichtdurchlässiger Membran, alle Kunstrichtungen des 20. Jahrhunderts vereint.

DIE PORTE DES ALLEMANDS IST DAS LETZTE ERHALTENE MITTELALTERLICHE STADTTOR VON METZ (LINKS). GENIESSEN VOR EHRWÜRDIGER KULISSE – CAFÉ VOR DER KATHEDRALE ST. ETIENNE (UNTEN).

KULINARISCHE VERFÜHRUNG

In der Altstadt, nahe der Kathedrale St. Etienne, wurde ab 1785 der Bischofspalast errichtet. Die Französischen Revolution 1789 plante um, und ab 1831 diente das großzügige Gebäude mit dem quadratischen Innenhof als Markthalle Marché Couvert. Dort schlägt das kulinarische Herz von Metz: mit der weltbekannten Quiche Lorraine, ein runder, gebackener Mürbeteig mit einer würzigen, aus Eiern und Milch angereicherten Füllung als Auflage, anderen französische Spezialitäten von Schnecken über Meerestiere bis zur Gänseleber sowie eine verführerische Patisserie. Im Angebot sind auch Konfitüren, frische Bioprodukte, Cidre und Wein. Und das Schönste: Vieles darf vor Ort verkostet werden. Man kann sich aber auch einen Korb mit Leckereien füllen und diese dann an einem lauschigen Plätzchen am Moselufer genießen.

WEITERE INFORMATIONEN

Touristeninformation Metz,
www.tourisme-metz.com,
www.tourismus-lothringen.de/destinationen/metz/
Marché Couvert,
www.tourisme-metz.com/en/
marche-couvert-1_s.html

41

IN DEN STRASSEN VON BEAUNE MIT IHREN BISTROS UND DELIKATESSLÄDEN HERRSCHT IM SOMMER BUNTES TREIBEN.

BEAUNE – SEELIGES BURGUND

FRANCE EN MINIATURE

Das beschauliche Beaune verkörpert wie kaum eine andere Stadt das Burgund, ja, Frankreich im Kleinformat. Von sanften Weinhügeln und fruchtbaren Feldern umgeben, hält Beaune die Fahne für erlesene Weine hoch und manchen Augen- und Gaumenschmaus bereit. Ziel für einen Genussurlaub für Reisende mit höchsten Ansprüchen!

Burgund bezaubert nicht nur durch seine landschaftliche Schönheit, harmonisch wechseln sich Hügel, Äcker, Weinhänge und Bilderbuchorte ab. Mit beeindruckenden Kirchen, Klöstern und Schlössern ist die Region ebenfalls reich gesegnet. In vielen Orten ziehen grandiose Beispiele oft romanischer, immer aber meisterlicher Baukunst in den Bann.

Zuflucht für Arme und Kranke

In Beaune ist es das Hôtel-Dieu, ein Armenspital aus dem Mittelalter, das geschichts- und kunstinteressierte Besucher anzieht. Im ruhigen Innenhof der Anlage inmitten des Ortes – der im Übrigen noch heute von einer Festungsmauer umgeben ist – mit den von glänzenden bunten Schindeln bedeckten Gebäuden mit all ihren schmückenden Holzverkleidungen, Giebelchen, Loggien und Säulen fühlt man sich in eine andere Zeit versetzt. Berühmt wurde das Spital wegen seines Krankensaals, der in seiner Gestaltung der Zeit weit voraus war: In einem riesigen, luftigen Raum stehen sich lange Bettenreihen mit für ihre Entstehungszeit moderner Ausstattung gegenüber. Eine Art Alkoven ermöglichte jedem Patienten die diskrete Behandlung, von ihren Betten aus konnten die Kranken sogar einer Liturgie beiwohnen. Eine separate, hervorragend ausgestattete und zu besichtigende

DAS HÔTEL-DIEU WAR IM MITTELALTER EIN VORBILDLICHES ARMENSPITAL SAMT APOTHEKE UND KAPELLE.

Apotheke mit hübschen Kacheln lieferte die Naturmedizin gegen allerlei Krankheiten, von kundiger Hand mit Pflanzen aus dem Heilkräutergarten zubereitet.
In einer archaisch anmutenden Küche mit viel Kupfergeschirr und einem gewaltigen Kamin wurden die Speisen über offenem Feuer zubereitet.
In einem anderen Gebäudeteil befindet sich in einem abgedunkelten Raum ein Meisterwerk altniederländischer Malerei. An Rogier van der Weydens monumentalem Flügelaltar mit Szenen des Jüngsten Gerichts aus der Mitte des 15. Jahrhunderts kann man sich gar nicht sattsehen, so lebensecht wirken die Darstellungen auf den einzelnen Tafeln. Die Wände der Salle Saint-Louis im Nordflügel sind mit kostbaren Tapisserien aus Tournai und Brüssel bedeckt.

Hauptstadt des Weins

An Beaune grenzt das berühmteste Weinbaugebiet der Welt, die Côte d'Or, und es ist auch nicht weit zu den anderen Weinorten, die sich mit Spezialitäten in Rot oder Weiß unter Kennern einen Namen gemacht haben: Nuits-St.-Georges, Meursault, Mercurey, Beaujolais, Chablis, Pommard, Buxy oder Givry, um nur einige zu nennen. All diese Köstlichkeiten sind natürlich auch in Beaune zu genießen, viele Weingüter besitzen Keller und Vinotheken in der Stadt. Wen wundert es da, dass auch das Hôtel-Dieu dem Wein verbunden ist! Zum Spital gehören Weinberge, deren Erzeugnisse seit jeher alljährlich im November zugunsten des Spitals versteigert werden.
An den »Trois Glorieuses«, den traditionsreichen Festtagen im November in Weinorten wie Beaune, Nuits-Saint-Georges und Dijon mit Umzügen, Weinauktionen, Degustationen und Verkaufsständen lassen sich Weine der Region kennenlernen, aber eben auch in den Weinkellern von Beaune, auf die man überall stößt. Den geschichtlichen Hintergrund zum edlen Tropfen und Wissenswertes zur Herstellung und zu Gerätschaften vermittelt das Weinmuseum im Hôtel des Ducs. Immer wieder fallen flache silberne Schälchen ins Auge. Bei diesen tastevins handelt es sich um die für die Region typischen Degustationsschalen. Auf Schloss Clos de Vougeot, einem ehemaligen Zis-

BEIM FLANIEREN DURCH DAS BURGUNDISCHE STÄDTCHEN BEAUNE IST VIEL LIEBEVOLL RESTAURIERTE ALTE BAUSUBSTANZ SAMT HÜBSCHER DETAILS ZU ENTDECKEN.

terzienserkloster auf halber Strecke zwischen Dijon und Beaune, haben die Chevaliers des Tastevins ihren Sitz, eine Weinbruderschaft, die sich dem Qualitätserhalt und der Förderung burgundischer Weine verschrieben hat. Mitglieder sind ausgewiesene Weinkenner, darunter einige Prominente.

Im Schlaraffenland

Beaune lädt zum Schlendern durch seine beschaulichen Gassen und zur Entdeckung der Langsamkeit ein – das haben allerdings inzwischen auch viele Großstadt-Franzosen entdeckt, die an Ferien- und Feiertagen im Familienverbund die Stadt bevölkern. Wem es dann bei all dem quirligen Treiben im Zentrum zu bunt wird, findet in Seitenstraßen oder am Rand typisch französischer baumgesäumter kleiner Plätze einen Bistrotisch, an dem er, Fülle hin oder her, auf das Freundlichste bedient wird. Mit Restaurants und Bistros jeder Couleur ist die Stadt so gut bestückt, dass die Auswahl schwerfällt. Am besten, man macht es wie die Franzosen: vor dem Essen im Bistro einen Aperitif in Form eines frisch gezapften Biers oder eines prickelnden Crémants nehmen und dann zum Essen aufbrechen.
Die vielen kleinen Delikatessgeschäfte, Konditoreien und Metzger halten manch verführerische Verlockung bereit. Schließlich sind im Burgund Charolais-Rind, Bresse-Huhn, Dijon-Senf, Époisses-Käse und andere Köstlichkeiten beheimatet. Sie finden ihren Weg auch in den Topf oder die Pfanne der örtlichen Restaurants. Lässt das Wetter es zu, genießt man die Spezialitäten an kleinen Tischen mit rotkarierten Decken vor den Lokalen auf der Straße. Bœuf bourguignon (geschmortes Rindfleischgulasch in Rotweinsauce), escargots (Schnecken), civet de lièvre (Hasenpfeffer), jambon persillé (Kochschinken unter Petersiliengelee) oder Gewürzkuchen werden natürlich mit den Zutaten der Region hausgemacht. Und ein cremiges Éclairs, gefüllter und glasierter Brandteig, passt immer noch und schmeckt auch beim Flanieren »auf der Hand«.

Très français

Sehr französisch wirken die hellen Bürgerhäuser mit ihrem Stuck und den schmiedeeisernen Zäunen oder das alte bunte Kinderkarussell mitten auf einem verwunschenen kleinen Platz. Wer sich am späten Nachmittag in einem der romantischen Cafés und Bistros niederlässt, fühlt sich schon selbst wie ein Einheimischer. Ohne jede Hektik geht es zu in der sonnenverwöhnten kleinen Stadt. Zur Weihnachtszeit werden die Gebäude mit farbiger Illumination zum Leben erweckt – auch zur Winterzeit weiß Beaune seinen Zauber zu entfalten.

DIE RUBINROTE VERFÜHRUNG
Wer in Beaune ist, sollte es sich nicht nehmen lassen, die regionale Spezialität dort zu genießen, wo sie auf den Punkt kredenzt wird: In den Bistros wird Kir aus dem trockenen Weißwein Aligoté und der sämig-süßen Crème de Cassis, dunkelrotem bis beinahe violettem Johannisbeerlikör, gemischt. Die Steigerung ist der prickelnde Kir royal aus Crémant (in Flaschengärung hergestellter Schaumwein) und Crème de Cassis. Unter großen schattenspendenden Bäumen genossen – und jeder wird zum Franzosen oder zur Französin. Die schwarze Johannisbeere wird seit dem späten 16. Jahrhundert im Burgund und dort vor allem um Dijon angebaut. Die Frucht findet nicht nur beim Cocktail, sondern auch in der herzhaften und süßen Küche Verwendung, wenn sie Saucen oder Süßspeisen verfeinert.

WEITERE INFORMATIONEN
Tourismusbüro Beaune,
www.beaune-tourismus.com
L'Hôtel-Dieu,
hospices-de-beaune.com (französisch)

DIE BASILIKA NOTRE DAME DE FOURVIÈRE AUF DEM »GEBETSHÜGEL« IST EIN WAHRZEICHEN VON LYON.

FRANZÖSISCHE LEBENSART AUF DER RUE SAINT-JEAN IN VIEUX LYON, DEM ÄLTESTEN STADTTEIL LYONS.

LYON – MON AMOUR

ZAUBER UND GENUSS AM FLUSS

Mittelalterliche Gassen und Renaissancehäuser, großbürgerliche Paläste und Plätze, hypermoderne Architektur und eine Restaurantszene, die Gourmets schwärmen lässt. Nein, gemeint ist nicht Paris, sondern Lyon. Wer Frankreichs drittgrößte Stadt wie viele nur von der Durchfahrt kennt, sollte unbedingt mal anhalten.

Lyon im Südosten Frankreichs am Zusammenfluss von Rhône und Saône ist umgeben von fruchtbarer Landschaft und berühmten Weinbaugebieten. Vermutlich schätzten schon die Römer, die Lyon als Lugdunum 43 v. Chr. gründeten, das milde Klima – Lyon hat 300 Sonnentage im Jahr und bietet das Beste von Paris im Pocketformat.

Schleichwege und Gebetshügel

Im ältesten Stadtteil Lyons, Vieux Lyon, trifft Mittelalter auf Renaissance. Im 15./16. Jahrhundert gelangte die Stadt durch die Produktion von Seide zu Wohlstand, der es Händlern und Bankiers erlaubte, sich repräsentative Häuser zu bauen. An den malerischen Gassen erheben sich die Fronten der typischen Renaissancebauten mit Innenhöfen und Treppentürmen. In der autofreien Altstadt lässt man sich gerne treiben, vorbei an den unzähligen Lädchen, Restaurants und Designerboutiquen, und stößt dabei irgendwann auf eine geöffnete Tür, einen Durchgang in einen versteckten Innenhof. Diese geheimnisvollen Passagen, die Traboules, durchziehen das ganze Viertel und stellen die Querverbindungen zwischen den Hauptstraßen durch Hinterhäuser, Innenhöfe und Treppenhäuser her. Dienten sie ursprünglich als trockene Transportwege für die kostbaren Seidenstoffe, waren sie später Fluchtweg und Versteck, etwa während der Aufstände zu Beginn der Industrialisierung oder für die

Résistance im Zweiten Weltkrieg. Auf speziellen Führungen bleibt man in diesem Netz aus Schleichwegen und Geschichten hängen.
Mittelpunkt von Vieux Lyon ist die gotische Kathedrale Saint Jean (12. Jh.). Mit der Funiculaire, der Standseilbahn, geht es auf den »Gebetshügel« Fourvière. Dort oben strahlt die weiße viertürmige Basilika Notre Dame de Fourvière (1872–96), das Wahrzeichen Lyons, innen wie außen mit großer Liebe zum dekorativen Detail ausgestattet. Auffallend sind die goldglänzenden Malereien und Mosaiken, die imposanten Buntglasfenster (13. Jh.) und die astronomische Uhr (14. Jh.). Auf der Aussichtsterrasse der Basilika liegt einem Lyon zu Füßen. Auf dem Hügel befinden sich außerdem Überreste der römischen Besiedlung, ein Theater (1. Jh. v. Chr.) und ein Odeon (1. Jh.), heute ein Ort für Lesungen. Das Museum Lugdunum – so der römische Name der Stadt – stellt archäologische Funde aus.

Bistangklack im Bauch von Frankreich

Schräg gegenüber auf der anderen Seite der Rhône liegt der »Hügel der Arbeit«, das Viertel Croix-Rousse, wo im 19. Jahrhundert Tausende »Bistangklack« für die Seidenweberei standen. Die lautmalerische Bezeichnung ahmt die Geräusche eines Webstuhls nach. Die Häuser um die Webstühle waren bis zu vier Meter hoch und hatten riesige Fenster – elektrisches Licht gab es nicht. Seide wird heute nur noch im Museum gewebt, aber es gibt noch schicke Seidenboutiquen. Junge Kreative haben sich in Croix-Rousse niedergelassen und verleihen den Gassen mit ihren Galerien, Cafés und Bühnen ein gewisses Bohème-Flair.
Auch in Croix-Rousse gibt es eine unendliche Auswahl an Restaurants. Kein Wunder, Lyon ist der »Bauch Frankreichs«, Heimat des Spitzenkochs Paul Bocuse (1926–2018) und bekannt für erstklassige regionale Produkte wie das Charolais-Rind sowie Obst und Gemüse aus dem Rhônetal. Die mehr als 4000 Restaurants der Stadt, darunter mehr als 15 Sterne-Lokale ebenso wie zahlreiche Bouchons, kleine, rustikale Gaststätten, zaubern daraus Gerichte für den anspruchsvollen Gaumen wie den bodenständigen Hunger.
Vom Rhône-Ufer in Croix-Rousse gibt es den besten Blick auf das allabendliche Schauspiel, wenn Brücken

ALLABENDLICH SETZT LYON SEINE BRÜCKEN UND KIRCHEN MIT EFFEKTVOLLEN LICHTERN IN SZENE (LINKS). APÉRITIF GEFÄLLIG? IM GRAND CAFÉ DES NÉGOCIANTS (OBEN).

und Kirchen prachtvoll illuminiert werden; die Lichtarrangements spiegeln sich dekorativ im Fluss. Übertroffen wird dieses Spektakel einzig von der Anfang Dezember veranstalteten Fête des Lumières (Lichterfest). Rhône- und Saône-Ufer sind aber auch ohne Beleuchtung mit kilometerlangen Radwegen und Promenaden, Freibädern, Parks und Restaurantschiffen ein Erlebnis.

Kunst oder Wirklichkeit?

Auf der Halbinsel zwischen Rhône und Saône schlägt das Herz Lyons, die Presqu'île, genauso wie Vieux Lyon Weltkulturerbe. Die opulenten Paläste und ausladenden Plätze können es mit Paris locker aufnehmen. An der Place des Terraux stehen das prächtige Rathaus (17./18. Jh.), das Musée des Beaux Arts (Kunstmuseum, 1801) und die Oper von Lyon, ein Bau von 1826, der 1989 bis auf die neoklassizistische Fassade erneuert wurde und ein markantes Stahl- und Glaskuppeldach erhielt. Die Terrasse der Bar ist übrigens ein guter Ort für einen Apéritif. Die Mitte des Platzes, auf dem häufig Salsatänzer und Breakdancer ihr Können zeigen, ziert der Brunnen von Frédéric-Auguste Bartholdi (1834–1904), der auch die Freiheitsstatue in New York schuf.
Die Presqu'île ist auch ein perfekte Shopping-Pflaster. In der Fußgängerzone Rue de la République reihen sich die Läden internationaler Modelabels aneinander. Sehr exklusiv wird es im 325 Meter langen früheren Krankenhaus Grand Hôtel-Dieu mit Luxusboutiquen und exquisiter Gastronomie. Stilvoll ist auch die Passage de l'Argue aus dem 19. Jahrhundert mit ihrem historischen Ambiente.
Eines der größten Freiluftfresken – über 100 davon bietet Lyon – ist La Fresque des Lyonnais (800 m^2) auf einer Wand an der Saône. Die moderne Trompe-l'œil-Malerei wirkt so täuschend echt, dass man kaum unterscheiden kann, was Illusion und was Wirklichkeit ist. Das Meisterwerk der Künstlergenossenschaft CitéCréation zeigt die Geschichte der Stadt und ihrer Einwohner. In lebensnahe Situationen eingebettet sind 30 historische und aktuelle Persönlichkeiten der Stadt.
Doch die Presqu'île hat noch ein anderes Gesicht. Ganz vorne, wo Rhône und Saône sich treffen, ist ein ultramodernes Viertel entstanden, Confluence, mit Wohnhäusern, Einkaufszentren und einem Vergnügungskomplex. Die Architektur ist geradezu experimentell: mit überdimensionalen Fotos bedruckte Fassaden, ein dunkelblaues Haus, das aussieht, als sei es beim Tetris-Spielen entstanden, bunte Würfel mit Löchern in der Fassade wie im Schweizer Käse – der Fantasie scheinen keine Grenzen gesetzt. Höhepunkt dieses Viertels ist das »Raumschiff« auf der Spitze der Halbinsel, das Musée des Confluences: ein silbrig glänzendes Ufo aus Stahl und Glas.

WOHER KOMMEN WIR?
Das Musée des Confluences – der Name leitet sich nicht nur von der Lage am Zusammenfluss von Rhône und Saône ab, sondern soll auch das »Zusammenfließen von Wissen« ausdrücken – widmet sich grundsätzlichen Fragen der Menschheit: Woher kommen wir? Wer sind wir? Was machen wir? Vom lichten Foyer gelangt man über Rolltreppen und Brücken in die dunklen, fensterlosen Ausstellungsräume. Zwei Millionen Exponate aus Archäologie, Naturkunde, Technik und Kunstgeschichte, jeweils mit Spots angestrahlt, geben spannende und kurzweilige Antworten. So ist der Saal »Woher kommen wir?« schneckenförmig angelegt und führt vom Homo sapiens immer weiter zurück bis zum Urknall. Anfassen ist erlaubt und erwünscht. So wird die Entwicklung der Welt und der Menschheit »begreifbar«.

WEITERE INFORMATIONEN
Erlebnis Lyon,
www.france-voyage.com
Musée des Confluences,
www.museedesconfluences.fr

IM AMPHITHEATER VON ARLES FINDEN HEUTE KULTURELLE VERANSTALTUNGEN STATT.

43

ARLES – RÖMERSTADT AN DER RHÔNE

UNTER DER SONNE DER GESCHICHTE

Imposante Relikte aus der Römerzeit, Zeugnisse eines bewegten Mittelalters und die Spuren des großen Malers Vincent van Gogh (1853–1890) bietet Arles seinen Besuchern. Hinzu kommen frische Fischgerichte mit einem schönen Wein und mediterrane Lebensart unter einem fast ganzjährig blauen Himmel.

Arles im Süden Frankreichs liegt 24 Kilometer vom Mittelmeer entfernt. Die Stadt an der Rhône ist das Tor zur einzigartigen Naturlandschaft Camargue und grenzt westlich an den Nationalpark Massive Alpilles. Neben den Naturschönheiten trifft man in Arles auf ein reiches historisches Erbe. Julius Cäsar machte die Stadt 46 v. Chr. zur römischen Militärkolonie. Unter Kaiser Konstantin (272–337) erblühte sie zu einer wohlhabenden Handelsstadt und schließlich wurde 402 die oberste Behörde des Römischen Weltreichs im Westen von Trier dorthin verlegt. Ab 536 gehörte Arles zum Frankenreich, 879 wurde es Hauptstadt des Königreichs Burgund, das ab 1033 zum Römisch-deutschen Reich gehörte. Hier wurde der Kaiser des Sacrum Imperium, Friedrich Barbarossa, im Jahr 1178 zum König von Burgund gekrönt.

Römische Relikte

In die Antike taucht man im Amphitheater von Arles aus dem 1. Jahrhundert n. Chr. ein. Hinter zwei Geschossen mit jeweils 60 Arkadenbögen fanden 25 000 Zuschauer Platz. Ab 1846 restauriert, ist die Arena auch heute noch Schauplatz von kulturellen Veranstaltungen und Stierkämpfen – die dem Stier jedoch das Leben lassen: Bei den Courses Camarguaises geht es darum, Trophäen geschickt an sich zu bringen, die an dem Tier befestigt sind. Neben der Arena erhebt sich das römische Theater

(25 v. Chr.), von dem zwei korinthische Säulen, die Orchestra sowie die unteren der einst 33 Sitzreihen erhalten sind. Aus dem Jahr 20 v. Chr. stammen die Reste des Forums mit einem Kryptoportikus, einem unterirdischen Bogengang. Von den Thermen aus dem 4. Jahrhundert sind ebenfalls Relikte erhalten. Vom südöstlichen Rand der Altstadt bis zur unvollendeten Kirche St. Honorat (12.–19. Jh.) erstrecken sich die Alyscamps, eine frühchristliche Grabstätte mit antiken Steinsarkophagen entlang einer Platanenallee. Zu allen Zeiten zog dieser stille Ort Maler an.

Flair des Südens

Die Kirche Saint-Trophime (1100–1150, erweitert 1454–1464) an der Place de la République ist dem ersten Bischof von Arles geweiht. Die Basilika mit dem 20 Meter hohen Mittelschiff zeichnen romanische und gotische Elemente aus. Herausragend ist das an der Westfassade vorgeblendete Portal (1150–1200), das einem römischen Triumphbogen gleicht und reichen Figurenschmuck aufweist. Im Kreuzgang der Kirche sind alle Arten des Rund- und Spitzbogenstils zu finden, Pfeiler, Säulen und Kapitelle.
Ebenfalls an der Place de la République steht das Rathaus (1675) mit einer romanischen Steindecke im Eingangsbereich. Etwa 50 Stadtpaläste aus dem 17. Jahrhundert findet man zudem in der Altstadt. Sie tragen zum besonderen Flair der Stadt bei, in der zwischen steinernen Zeugen der Geschichte noch genug Platz für Genuss und Lebensfreude ist. Exzellent zubereiteter frischer Fisch und ein kühler Wein aus der Region in einem der vielen Straßenrestaurants an lauen Abenden – da fühlt man sich wirklich in Frankreich angekommen.

VOR HISTORISCHER KULISSE LADEN STRASSENRESTAURANTS EIN (LINKS). STRASSENDEKORATION MIT BUNTEN REGENSCHIRMEN – IN ARLES REGNET ES ABER SELTEN.

Es war das Licht

Auf der Suche nach dem besonderen Licht des Südens kam Vincent van Gogh 1888 nach Arles. In den 15 Monaten seines Aufenthalts malte er mehr als 300 Werke, eine extrem produktive Phase. Die Orte in Arles, an denen Van Gogh seine Staffelei aufstellte und malte, sind gekennzeichnet. Die Hinweistafeln zeigen das entsprechende Bild und der Besucher sieht das »Original« heute, z. B. das Café an der Place du Forum, Vorbild für van Goghs »Nachtcafé«.

WEISSE PFERDE UND ROSAFLAMINGOS
Die Camargue vor den Toren von Arles ist ein 100 000 Hektar großes Feuchtgebiet, durchzogen von Sümpfen, Seen, Lagunen und Salzsteppe, in dem häufig ein rauer Wind weht. Im Rhône-Delta und am Mittelmeer gelegen, mischen sich dort Süß- und Salzwasser, sodass eine einzigartige Flora und Fauna entstand. Der nördliche Teil der Camargue wird landwirtschaftlich genutzt; Obst, Gemüse und der typische rote Reis sind Hauptanbauprodukte. Der südliche Teil dient der Gewinnung des Meersalzes Fleur de Sel. Neben unzähligen Vogelarten leben in der Camargue Stiere, die berühmten weißen Pferde und Rosaflamingos. Die robusten, wendigen und trittsicheren Pferde werden von den Viehhirten seit jeher als Fortbewegungsmittel genutzt. Es gibt zahlreiche Touren, auf denen man diese einzigartige Kultur- und Naturlandschaft erleben kann.

WEITERE INFORMATIONEN
Arles,
www.frankreich-info.de/reisen/provence/arles,
https://frankreich.city-tourist.de/Arles-Sehenswuerdigkeiten.html
Camargue,
www.arlestourisme.com/de/tours-in-der-camargue.html

PARTIE IM PITTORESKEN VIERTEL »NEU-VENEDIG« DER ITALIENISCHEN HAFENSTADT LIVORNO.

EUROPAS SÜDEN UND SÜDOSTEN

Glanz der Antike, Schmelztiegel der Kulturen

BRIXEN – GEPFLEGTE TIROLER LEBENSART

KIRCHENKUNST MIT ALPENBLICK

Zwischen dem Ostrand der Sarntaler Alpen und dem 2500 Meter hohen, bisweilen schneebedeckten Hausberg Plose liegt Brixen mit seiner malerischen Altstadt. Einst wichtige Station der Kirchengeschichte, ist die Stadt berühmt für ihre Sakralkunst – aber ebenso für österreichisch-italienisches Flair, gediegene Küche und die guten Weine der Region.

Den Bischöfen von Brixen und Trient hatte Kaiser Konrad II. im 11. Jahrhundert nicht ohne Hintergedanken mehrere Grafschaften geschenkt – der Krönungsweg nach Rom sollte gesichert werden. Fortan schrieb Brixen Kirchengeschichte: Ein Brixener wurde Papst, ein anderer Gegenpapst, die Brixener Bischöfe waren in die Machtverteilung zwischen Kaiser und Papst involviert und Brixen prosperierte. Mit der Säkularisierung zu Beginn des 19. Jahrhunderts war es vorbei mit der kirchlichen Macht und der herausragenden Stellung Brixens, schmucke Kirchen, Hofburg und Bürgerhäuser aber blieben erhalten. Trotz barocker Umbauten ist das mittelalterliche Stadtbild noch erkennbar.

Wirtshaus und Kirche mit Fresken

Kunstfreunde planen hinreichend Zeit für die Gebäude am Domplatz ein. Der ursprünglich aus dem 12. Jahrhundert stammende, oft erneuerte Dom ist mit seiner Architektur, den Fresken und Statuen ein Musterbeispiel des Tiroler Barocks und beeindruckt mit mächtigen Kuppeltürmen, viel Gold und dunklem Marmor. Ein Großteil der 20 Arkaden seines Kreuzgangs sind mit farbenfrohen Fresken bedeckt, die biblische Geschichten lebendig werden lassen. Seit Mitte des 15. Jahrhunderts schufen Vertreter der Brixener Schule die Darstellungen. Zu sehen sind u. a. der Heilige Johannes auf Patmos, Szenen aus dem Leben weiterer Heiliger und der Gottesmutter sowie Samson im Kampf mit dem Löwen und David bei der Enthauptung Goliaths.

Besondere Beachtung verdient eine seltsame Darstellung in der dritten Arkade: eine Art Pferd mit großen Ohren und einem dünnen Rüssel. Der heimische Künstler, Meister Leonhard, hatte offenbar schon von Elefanten gehört, konnte sich aber wenig darunter vorstellen. Hätte er gute 80 Jahre länger gelebt, wäre

UNTER DEN LAUBENGÄNGEN BRIXENS LÄSST ES SICH VORTREFFLICH BUMMELN UND EINKEHREN (GANZ LINKS). DER DOM ZU BRIXEN MIT DEN FRESKEN PAUL TROGERS IST EIN WAHRZEICHEN DER STADT (LINKS).

eine Vorlage zu besichtigen gewesen. Da nämlich machte Erzherzog Maximilian von Österreich auf seinem Weg über die Alpen Station beim Gasthaus »Am Hohen Feld«, im Gepäck ein Hochzeitsgeschenk in Form eines echten indischen Elefanten. Die Sensation war perfekt, der Elefant zog weiter, der Wirt aber benannte sein Haus um und ließ den Namensgeber recht getreu auf die Hauswand malen.
Nicht weit vom Domplatz befindet sich die Hofburg, die ehemalige fürstbischöfliche Residenz. Aus einer alten Wehrburg war im 16./17. Jahrhundert ein prächtiges dreigeschossiges Schloss mit Loggien geworden. Den ersten Stock zieren Terrakottastatuen, im Erdgeschoss beherbergt das Krippenmuseum knapp 100 Krippen aus dem 18. Jahrhundert. Das Diözesanmuseum beeindruckt mit sakraler Kunst aus vielen Jahrhunderten.

Flanieren unter Laubengängen

Brixen begrüßt den Reisenden mit großer Gastlichkeit, seine Bergkulisse verschafft optisch schon einmal den Einstieg in die Tiroler Gebirgslandschaft. Die älteste Stadt Tirols, entstanden innerhalb schützender Mauern, überrascht heute mit einer der besterhaltenen und schönsten Tiroler Altstädte. Wer am Fluss Eisack entlang oder durch das Sonnentor kommend in den Gassen spaziert, fühlt sich wie im Urlaub. Das hat auch mit den gemütlichen Laubengängen zu tun, in denen früher Läden und Werkstätten waren. Die schmale Front täuscht, die Räumlichkeiten dahinter sind recht groß. Heute finden sich in den Laubengängen feine Geschäfte, traditionsreiche Gasthäuser mit Südtiroler Spezialitäten und schicke Café-Bars. Hier zu sitzen ist ein gutes Stück Südtiroler Lebensart – bei Regen ist es trocken, in heißen Sommern schön kühl.

KLOSTER NEUSTIFT

Etwa zweieinhalb Kilometer nördlich von Brixen liegt ein mächtiges Kloster inmitten von Weinbergen: Kloster Neustift (12. Jh.) ist mit prächtig barockisierter Stiftskirche, freskenverziertem Kreuzgang und Rokoko-Bibliothekssaal nicht nur Ziel von Kunstliebhabern, sondern auch von Weinfreunden. Nach einem Gang durch die weitläufigen Rebhänge lassen sich die Weine von Sylvaner und Kerner über Gewürztraminer und Lagrein bis Riesling im Stiftskeller verkosten und im Klosterladen erwerben.
Nicht weit vom Kloster erwartet an der Eisack der »Brückenwirt« Gäste. Im 16. Jahrhundert eine Wach- und Zollstation, heute Restaurant und Hotel. Im Sommer genießt man unter uralten Bäumen im Garten, im Winter drinnen am Kachelofen Südtiroler Köstlichkeiten.

WEITERE INFORMATIONEN

Tourismusverein Brixen, www.brixen.org
Urlaub in Südtirol, www.suedtirol.de
Augustiner Chorherrenstift Neustift, www.kloster-neustift.it

AUCH DAS IST DIE TOSKANA:
BESCHAULICHKEIT ZU DEN FÜSSEN
DER KIRCHE ST. PETER.

DIE PIAZZA DANTE MIT DEM PALAZZO ALDOBRANDESCHI UND DEM STANDBILD LEOPOLDS II. BILDET DEN MITTELPUNKT DER ALTSTADT.

GROSSETO – ZENTRUM DER MAREMMA

IM STILLEN WINKEL DER TOSKANA

Die Toskana mit ihren kulturellen Zentren Florenz, Siena, Lucca und Pisa gehört seit Langem zu den beliebtesten und belebtesten Urlaubsregionen. Wer etwas mehr Ruhe und italienische Ursprünglichkeit sucht, ist in dem Mittelalterstädtchen Grosseto und seiner malerischen Landschaft bestens aufgehoben.

Aus der Vogelperspektive sind die sechseckigen Stadtmauern mit den jeweils pfeilförmig nach außen ragenden Bastionen besonders gut auszumachen. Sie umgeben den historischen Stadtkern mit seinen Gässchen und mittelalterlichen Bauwerken und laden Besucher zu einem aussichtsreichen und angenehm schattigen Spaziergang hoch über den Häusern der 82 000-Einwohner-Stadt ein. Im Mittelalter entstanden und zum Bischofssitz erhoben, gehörte Grosseto, wegen dieser intakten Mauern auch das »Lucca der Maremmen« genannt, zunächst zu Siena und dann zu Florenz. Die Medici ließen im 16. Jahrhundert als Schutz vor Belagerungen den steinernen Ring in seiner heutigen Form um die Stadt legen. Am östlichen Wall integrierten sie auch den Cassero Senese, eine Burganlage aus der Zeit der Siena-Herrschaft, die heute vor allem für Kunstausstellungen genutzt wird.

Fast untergegangen

Wer sich von oben einen ersten Eindruck verschafft hat, dem steht die charmante Altstadt offen. Irgendwie scheint darin die Zeit stehen geblieben zu sein. Es warten kleine Cafés, Bars und Restaurants mit toskanischen Spezialitäten, aber auch der romanisch-gotische Dom San Lorenzo mit Kunstwerken aus verschiedenen Epochen, die Franziskaner-Kirche aus dem 13. Jahrhundert sowie der Palazzo Aldobrandeschi und der Palazzo Communale.
Mittelpunkt der Altstadt ist die Piazza Dante. Dort steht auch das Denkmal des Habsburger Großher-

zogs Leopold II., der sich im 19. Jahrhundert sehr um Grosseto verdient machte. Er gab den Anstoß zur Trockenlegung der Stadt und ihrer Umgebung, sodass die Gegend wieder bewohnbar wurde. Die Maremma war nämlich ursprünglich eine Sumpflandschaft mit einem für Menschen nur schwer erträglichem Klima. Da die ab dem 16. Jahrhundert herrschenden Medici wenig Interesse an der Grosseto-Region zeigten und die Entwässerung vernachlässigten, breitete sich die Malaria aus, so stark, dass sich die Einwohnerzahl von Grosseto Mitte des 18. Jahrhunderts auf ganze 648 Personen verringerte. Ein kolossaler Rückgang, denn laut historischen Quellen soll die Stadt bereits Anfang des 13. Jahrhunderts allein über mehr als 3000 waffenfähige Männer verfügt haben. Dank Leopolds Bemühungen um die Entwässerung und die Wiederaufforstung des Gebiets mit unzähligen Pinien erholte sich Grosseto rasch. 1836 lebten bereits wieder mehr als 2300 Menschen in der Stadt, seit 1945 wuchs die Einwohnerzahl um das Vierfache.

AUF DEN SPUREN DER ETRUSKER

Die Maremma gehörte zwischen 800 v. Chr. und der zweiten Hälfte des 1. Jahrhunderts v. Chr. zum Einzugsgebiet der Etrusker, dem antiken Volk, das in Etrurien, im nördlichen Mittelitalien, lebte. Mit der Eroberung durch die Römer ging die etruskische Kultur weitgehend in der römischen auf. Das Museo Archeologico e d'Arte auf der Piazza Baccarini in Grosseto lädt mit seinen Fundstücken die Besucher zu einer Zeitreise in die Welt der Etrusker ein. Wer noch mehr über diese hoch stehende Kultur erfahren möchte, macht sich auf den Weg zum archäologischen Gelände Roselle (Rusel), etwa fünf Kilometer von Grosseto entfernt. Die Ausgrabungen zeigen u. a. Reste etruskischer Häuser sowie Spuren römischer Besiedlung wie Thermen, Amphitheater und Forum.

WEITERE INFORMATIONEN

Grosseto und Umgebung,
www.italien.de/staedte/grosseto
Maremma,
www.enjoymaremma.it/de
Ausgrabungsstätte Roselle,
www.museidimaremma.it/en (englisch)

Agriturismo – nah an der Natur

Grosseto eignet sich hervorragend als Ausgangspunkt für Stippvisiten in die Umgebung. In der Ebene werden Getreide, Zitrusfrüchte, weiteres Obst und Gemüse angebaut, die Hügel sind von Olivenbäumen und Weinstöcken bedeckt. In dem sonnigen Klima gedeihen qualitativ hochwertige Weine, die vor Ort verkostet werden können. Die Maremma-Region hat sich dem Agriturismo, den Ferien auf dem Bauernhof, verschrieben. Wer Urlaub im Grünen bevorzugt, hat bei der Unterkunft die große Wahl: vom einfachen podere, einst Bauernhaus, bis zur großzügigen fattoria, dem Gutshaus, ist alles möglich.

Zum Meer

Lohnende Ziele für einen Tagesausflug sind zum einen die hübschen Dörfer in der Umgebung wie Campagnatico oder Gavorrano, aber auch die nur wenige Kilometer entfernte Küste. Die feinsandigen Strände der Maremma mit ihrem klaren tiefblauen Wasser und den von Felsen eingerahmten Badebuchten gehören zu den schönsten der Toskana und erreichen regelmäßig Bestnoten bei Wasserqualität und Sauberkeit. Etwa zwölf Kilometer von Grosseto entfernt liegt der ehemalige Fischerort Marina di Grosseto, der inzwischen zwar tüchtig gewachsen ist, aber dennoch seinen ursprünglichen Charme nicht verloren hat. Eingebettet in sanfte Hügel und mediterrane Macchia bietet der Ort sowohl freie Strände mit feinem Sand und ruhigem, auch für Kinder geeignetem Wellengang als auch kostenpflichtige Strandabschnitte, die ihre Besucher mit Sonnenliegen erwarten.

Parco Regionale della Maremma

Auch der etwa 17 Kilometer südlich von Grosseto liegende Parco Regionale della Maremma, häufig Parco dell'Uccellina genannt, sollte unbedingt auf dem Programm stehen. Der 1975 eingerichtete Naturpark verläuft entlang der Küsten des Tyrrhenischen Meeres und präsentiert als naturbelassenes Ökosystem die typischen Landschaftsformen der Maremma: bewirtschaftete Weiden, wo das Maremma-Pferd und das Maremmana, das für die Region charakteristische grauscheckige Hausrind mit großen Hörnern, grasen, ausgedehnte Pinienwälder, duftende Rosmarin- und Myrtenbüsche, Steineichenbewuchs auf den felsigen Hängen und im Mündungsgebiet des Flusses Ombrone flache Binnenseen, Sumpfflächen und kleine Dünen. Der ganzjährig geöffnete Park darf nur an bestimmten Punkten mit dem eigenen Auto angefahren werden. Für Pkw erlaubt sind die Besucherzentren Alberese und Talamone, wo es auch Eintrittskarten gibt, sowie ein kostenpflichtiger Parkplatz am piniengesäumten Strand von Marina di Alberese.

Die Landschaft ist von gut markierten Wanderwegen durchzogen, die unterschiedliche Routen – von leicht bis anspruchsvoll – bieten. Diese führen zu Sehenswürdigkeiten wie der Klosterruine von San Rabano, zu prähistorischen Höhlen wie der Grotta dello Scoglietto und der Grotta della Fabbrica oder zu den im Mittelalter errichteten Wachtürmen wie dem Torre di Castel Marino oder dem Torre Cala di Forno. Diese dienten der Bevölkerung einst der Warnung vor Piratenangriffen. Auch Vogelliebhaber kommen auf ihre Kosten, denn der Park ist als Schutzgebiet ausgewiesen. Dort leben ganzjährig Mäusebussard und Turmfalke, Uhu und Schleiereule, Graureiher, Silberreiher und gefährdete Arten wie Blauracke oder Häherkuckuck. Einige Arten wie Goldregenpfeifer und Kiebitz kommen zum Überwintern, andere wie Nachtigall und Eichelhäher zum Brüten im Sommer. Also am besten das Fernglas mitnehmen.

NACH EINEM BUMMEL DURCH DIE GASSEN (LINKS) UND DER BESICHTIGUNG DER HISTORISCHEN GEBÄUDE (OBEN; SEITENPORTAL VON ST. LORENZO) BIETET SICH EIN AUSFLUG IN DEN NATURPARK AN, WO SICH AUCH DIE MAREMMA-PFERDE WOHLFÜHLEN (RECHTS).

46

LIVORNO – LIEBE AUF DEN ZWEITEN BLICK

HAFENSTADT MIT MEHRWERT

Selbst ausgewiesene Toskana-Liebhaber halten Livorno »nur« für eine Hafenstadt, von der aus man nach Elba, Korsika und Sardinien übersetzt. Wer sich aber damit begnügt, versäumt geschichtsträchtige Architektur und venezianische Momente, italienische Lebensart und toskanische Gaumenfreuden.

Die Provinz Livorno erstreckt sich etwa 100 Kilometer entlang der etruskischen Riviera. Pisa ist nicht weit entfernt von der deutlich ruhigeren Provinzhauptstadt. Livorno ist unbestritten eine Hafen- und Industriestadt, aber das ist nicht alles: Bereits im 10./11. Jahrhundert siedelten sich im sumpfigen Gelände Bewohner an. Als Pisaner Hafen wurde Livorno weiter und weiter ausgebaut, vor allem im 16. Jahrhundert unter der Herrschaft der Medici. Die Sümpfe wurden trockengelegt, und es kamen immer mehr Menschen. Architekten legten eine »ideale« Stadt an mit Wällen, Kanälen und rechtwinklig angeordneten Straßen, was noch heute zu erkennen ist. Allerdings hat der italienische Faschismus auch architektonisch Spuren hinterlassen, ebenso Bomben im Zweiten Weltkrieg. Der Wiederaufbau in den 1950er-Jahren hatte wenig Sinn für Repräsentatives. Industrie machte sich breit. Manche Ecken wirken unwirtlich kühl.

Andererseits hat Livorno auch bedeutende Künstler hervorgebracht. Der Maler und spätere Professor der Kunstakademie Florenz Giovanni Fattori (1825–1908) ist dort geboren, ebenso der Maler und Grafiker Gianfranco Ferroni (1927–2001). Der berühmteste Sohn der Stadt sorgte vor allem mit seinen farbintensiven, langgliedrigen und ätherischen Frauengestalten für Aufsehen: Amadeo Modigliani (1884–1920).

Dom und Forts hinter Palmen

Die Viale Arsenal, die vom Hafen über die breite Via Grande führt, ist von zahllosen Geschäften, Kaffee-

EINEN ERSTEN EINDRUCK VON LIVORNO VERSCHAFFT MAN SICH AM BESTEN BEI EINER BOOTSFAHRT DURCH DIE KANÄLE DES »NEUEN VENEDIG« (GANZ LINKS). SEEFAHRT UND FISCHEREI PRÄGEN DIE HAFENSTADT (LINKS).

bars und Eisdielen, teils unter Arkaden, gesäumt. Die kilometerlange Promenade Viale Italia führt bis in die südlichen Vororte. Vom Hafen aus flaniert man vorbei an Grünanlagen und Palmen, Palazzi und Jugendstilvillen, an Bars und schlichten bagni. Von der weitläufigen, eleganten Terrazza Mascagni fällt der Blick aufs Meer, oder man legt am Acquario di Livorno einen Zwischenstopp ein.
Inmitten der wassergesäumten Altstadt Livornos findet sich an der Piazza Grande der äußerlich recht schlichte, im Inneren aber freskengeschmückte Dom San Francesco di Assisi. Die beiden Forts geben schöne Fotomotive ab: am alten Hafen die Fortezza Vecchia, eine Festungsanlage mit Wachturm aus dem 11. Jahrhundert, und westlich davon, beinahe gegenüber, die Fortezza Nuova auf einer Insel. Innerhalb ihrer zinnenbewehrten rötlichen Ziegelmauern erstreckt sich heute eine Grünanlage.
Venezia Nuova erobert man am besten per Boot auf den Kanälen: Immer wieder geht es unter Brücken hindurch, während das »neue Venedig« links und rechts mit pastellfarbener Bausubstanz vorbeizieht. Abends klingt in dem belebten Kneipenviertel auf der Terrasse einer Trattoria bei einem Glas Wein und einem schönen Blick aufs Wasser der Tag aus.

Livorno für Genießer

Im Mercato Centrale, einst eine der größten Markthallen Europas und heute noch eine der schönsten, erhält man jede Menge toskanischer Spezialitäten. Unter dem Dach der Jugendstil-Eisenkonstruktion an den Scali sassi finden sich vor allem frisches Gemüse und Fisch. Dort ergattert man auch gleich die Zutaten für den gehaltvollen Livorneser Fischtopf cacciucco: Tomaten, Paprika, Knoblauch, Weißwein, fangfrischer Fisch sowie Tintenfisch, Krebse und Muscheln.

SONNE, STRAND UND PINIEN

Genug Trubel? Lieber die Stadt hinter sich lassen? Knapp 200 Meter oberhalb Livornos liegt der Ortsteil Montenero mit der Wallfahrtskirche Santa Maria delle Grazie und zahlreichen Villen. Mit der Standseilbahn geht es auf den Hügel, der einen Blick über die ganze Stadt und aufs Meer gewährt – nicht weit südlich von Livorno schließen sich felsige Küste, Sandstrände und Pinienwälder an. Mitte des 19. Jahrhunderts waren Heil- und Thermalquellen entdeckt worden und Livorno avancierte später nach der Mode der Zeit zum ersten Seebad Italiens. Tourismus wurde ein Wirtschaftsfaktor. Viele Villen mit überbordender Dekoration entstanden um die Wende zum 20. Jahrhundert.

WEITERE INFORMATIONEN

Azienda di Promozione Turistica Livorno, Piazza Cavour 6, Tel. 0039/586898111
Kurzinformation,
www.toskanaurlaub.at/livorno

47

URBINO – ZEITREISE IN DIE RENAISSANCE

HERZOG FEDERICO LÄSST BITTEN

An die lieblichen grünen Hügel der Marken schmiegen sich die Gebäude eines Städtchens wie hingegossen. Nur ein Glockenturm, eine Kirchenkuppel und zwei Türme ragen über die anderen Dächer hinaus. Beinahe genauso müssen die großen Gelehrten, die dem kunstsinnigen Landesherrn im 15. Jahrhundert ihre Aufwartung machten, Urbino wahrgenommen haben.

Gallier, Römer, Goten und Langobarden spielten Stadtherren, bevor der Kirchenstaat immer wieder seine Hand nach Urbino ausstreckte. Das homogene architektonische Erscheinungsbild von Urbino ist zum einen dem klugen Landesherrn Herzog Federico da Montefeltro (1422–1482) zu verdanken, zum anderen wenig begnadeten Nachfolgern, ausbleibendem »Fortschritt« und der abgeschiedenen Lage im eher kargen Landstrich im Hinterland der Adriaküste zu Füßen des Appenins.

Im 12. Jahrhundert war die Familie der Montefeltro von Kaiser Friedrich Barbarossa zu Reichsvikaren von Urbino bestellt worden. Herzog Federico formte in der zweiten Hälfte des 15. Jahrhundert die Stadt mit namhaften Architekten nach den Grundsätzen der Renaissance. Er förderte Kunst und Kultur und machte den Hof zu einem der glanzvollsten Europas, indem er bedeutende Künstler und Gelehrte einlud. Der Herzog verhalf Urbino zur Blüte – die UNESCO dankte es ihm und erklärte die Stadt 1998 zum Welterbe.

Glanzstücke

Der Palazzo Ducale, einst Herzogsresidenz, dominiert das Stadtbild. Der Bau wurde Mitte des 15. Jahrhunderts begonnen und gilt als wichtigstes weltliches Renaissance-Bauwerk ganz Italiens, seine beiden Türme sind das Wahrzeichen der Stadt. Von außen enttäuscht vielleicht die Schlichtheit des Gebäudes mit den Arkaden im Innenhof, dem Cortile dell' Onore (Ehrenhof). Die Innenräume aber bergen manchen Schatz: Der Gewölbekeller diente der Vorratshaltung des herzoglichen Hofs; es gab sogar einen

Vorläufer des Kühlschranks, in dem Lebensmittel mittels Schnee konserviert wurden. Vor allem aber beherbergt der Palast heute die Galleria Nazionale delle Marche, eine der bedeutendsten Sammlungen italienischer Renaissance. In Palast und Museum lässt sich trefflich auf Entdeckungsreise durch Säle und Türme gehen. Dabei stößt man etwa im Engelssaal auf die Darstellung der »idealen Stadt«, Ende des 15. Jahrhunderts entstanden und Luciano Laurana zugeschrieben. Neben aller Pracht mutet das Arbeitszimmer des Herzogs im Palast trotz Trompe-l'œil-Intarsien schon fast bescheiden an.
Unzählige Paläste, Kirche und der Dom an der Piazza Duca de Federico fügen sich zu einem harmonischen Gesamtbild. Von der Festung Albornoz (14. Jh.) auf einem Hügel hat man einen wunderbaren Blick darauf – und kann sich seine eigene Entdeckungsroute zusammenstellen. Am Wege liegen so manche Besonderheiten: Die Kirche Oratorio de San Giovanni in der Via Barocci etwa, einst Treffpunkt einer wohltätigen Laienbruderschaft, ist komplett mit biblischen Szenen in leuchtenden Farben ausgemalt.

IN DIE RENAISSANCE ZURÜCKVERSETZT FÜHLT MAN SICH BEIM ANBLICK DER SILHOUETTE URBINOS (GANZ LINKS). DAS LEBEN FINDET, TYPISCH ITALIENISCH, IM SOMMER DRAUSSEN STATT (UNTEN).

Originale und Kopien

Unter Federico da Montelfeltro erlebte die Stadt auch in der darstellenden Kunst ihre Blüte, die heute Kunstfreunde hierher lockt. In den Gästeräumen des fürstlichen Palastes bzw. der Galleria Nazionale finden sich etwa »Die Geißelung Christi« und die »Madonna von Senigallia« von Piero della Francesca (1417–1492) oder »Die Auferstehung« und das »Letzte Abendmahl« von Tizian (um 1488–1576). Giovanni Santi (1435–1495) malte in Urbino Porträts und religiöse Motive. Sein Sohn Raffaelo (1483–1520), in der Werkstatt des Vaters ausgebildet, wurde zum Meister der Renaissancemalerei. Das Geburtshaus in der Via Raffaelo Sanzio 57 ist heute ein Museum mit Originalwerken des Vaters und Kopien des Sohnes, denn dieser ließ Urbino hinter sich und machte in Rom Karriere. Allerdings hängt in der Galleria Nazionale Raffaels Originalporträt einer unbekannten Edeldame »La Muta« (Die Stumme).

MAJOLIKA
Aus dem Mittelmeerraum wird gerne farbenfrohe Keramik als Souvenir mit nach Hause genommen. Schon die Römer wussten sie herzustellen, allerdings in so bescheidener Weise, dass sie in Vergessenheit geriet.
In Mesopotamien war man hingegen in der Lage, Tongegenstände mit schimmernder weißer oder farbiger Zinnglasur zu versehen – doppelt gebrannt besonders widerstandsfähig. Die muslimischen Eroberer brachten die Technik nach Spanien. Von dort breitete sie sich nach Italien aus; auch Fliesen und Ziegel wurden auf diese Weise hergestellt. Zentren waren neben Faenza (deshalb auch »Fayence«) und Orvieto auch Urbino, denn dort konnte auch die Erde der Region in den Manufakturen verwendet werden. Gelb, Blau und Grün sind die vorherrschenden Farben der für Urbino typischen Majolika, floral die Motive auf feinen Kacheln, Tellern und Vasen.

WEITERE INFORMATIONEN
Urbino und Marken,
www.turismo.marche.it,
www.urlaubindenmarken.de

48

CAGLIARI – PULSIERENDE HAFENSTADT

CHARMANTE MAUERN, PROMENADE IN DIE NATUR

Wie Rom wurde auch die sardische Hauptstadt auf sieben Hügeln erbaut. Einer davon ist der Schlossberg Castello, der die Altstadt und den Hafen am Golf der Engel, wie der Golf von Cagliari auch genannt wird, überragt. Die Stadt strahlt herzliche Ursprünglichkeit aus und verfügt dazu noch über einen kilometerlangen Sandstrand auf der vorgelagerten Nehrung.

Im 7. Jahrhundert v. Chr. wurde die Stadt am Ausgang der fruchtbaren Ebene von Campidano als Karalis von den Phöniziern gegründet. Dann wechselten sich Römer, Vandalen, Araber, Byzantiner, Pisaner, Aragonesen und Piemontesen ab, bis das Königreich Sardinien 1861 Teil des neuen italienischen Nationalstaats wurde. Keimzelle von Cagliari ist die Altstadt um den Schlossberg, die aus dem Schlossviertel Castello, sardisch Casteddu, dem mittelalterlichen Händlerviertel Villanova, dem ältere Stampace-Viertel und dem Hafenviertel Marina besteht.

Im Schatten der Bastion

Das Schlossviertel mit seinen dicken Mauern und den beiden Verteidigungstürmen erreicht man am bequemsten mit dem Aufzug. Sollte er, wie so oft, nicht funktionieren, muss man den Weg über die große Freitreppe auf sich nehmen. Durch den Torre dell'Elefante mit seinem kleinen Marmorelefanten auf einer Konsole betritt man unter dem beängstigenden Falltor das alte Adelsviertel. Seine Patrizierhäuser strahlen teils morbiden Charme aus. Ein abendlicher Treffpunkt für Einheimische und Touristen ist die Terrazza Umberto I. auf der ehemaligen Bastione de Saint Remy. Von der wunderschönen Aussichtsterrasse genießen sie den Blick auf die Stadt und die vor der Küste liegenden Lagunen. Noch weiter reicht der Blick vom Torre di San Pancrazio, dem höchsten Punkt der Stadt. Beide Wehrtürme sind zur Stadtseite hin offen, damit man sie leichter mit Nachschub versorgen konnte. Auf der Piazza Palazzo stehen die ursprünglich im romanisch-pisanischen Stil errichtete Kathedrale Santa Maria di Castello mit rosettengeschmückter Krypta, der ehemalige Königspalast, heute Sitz der Präfektur, und das alte Rathaus.

Im ehemaligen Arsenal ist der Museumskomplex Cittadella dei Musei untergebracht mit bedeutenden Funden der Nuraghenkultur.
Nicht weit von den Museen breitet sich in Sichtweite des römischen Amphitheaters der botanische Garten aus, eine Oase der Ruhe im Viertel Stampace. Ein weiteres archäologisches Highlight ist die römisch-punische Nekropole Tuvixeddu mit der Grotta della Vipera. An der von Cafés und Bistros gesäumten Piazza Yenne treffen die Stadtviertel Castello und Stampace aufeinander. Im geschäftigen Villanova weiter östlich steht die älteste Kirche Sardiniens, die römisch-byzantinische Basilika San Saturno. Weitaus mehr Besucher aber zieht der Klosterkomplex Santuario di Bonaria an, zu dem auch die wichtigste Wallfahrtskirche Sardiniens gehört. Wer sich mehr dem weltlichen Genuss verpflichtet sieht, besucht den Mercato di San Benedetto mit etwa 250 blitzblanken Marktständen auf zwei Etagen. Dort werden die kulinarischen Schätze Sardiniens angeboten, vom Pecorino Sardo bis zum Likör mirto.

DER STEILE AUFSTIEG ZUM SCHLOSSVIERTEL WIRD MIT EINEM WEITEN BLICK AUF DIE STADT UND DIE VORGELAGERTE LAGUNE BELOHNT (LINKS UNTEN). ZU EHREN DES SCHUTZPATRONS VON SARDINIEN FINDET ANFANG MAI DAS FARBENPRÄCHTIGE SANT'EFISIO-FEST STATT (UNTEN).

Strand und Lagune

Sehen und gesehen werden – dafür ist die Hafenpromenade Via Roma im Marina-Viertel der richtige Ort. Auch im heißen Sommer, denn die vielen Geschäfte, Cafés und Restaurants liegen in schattenspendenden Arkaden. Shoppingvergnügen bereiten auch die kleinen Seitenstraßen, daneben die Via Giuseppe Manno und der Largo Carlo Fenice. Prächtige Paläste aus dem 19. Jahrhundert säumen die Via Roma, darunter auch das neue Rathaus mit seiner weißen Marmorfassade. Direkt hinter der Flaniermeile liegt das einstige Fischerviertel mit seinen malerischen Gassen. In der Via Sardegna fällt die Wahl schwer zwischen den unzähligen Trattorien.

Nach den vielen Besichtigungen und einem leckeren Essen klingt der Tag bei einem Spaziergang entlang des Stadtstrandes Poetto aus. Am Südende gewährt die felsige Landzunge Sella del Diavolo einen schönen Blick auf den Strand und die Lagunen. Die acht Kilometer lange Nehrung trennt die Lagune von Molentargius vom Meer. Die Salinen wurden 1985 geschlossen. Heute sind die Salzseen Heimat vieler Wasservögel. Seit 1993 brüten sogar mehrere Flamingo-Kolonien. Wahrhaft traumhafte Strände mit klarem Wasser erreicht man nach wenigen Kilometern Richtung Westen bei Chia oder beim östlich gelegenen Villasimius.

NURAGHEN UND NORA

Was wäre ein Sardinien-Urlaub ohne Nuraghen. Die prähistorischen Turmbauten und Turmsiedlungen, 2200 bis 400 v. Chr. entstanden, sind über die ganze Insel verteilt. Bei der Kleinstadt Sarroch südwestlich von Cagliari befinden sich in Meeresnähe die Nuraghenkomplexe Antigori und Sa Domu 'e s'Orku, ganz in der Nähe liegt das noch ältere Gigantengrab San Cosimo. Die Tombe dei Giganti sind große Ganggräber, deren kleiner Eingang von einem Halbkreis mit einer Portalstele begrenzt ist. Wer sich für die Römer und Phönizier interessiert, sollte die direkt am Meer liegende Ruinenstadt Nora südlich von der Touristenhochburg Pula besuchen. Die meisten der gut erhaltenen Relikte stammen aus römischer Zeit. Die Stele von Nora mit ihren rätselhaften phönizischen Inschriften sind wie die bedeutenden Funde der Nuraghenkultur im archäologischen Museum von Cagliari zu sehen.

WEITERE INFORMATIONEN

Cagliari und Umgebung,
www.sardinien.com/a2469/articles/2469/cagliari

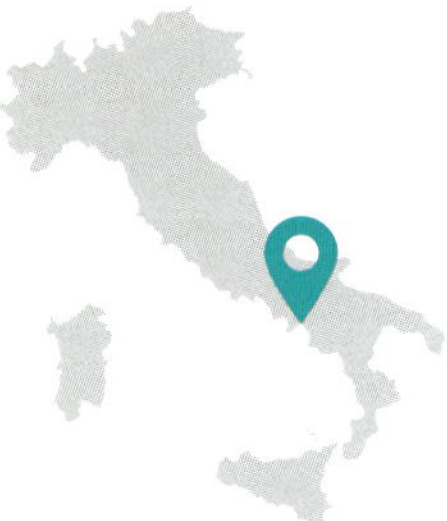

SALERNO – ... UND WIRD EIN SCHÖNER SCHWAN

ZWISCHEN AMALFI UND PAESTUM

Wer dem Trubel an der Amalfiküste ausweichen will, für den ist Salerno ideal. Der Lunomare Trieste, eine der längsten Uferpromenaden Italiens, führt von der mittelalterlichen Altstadt bis zum Hafen an der Piazza Concordia. Das Castello di Arechi belohnt den steilen Aufstieg mit einer fantastischen Aussicht auf den Golf.

Salerno kämpft erfolgreich gegen den Ruf, ein gefährliches Pflaster für Touristen zu sein. Nach dem schweren Erdbeben von 1980 putzte sich die Stadt ab den 1990er-Jahren mächtig heraus, auch dank der Unterstützung renommierter Architekten. 2016 wurde die »Auster«, ein von Zaha Hadid entworfenes Fährterminal, eingeweiht. Eine Bürgerinitiative zur Schaffung von Grünzonen machte Salerno zu einer »Citta Giardino«. Dank der vielen Studenten und Sprachschüler gibt es ein reges Nachtleben.

Dom, Festung und Garten der Minerva

Die bezaubernde Via dei Mercanti, die Straße der Händler, mit ihren vielen kleinen Läden und Restaurants zieht sich nahe des Doms durch die Altstadt. Drei Monumente sind von besonderem Interesse. Den bis auf das herrliche Bronzetor von außen eher unscheinbaren romanischen Dom San Matteo mit dem runden Glockenturm betritt man über einen maurisch wirkenden Atriumhof mit antiken Säulen aus Paestum. In seinem Inneren birgt er einen Mosaikboden aus normannischer Zeit und zwei mit Mosaiken reich geschmückte Kanzeln. Die Krypta überrascht mit verschwenderischem Barock. Das von den Langobarden gegründete, später ausgebaute Castello di Arechi lässt sich von der Stadt aus auch bequem mit dem Bus erreichen. In der Festung gibt es ein kleines Museum und ein hübsches Café. Vollauf den Namen Kleinod verdient der versteckt gelegene Garten der Minerva. Der auf mehreren Terrassen angelegte mittelalterliche Lehrgarten verweist auf die berühmte

ERST 2001 WURDE DER BEZAUBERNDE, ETWAS VERSTECKTE »GARTEN DER MINERVA« WIEDER ZUM LEBEN ERWECKT (GANZ LINKS). DIE KRYPTA DER KATHEDRALE VON SALERNO BESTICHT DURCH IHRE BAROCKEN FRESKEN UND MARMOREINLAGEN (LINKS).

Medizinschule von Salerno aus dem 10. Jahrhundert, an der auch Frauen lehrten. Der wohl älteste erhaltene botanische Garten der Welt ist nach den Regeln der Vier-Elemente-Lehre angelegt.

Mozzarella und blaue Fische

Nur 50 Kilometer auf der fast schnurgeraden Küstenstraße trennen Salerno von Paestum. Die Schwemmlandebene im Mündungsbereich des Sele ist die Heimat einer der berühmtesten Käsesorten Italiens. Der Mozzarella di Bufala Campana wird aus der Milch von Wasserbüffeln gewonnen. Die sanften Riesen gelangten wohl im Gefolge der Sarazenen, die in Agropoli seit Ende des 9. Jahrhunderts einen Stützpunkt hatten, nach Süditalien. Die Wasserbüffel kamen gut mit den häufig unter Wasser stehenden Sumpfwiesen zurecht und waren resistenter gegen die Malaria als andere Rinder. Frischen Mozzarella verkostet man am besten auf einem der Vorzeigegüter. Inzwischen wird mit wachsendem Erfolg auch das zarte saftige Fleisch der männlichen Wasserbüffelkälber vermarktet. Weitere regionale Spezialitäten der Provinz sind scarzetta, mit einer Creme aus Walderdbeeren gefüllte Biskuittörtchen, parmigiana di melanzane, ein Auberginenauflauf mit Mozzarella, und »blaue Fische«, auf besondere Art zubereitete Sardinen, Sardellen oder Makrelen.

IM NÖRDLICHEN CILENTO

Mit langen Sandstränden, schroffen Klippen, kristallklarem Meer und einem urwüchsigen, dicht bewaldeten gebirgigen Hinterland kann der nahe gelegene Cilento aufwarten. Von Agropoli bis zum Kap Palinuro reihen sich malerische Städtchen aneinander. Der historische Kern des Badeortes Santa Maria di Castellabate ist eine halbkreisförmige Sandbucht, gesäumt von pittoresken Häusern. Über dem Ort thront das als eines der schönsten Dörfer Italiens ausgezeichnete Castellabate mit Burg. Beide Dörfer sind Drehorte von »Benvenuto al Sud«, dem Pendant zum französischen Kassenschlager »Willkommen bei den Sch'tis«.

WEITERE INFORMATIONEN

Salerno,
https://7settesensi.com/geheimtipp-salerno
Paestum,
www.paestum.de
Cilento,
www.cilento-aktiv.info/cilento-aktiv

Antikes Erbe

In den Ruinen des antiken Paestum bestechen die wohl am besten erhaltenen dorischen Tempel zu Ehren von Hera (»Basilika«), Poseidon und Athene. Weitere Bauwerke der von einer 4750 Meter langen Umfassungsmauer mit Toren aus römischer Zeit umgebenen Stadt, die aus der griechischen Kolonie Poseidonia hervorging, sind das römische Amphitheater, das Forum und das mit Ziegeln gedeckte Heroon. Das Museum prunkt mit ausgemalten Grabkammern aus griechischen und lukanischen Nekropolen. Besonders berühren die Fresken aus dem »Grab des Tauchers«. Nahe Paestum befindet sich auf einer Anhöhe bei Capaccio das mittelalterliche Heiligtum der Madonna mit dem Granatapfel, eine vielbesuchte Wallfahrtskirche. Die Verehrung knüpft an den uralten, mit einem Flussheiligtum verbundenen Herakult an. Der Platz vor der Kirche bietet einen herrlichen Blick auf die Ruinen von Paestum und den Golf von Salerno. Ein Fußweg führt zu den noch höher gelegenen Ruinen des Dorfes Capaccio Vecchio.

DAS PRUNKVOLLE NEOKLASSIZISTISCHE RATHAUS VON BILBAO BLICKT AUF DEN FLUSS.

MAMAN: SKULPTUR AUS DER SPINNENSERIE DER KÜNSTLERIN LOUISE BOURGEOIS (1911–2010) VOR DEM GUGGENHEIM-MUSEUM.

BILBAO – WANDEL EINER INDUSTRIEMETROPOLE

ARCHITEKTUR UND KUNST GEWÜRZT MIT PINTXOS

Bilbao im nordspanischen Baskenland hat ihn geschafft, den nie für möglich gehaltenen Wandel von der grauen Industriestadt zur modernen Architektur-, Kunst- und Kulturmetropole. Man spricht mittlerweile sogar vom Bilbao-Effekt! Die Stadt bietet ein spannendes, von krassen Gegensätzen geprägtes Bild.

Zwischen sieben Hügeln im spanischen Baskenland liegt Bilbao. Die 1300 gegründete Stadt befindet sich am Ort einer römischen Siedlung. Denn bereits die Römer wussten die Eisenerzvorkommen im Umland zu nutzen. Die Stadt liegt zudem am Fluss Nervión, der in den Atlantischen Ozean mündet, aber ein gutes Stück landeinwärts schiffbar ist. So stieg Bilbao zu einer Industriemetropole auf und brachte es zu einigem Wohlstand. Der Niedergang begann in den 1970er-Jahren. Die Stadtväter reagierten mit einem Imagewandel – weg von der grauen Industrie zu Kunst und Kultur. Mit dem Guggenheim-Museum Bilbao fiel 1997 der Startschuss. Einen umwerfenden Blick auf das Museum und Bilbao verschafft man sich auf dem Hausberg Artxanda (250 m). Eine charmante Zahnradbahn fährt hinauf.

Große Architektur

Der Nervión teilt Bilbao in einem weiten Bogen in zwei Hälften. Östlich des Flusses erheben sich die futuristischen Bauten des modernen Zentrums im Stadtteil Ensanche, im Südwesten breitet sich die Altstadt, Casco Viejo, aus. Das Guggenheim-Museum in der Neustadt wurde zum Wahrzeichen Bilbaos.

Der vom kanadisch-US-amerikanischen Architekten Frank O. Gehry entworfene Bau liegt seiner Aussage nach wie ein »gestrandetes Schiff im Nervión«, und tatsächlich erinnert das ovale Gebäude mit den lang gezogenen, herausragenden Dachteilen an ein Schiff. Die Sonnenstrahlen brechen sich vielfach in der glänzenden Fassade aus Glas, Titan und Kalkstein. Mittelpunkt des gigantischen Museums ist das gläserne Atrium mit dem blumenförmigen Oberlicht. Auf 11 000 Quadratmetern wird in 20 Galerien Kunst der Moderne gezeigt, wobei das Guggenheim für seine Installationen, medialen Kunstwerke und Skulpturen bekannt ist. Es blieb nicht allein.
Weltbekannte Architekten gestalteten entlang des Nervión ein ganzes Areal: Der Argentinier César Pelli entwarf den Büroturm Torre Iberdrola, die irakische Architektin Zaha Hadid erbaute auf der Halbinsel Zorrotzaurre ein neues Viertel, der Japaner Arata Isozaki schuf mit den Zwillingstürmen Torres Isozaki (83 m) ein weiteres Wahrzeichen Bilbaos, der Spanier Santiago Calatrava (*1951) plante die Fußgängerbrücke Zubizuri über den Nervión. Die elegant geschwungene »weiße Brücke«, das bedeutet Zubizuri, sollte man auf jeden Fall einmal überqueren. In der Neustadt befindet sich auch die Haupteinkaufsstraße Gran Via de Don Lopez.

Die sieben Gassen des Casco Viejo

Den ältesten Teil Bilbaos bilden die Siete Calles, die sieben Gassen, beliebt als Kneipenviertel mit unzähligen Restaurants und Bars. Herz des Casco Viejo ist die Plaza Nueva, ein 1821 entstandener Platz, umrahmt von klassizistischen Gebäuden mit Cafés, Kneipen und kleinen Geschäften unter Arkaden. Der Platz ist zu jeder Tages- und Nachtzeit belebt. Die Einheimischen treffen sich hier auf einen Txakoli, den frischen Weißwein des Baskenlandes, mit pintxos. Die appetitlichen kleinen Häppchen sind keine Tapas, das ist den Txikiteros (Einwohner Bilbaos) wichtig. Viel-

BERÜHMT FÜR LECKERE PINTXOS: CAFÉ BILBAO AN DER PLAZA NUEVA IM CASCO VIEJO (LINKS). STANDESGEMÄSS SCHREITEN – OPULENTES TREPPENHAUS DES PALASTS FORAL AUS DEM JAHR 1900 (OBEN).

mehr kommt das Wort von »pinchar«, aufspießen, denn die Pintxos bestehen aus Zutaten, die mit einem Holzspieß auf Weißbrotscheiben aufgespießt werden: Fleisch, Fisch, Käse, Gemüse – der Kreativität sind keine Grenzen gesetzt. In der Umgebung der Plaza Nueva gibt es einige der besten Pintxos-Bars Bilbaos.
Irgendwann trifft man dann auf den Mercado la Ribera, die größte überdachte Markthalle Europas. Wem das reichhaltige spanische und baskische Frischangebot Appetit macht, der kann in einer der Szene-Kneipen im Erdgeschoss gleich davon genießen.
Südlich der Plaza Nueva erhebt sich die dem Apostel Jakobus gewidmete Catedral de Santiago Apostól (14.–16. Jh.), das älteste Gebäude der Stadt. Die heutige Fassade und der Turm stammen aus dem 19. Jahrhundert. Besonders sehenswert sind der Chor und der Kreuzgang. Nur wenige Meter entfernt liegt die Kirche San Antón (14. Jh.), ein gotisches Bauwerk mit Renaissancespuren.

Paläste für Kunst und Wohlbefinden

Der Wohlstand des Industriezeitalters manifestierte sich auch in Steinpalästen. Einer der schönsten ist der Foral-Palast (1900) mit Wandmalereien, antiken Möbeln und Kunstwerken in den Innenräumen. Das Rathaus, ein neoklassizistisches Gebäude, kommt mit prachtvoller Fassade und wunderschön dekorierten Räume daher. Einer ist der arabisch inspirierte maurische Saal mit goldenen Kacheln und Bögen, der 1001 Nacht zu entstammen scheint. Nicht minder beeindruckend ist das Teatro Arriaga (1890, 1914 nach Brand wieder aufgebaut), das durchaus mit Absicht an die Pariser Oper erinnert. Die Fassade durchbrechen Balkone, der Innenraum beherbergt historische Möbelstücke und Teppiche aus der Königlichen Manufaktur.
Eine gelungene Symbiose zwischen alter Pracht und Moderne stellt das ehemalige Weinlager Azkuna Zentroa (1909, auch Alhóndiga) dar, das vom französischen Designer Philippe Starck umgestaltet wurde. Im heutigen Kultur- und Freizeitzentrum kann sich Wissen, Kultur, Sport und Spaß gleichermaßen entfalten. In der Rooftop Bar treffen sich die Reichen und Schönen Bilbaos auf einen Sundowner mit Blick über die Dächer.
Bilbao ist auch eine grüne Stadt mit zahlreichen Parks und Gärten. Dazu gehört seit mehr als 100 Jahren der Parque Doña Casilda im Zentrum. Mit seinen Blumenbeeten, Schatten spendenden Bäumen, Spazierwegen, Lauben, Springbrunnen und dem großen Teich gleicht er einem englischen Garten. Dem Park schließt sich das Museo de Bellas Artes an, eines der bedeutendsten in Spanien. Es zeigt Werke vom 12. Jahrhundert bis in die Gegenwart und beschäftigt sich intensiv mit baskischen Künstlern.

SCHWEBEND ÜBER DEN FLUSS
Da, wo der Nervión breiter wird, um ins Meer zu münden, verbindet die Hängebrücke Puente de Vizcaya (auch Puente Colgante oder Biskaya-Brücke) die zu Bilbao gehörenden Gemeinden Portugalete und Getxo. An einem Traggerüst zwischen den Stahlfachwerktürmen hängt an einer Transportbarke die weltweit erste Schwebefähre (1893), heute eine der ganz wenigen, die noch in Betrieb sind. Damit lässt sich auf elegante Weise das Ufer wechseln. Die Konstruktion der Brücke erinnert an den Eiffelturm – kein Wunder, ihr Architekt Alberto de Palacio war Schüler von Gustave Eiffel. Der Besucher hat die Wahl: Entweder schwebt er über den Fluss oder er geht die 160 Meter in 50 Metern Höhe zu Fuß. Beides ist ein besonderes Erlebnis.

WEITERE INFORMATIONEN
Bilbao,
www.spain.info/de
Baskenland, Bilbao und Biskaya-Brücke,
https://tourismus.euskadi.eus/de/

51

FIGUERES – STADT DALÍS

RAMBLA, TAPAS UND DALÍ

Nur 20 Kilometer hinter der französischen Grenze liegt die Provinzhauptstadt Figueres. Sie begrüßt alle, die sich etwas mehr Zeit als für einen Stopp auf dem Weg zu südlichen Sonnenküsten nehmen, und vermittelt bereits das Gefühl, mitten in Spanien zu sein. Kunstliebhabern gilt das katalonische Städtchen längst als Mekka, schließlich hat hier Salvador Dalí gelebt und gewirkt.

Gemütlich wirkt die Hauptstadt der Provinz Girona. Von Norden kommend nimmt man 20 Kilometer westlich der Costa Brava und der Bucht von Roses Fühlung mit dem spanischen Alltagsleben auf, in der Ferne grüßen die Gipfel der Pyrenäen. Wer sich nach langer Fahrt die Füße vertreten will, schlendert zum etwas außerhalb gelegenen Castell de Sant Ferra, einer der größten Festungsbauten Europas aus dem 18. Jahrhundert. Unterhaltsamer ist ein Gang durch die Stadt, in der einige Gebäude mit barocken, klassizistischen oder Jugendstil-Elementen verziert sind. Ein Abstecher führt in das ehemalige jüdische Viertel Carrer Magre. Hauptziel des Spaziergangs sind die Rambla oder die Plaza del Ayuntamiento, der Platz vor dem alten Rathaus. Hier ist man mitten im spanischen Leben, hier ist etwas los.

Auf einen Cava

Rund um Rambla – der von alten Platanen gesäumte Hauptplatz, auf dem auch Feste wie die Semana Santa in der Karwoche, das Weinfest im September oder ein kleiner Weihnachtsmarkt stattfinden – und Plaza del Ayuntamiento, dem Platz vor dem alten Rathaus, flaniert man an zahlreichen Läden vorbei. Vielleicht ein paar hübsche handgefertigte Espadrilles, leichte Sommerschuhe aus Stoff und Stroh gefällig? Einladend sind die typischen Tapas-Bars, in der die Spanier

sich die Zeit vor dem späten Abendessen mit Aperitif und Häppchen verkürzen. Manch einer bleibt direkt bei einem frischen Schaumwein, Weißwein oder Rosado, wie sie im Empordà, dem Hinterland der Costa Brava, besonders um das Castell de Peralada angebaut werden. Dazu schmecken ensaladilla rusa (Kartoffelsalat mit Thunfisch, Ei und Gemüse), albondigas (Hackbällchen in würziger Tomatensauce) oder canejo al ajillo (Kaninchen in Knoblauchsauce). Mit einem prickelnden Cava auf dem Rathausplatz kann der Urlaub anfangen!

RIESENEIER AUF DEM DACH UND BROTE AN DER FASSADE (GANZ LINKS). SALVADOR DALÍ VERSTAND AUCH AN SEINEM EIGENEN MUSEUM ZU VERBLÜFFEN, EHEMALS DAS THEATER DER STADT (UNTEN).

Surreal und exzentrisch

Es fällt direkt ins Auge: Die blutroten Außenmauern des Teatre Museo sind mit künstlichen Broten geschmückt und mit riesigen weißen Eiern gekrönt, schlanke Goldfiguren dazwischen begrüßen Besucher aus aller Welt im Universum des Künstlers Salvador Dalí (1904–1989). Der katalanische Großmeister des Surrealismus hat sich im ehemaligen Theater der Stadt mit angebautem Turm – Torre Galatea – eine Wohn- und Wirkungsstätte, auch die eigene Krypta, geschaffen.

Der Sohn einer hiesigen wohlhabenden Anwaltsfamilie konnte schon früh seiner Neigung zur Kunst frönen – und später einem provokanten Lebensstil. Nach Studien in Madrid und Paris, wo er mit dem Maler Pablo Picasso und dem Regisseur Luis Buñuel intensiven Kontakt pflegte, kehrte er in seinen Geburtsort zurück – zum Schrecken mancher Alteingesessenen, die den skurrilen Auftritten und der skandalösen Lebensführung des großen Meisters etwas ratlos gegenüberstanden.

Auch Dalís Kunst war zur Entstehungszeit aufsehenerregend: Seine Halluzinationen übersetzte er mit fotografischer Genauigkeit in farbintensive Malerei, die gern auch einmal alte Meister zitierte. Das Museum selbst gilt als größtes surrealistisches Kunstwerk und ist Teil des »Dalí-Dreiecks«. Es bringt die Kunst jedem ein wenig näher, der die Wartezeit beim Eintritt auf sich nimmt. Geduld wird belohnt, denn es warten neben berühmten Gemälden, etwa mit Dalí-typischen Motiven wie zerfließenden Uhren oder Ehefrau Gala, auch Skulpturen und überraschende Installationen. In der Krypta ist der Künstler beigesetzt.

DAS DALÍ-DREIECK

Dalí-Verehrer pilgern in Katalonien zu drei Standorten: Neben dem Museum in Figueres ist es die Casa museo Salvador Dalí in der Bucht von Port Lligat auf der felsigen Halbinsel Cap Creus in der Nähe des Ortes Cadaqués, etwa 40 Kilometer östlich von Figueres. Dort hat Dalí mehrere Fischerhäuser zu Gesamtkunstwerk, Domizil und Atelier mit versenkbarer Staffelei vereint.

Zudem hat Dalí für seine vergötterte Frau Gala nordöstlich von Girona im mittelalterlichen Ort Púbol die baufällige kleine Burganlage erworben, restauriert und nach seinen Vorstellungen zu einem ästhetischen Refugium mit kleinem Pool und Musikzimmer gestaltet. Das romantische Gärtchen durchschreiten langbeinige Elefanten(-skulpturen) und auch sonst erwarten den Besucher manche künstlerischen Überraschungen. Für Gala wurde Púbol zum Wohnsitz der letzten Jahre und zur letzten Ruhestätte.

WEITERE INFORMATIONEN

Figueres,
www.cbrava.com/de/tourismus/figueres
Spanisches Fremdenverkehrsamt,
www.spain.info

CÁCERES – STEINERNES VERMÄCHTNIS

SPANISCHES MITTELALTER

Viele Herren kamen, manche gingen auch wieder: Kelten, Römer, Westgoten, Araber und Christen. Sie alle haben Spuren hinterlassen. Unter muslimischer und kastilischer Herrschaft im 15. und 16. Jahrhundert entstand jenes Altstadtbild, das von der UNESCO 1986 als eines der homogensten auf der Iberischen Halbinsel gewürdigt wurde.

Die Provinzen Cáceres und Badajoz bilden die Region Extremadura. Sie ist ungefähr so groß wie die Schweiz, aber jenseits der Städte ausgesprochen dünn besiedelt. Nicht aus Entdeckerdrang wie der aus der Region stammenden Conquistadoren Hernán Cortéz und Francisco Pizarro zogen die Menschen in den 1960er-Jahren fort, sondern aus Not. Die landwirtschaftlich geprägte Extremadura zählte zu den ärmsten Regionen Spaniens, die kleinen Bauern oder Händlern kaum Perspektiven bot. Damals war der Tourismus noch kein Wirtschaftsfaktor. Heute wissen viele Wanderer und Pilger die Ruhe im Binnenland zu schätzen

An der Silberstraße

Einer keltiberischen Siedlung aus vorchristlicher Zeit folgte eine römische Neugründung. Die muslimischen Eroberer befestigten die zwischenzeitlich von Westgoten zerstörte Stadt, nun unter dem Namen Quazris. Ab dem 12. Jahrhundert fiel Cáceres mit Unterbrechungen unter die Herrschaft des Hauses Léon, später wurde die Stadt Gastgeber des katholischen Herrscherpaars Ferdinand von Aragón und Isabella von Kastilien – das die Zinnen der meisten Türme kappen ließ, um zu demonstrieren, wer nun das Sagen hatte. Unseligerweise wählte 1936 der spanische Diktator Francisco Franco 1936 Cáceres zum Hauptquartier seiner Bewegung.

Das Mittelalter war die Zeit des wirtschaftlichen Aufstiegs. Die bereits von den Römern erbaute Silberstraße führte an Cáceres vorbei und wurde von Reisenden auf dem Weg von Sevilla über Mérida bis Astorga im Norden und außerdem als Teil des Jakobsweges von Pilgern nach Santiago de Compostela genutzt. Patrizierfamilien gelangten durch Landwirt-

STADTMAUER, KIRCHEN UND PALÄSTE PRÄGEN DAS MITTELALTERLICHE BILD VON CÁCERES IN DER EXTREMADURA. ES SCHEINT SICH SEITHER NICHT VERÄNDERT ZU HABEN.

schaft und Viehzucht zu Reichtum, Paläste und Kirchen wurden gebaut. So entstand einer der schönsten – und heute am besten erhaltenen – mittelalterlichen Orte Spaniens.

Hinter den Mauern der Almohaden

Die überwiegende Zahl der architektonischen Meisterwerke stammt aus dem 15. und 16. Jahrhundert und der größte Teil der historischen Bausubstanz liegt innerhalb der turmbewehrten Stadtmauer aus dem 12. Jahrhundert, die von den berberischen Almohaden erbaut wurde. Von der Plaza Mayor mit vielen kleinen Restaurants und Geschäften in weißen Häusern führt eine Treppe am Torre Bujaco durch den Arco de la Estrella in die historische Altstadt. Ein Zeitsprung: Die kompakten, rötlich-braunen Paläste, die mit Wappen verzierten Herrensitze, kleine Plätze und holprige Gassen fügen sich durch nichts anderes gestört zu einem einheitlichen Bild.
Beinahe jedes Haus, jede Kirche hat eine eigene Geschichte. An kleinen Plätzen wie der Plaza de Santa María befindet sich die Konkathedrale Santa María de Cáceres, eine Nebenkathedrale der Diözese Coria-Cáceres aus dem 13. Jahrhundert. Kunstvoll aus Zedernholz geschnitzt sind Altar- und Chorgestühl. Im ehemaligen Stadtpalais der Familie Carvajal mit mächtigem Turm und arkadengesäumtem Innenhof befindet sich das Tourismusbüro. Erhaben wirkt die Casa de los Golfines de Abajo mit ihrem Stilmix aus gotischen, maurischen und Renaissance-Elementen. Die eher schlichte Casa de las Veletas, im 15. Jahrhundert auf den Resten des maurischen Alcázars erbaut, verdankt ihre Bezeichnung »Wetterfahnenhaus« der Form ihres Giebelschmucks. Heute befindet sich hier das Archäologische Museum der Provinz.

KÜCHE UND WEINE DER EXTREMADURA

Das Umland von Cáceres inmitten hügeliger Ausläufer der Meseta, der zentralen iberischen Hochebene, ist ein Paradies für Naturfreunde. Ländlich geprägt ist die Region noch immer, und das schlägt sich in der rustikalen Küche nieder, wie sie auch in Cáceres serviert wird: Lammtopf, geschmortes Zicklein, zarter Schinken vom Ibérico-Schwein und würziger Schafskäse. Südlich und südöstlich von Madrid liegen die großen Weinanbaugebiete Spaniens, die Extremadura ist gleichsam ein Anhängsel davon. Mehr als 80 Winzer liefern die Trauben für die über die Grenzen Spaniens hinaus bekannte Bodega Marqués de Cáceres. Die Rotweine reifen zunächst im Eichenfass, dann in der Flasche; bei den kräftigen Sorten harmoniert die Holz- mit der Fruchtnote, ohne diese zu überlagern. Die Weißweine sind fruchtig, frisch und säurearm.

WEITERE INFORMATIONEN

Region Extremadura mit Cáceres,
www.stadtlandextremadura.de
Übernachtung im Parador de Cáceres,
einem Herrschaftssitz (14. Jh.): Calle Ancha 6, www.parador.es

53

CARTAGENA – SICHTBARE UND VERBORGENE SCHÄTZE

LEUCHTTURM SEIT DER ANTIKE

Die Karthager gründeten Cartagena, die Römer eroberten es, bevor Vandalen, Westgoten und Mauren kamen, und alle hinterließen zahlreiche faszinierende Zeugnisse ihrer Anwesenheit. Eine »Invasion« von Touristen blieb bislang aus. Und so ist Cartagena ein charmanter Geheimtipp mit großer Vergangenheit und viel original spanischem Flair.

Cartagena an der Südostküste Spaniens, der Costa Calida, blickt auf 3000 Jahre Siedlungsgeschichte zurück. Die Karthager machten es 227 v. Chr. zu ihrer Hauptstadt auf der Iberischen Halbinsel – die strategisch günstige Lage und die natürliche Hafenbucht waren stichhaltige Argumente. Als die Römer die Stadt 200 v. Chr. in den Punischen Kriegen eroberten, nannten sie sie Carthago nova, woraus sich der heutige Name ableitet. Vom 8. bis zum 15. Jahrhundert waren die muslimischen Mauren Herren der Hafenstadt, bevor die Christen sie eroberten. Als Stützpunkt für den Fernhandel war Cartagena immer schon sehr wohlhabend und zugleich ein attraktiver Wohnort. Bis heute wird der Hafen zivil und militärisch genutzt. Cartagena ist auch Universitätsstadt und Sitz der Asembla Regional, des Parlaments der autonomen Region Murcia.

Cortado im Modernisme

Einen Steinwurf vom Hafen entfernt liegt die Plaza Ayuntamiento mit dem Rathaus Palacio Consistorial (1907), einem der schönsten Gebäude Cartagenas im Modernisme, dem spanischen Jugendstil. Es hat einen dreieckigen Grundriss mit abgerundeten Ecken, die Fassade ist mit Figuren üppig verziert. Der Jugendstil prägt die komplette verkehrsberuhigte Innen- und Altstadt. Zahlreiche vier- bis sechsstöckige Bauten mit verspielten Erkern, Türmchen, kunstvoll geschmiedeten Geländern um die kleinen Balkone

IN CARTAGENA GIBT ES VIELE ZEUGNISSE DER RÖMISCHEN VERGANGENHEIT (LINKS). BUMMELN VOR PRACHTVOLLEN JUGENDSTIL-FASSADEN: EINKAUFSSTRASSE IN DER HISTORISCHEN ALTSTADT (UNTEN).

und reichem Fassadenschmuck säumen die Haupteinkaufsstraßen – Resultat des Aufschwungs durch den Bergbau Ende des 19. Jahrhunderts. Besonders repräsentativ sind das Kasino (18. Jh.), das Palais Aguirre (1901) mit dem Museum für Moderne Kunst, das Gran Hotel (1916) und die Casa Maestre (1905) an der Plaza de San Francisco mit ihren riesigen, uralten Bäumen. Im Parterre der Jugendstilhäuser sind zahllose Lädchen untergebracht und mindestens ebenso viele Cafés, Bistros und Restaurants. Dort treffen sich die Cartagener zu beinahe jeder Tageszeit, auf einen Imbiss, einen cortado (Espresso mit Milch) oder einen »43«, begleitet von lebhaften und gestenreichen Gesprächen. Der Likör aus 43 Zutaten mit der angenehmen Vanillenote wird seit 1924 in Cartagena hergestellt.

Unterirdische Geheimnisse

Vermutlich befindet sich unter dem heutigen Cartagena die komplette römische Siedlung. Eher zufällig, beim Bau eines Einkaufszentrums, wurde 1988 ein Amphitheater (44 v. Chr.) entdeckt, das mit 7000 Plätzen zu den größten römischen in Spanien zählt. Am Fuße des weitläufigen Archäologieparks El Molinete kamen 2008 Überreste ganzer Häuserblocks mit Forum, Thermen und unter der ehemaligen Stierkampfarena einem weiteren römischen Amphitheater zum Vorschein. Vom Cerro de la Concepción (70 m), den man zu Fuß oder bequem mit dem Aufzug erreicht, ist es gut zu sehen. Von der einstigen Festung (11.–13.Jh.) auf dem Hügel ist allerdings nicht viel erhalten, doch wird dort mulitmedial die Stadtgeschichte präsentiert. Und der Rundumblick lohnt allemal.
Teile der historischen Stadtmauer (18. Jh.) sind am Hafen noch zu sehen und zu begehen. Die Promenade Paseo Marítimo führt am Hafenbecken entlang, in dem kleine und große Jachten dümpeln und auch mal ein Kreuzfahrtschiff anlegt. Strände gibt es auch, mit genügend Platz zum Sonnen und Baden, Surfen oder Segeln.

RÖMISCHER ALLTAG IM KELLER

In der Casa de la Fortuna, ein bisschen versteckt unter einem Wohn- und Geschäftshaus, taucht man ein in die Welt vor 2000 Jahren. Ein reicher Römer hatte sich einst ein 204 Quadratmeter großes Haus bauen lassen. In die Wohn- und Empfangsbereiche, die Schlafräume, das Triklinium für Feste, das Bad und die Küche gelangte man von einem zentralen Innenhof (Atrium). Dem angeschlossen war ein Raum, der an Handwerker vermietet wurde. Zahlreiche Alltagsgegenstände, Bodenmosaike und Wandbilder geben einen lebendigen Eindruck vom damaligen Wohlstand. Von der Vorder- und der Rückseite gab es Zugänge zu einer Straße, unter der die damalige Kanalisation noch sichtbar ist. Die Straße mit ihren Häusern, die man sieht, wird fortgesetzt in einem Bild – wie es scheint, lebte es sich damals gut in der römischen Provinz.

WEITERE INFORMATIONEN

Touristeninformation Cartagena, www.cartagenaturismo.es
Informationen rund um einen Aufenthalt in Cartagena, www.cartagenapuertodeculturas.com

MÄRKTE HABEN IN SÜDSPANIEN TRADITION, UND DIE HÄNDLER ERSETZEN MANCHES GESCHÄFT, SO AUCH IN MURCIA.

MURCIA – SCHMUCKSTÜCK IM PARADIESGARTEN

PRÄCHTIGES SCHAUSPIEL IN FRUCHTBAREM TAL

Als Spaniens Rose, als Stadt voller Licht und Blumen hat der Komponist Augustín Lara Murcia bezeichnet. Artischocken, Zitrusfrüchte und Feigen wachsen wie im Schlaraffenland. Orangenbäume neigen sich unter der Last ihrer Früchte selbst in der Innenstadt, in der Juwelen der Architektur und traditionsreiche Feste um die Aufmerksamkeit der Besucher buhlen.

Vieles in der Stadt mutet maurisch an. In der Tat verdankt Murcia seine Gründung den muslimischen Mauren bereits im 9. Jahrhundert und diese sollten bis ins 13. Jahrhundert hinein herrschen. Als Bischofssitz und Universitätsstadt ist Murcia die quirlige Einkaufsstadt der gleichnamigen autonomen Region. In manchen Altstadtgassen hingegen scheint die Zeit stehengeblieben zu sein. Auf vielen Plätzen wie der Plaza de las Flores laden Bänke zum Verweilen ein, Tapas-Bars verführen mit ihrem Angebot – ein montadito, eine kleine, aber üppig bestückte Brötchenhälfte oder Baguettescheibe mit einer copa de vino rosado, einem Glas funkelndem Rosé, munden zu jeder Tageszeit.

Murcia kann auf eine im wahrsten Sinne reiche Geschichte zurückblicken, wie sich an Bauwerken wie dem Almudí-Palast mit seiner reliefgeschmückten Front – der ursprüngliche Bau aus dem 15. Jahrhundert diente als Kornspeicher – oder dem Bischofspalast an der Plaza Cardenal Belluga rechterhand der Kathedrale ablesen lässt.

Wasser bändigen und nutzen

Murcia liegt in einem vor allem dank des Río Segura fruchtbaren Tal; im Frühjahr und Sommer fiel der Fluss schon früher trocken, zum Winter aber trat er über die Ufer. Seine Fluten ließen fruchtbaren

IMMER WIEDER STÖSST MAN IN DER STADT AUF PRACHTVOLLE KIRCHEN WIE SAN BARTOLOMÉ-SANTA MARÍA.

Schlamm, aber auch so manche Zerstörung zurück. Die Mauren wussten die winterlichen Fluten des Río Segura zu bändigen und durch ein klug angelegtes Bewässerungssystem zu regulieren, das für den Anbau von Feldfrüchten genutzt werden konnte. Bereits im 15. Jahrhundert entstand gegen Überschwemmungen außerdem der Paséo, mächtige Mauern im Stadtviertel Arrixaca, die zugleich als Promenade ausgebaut wurden und heute aus der Stadt heraus bis zum Kapuzinerkloster und zum botanischen Garten führen – ein schöner Spaziergang.

Augenschmaus und Gaumenfreuden

»La Huerta«, Gemüsegarten, heißt die nahe Umgebung Murcias nicht zu Unrecht. Neben Gemüse und Obst gediehen und gedeihen auch Palmen und sogar Maulbeerbäume für die Seidenproduktion. Wer einmal die Gelegenheit hat, sollte einen der zahlreichen Wochenmärkte der Region, im Freien oder in einer der Markthallen, besuchen. Frischeres in allerbester Qualität bekommt man nirgendwo sonst. Auf den Punkt gereift, sind Tomaten, Paprika, Erdbeeren & Co. direkt nach der Ernte deutlich aromatischer, als nach ihrer Ankunft in deutschen Supermärkten. Die Farbenpracht zahlreicher sonst wenig bekannter Sorten allein weckt Appetit.
Apropos Märkte: Keine 20 Kilometer nordöstlich von Murcia findet im Städtchen Orihuela alljährlich Anfang Februar ein spektakulärer Mittelaltermarkt statt. Die Aussteller tragen allesamt Kostüme. Schausteller ziehen zur Erheiterung der Besucher durch die Straßen. Unter Plamen ruhen Kamele, arabische Köstlichkeiten von herzhaft bis süß finden viele Abnehmer und die knusprig-süßen flores, das ortstypische Schmalzgebäck, werden frisch von freundlichen Marketenderinnen gebacken.

SPANISCHE KRIPPENLANDSCHAFTEN
Francisco Salzillo hat eine Krippe mit rund 500 Figuren geschaffen, die sich heute im Salzillo-Museum von Murcia befinden. Die Figuren werden während der Karwoche im Rahmen der Prozession von der Bruderschaft Nuestro Padre Jesús Nazareno durch die Straßen getragen. Die Krippe an sich hat in Spanien seit Jahrhunderten Tradition: In der Weihnachtszeit von Anfang Dezember bis zu den Heiligen Drei Königen (der »Día de reyes« hat in Spanien einen höheren Stellenwert als in Deutschland der Heilige Abend) werden in vielen Städten meist auf der Plaza Mayor auf großen begehbaren Bühnen opulente Krippen mit biblischen Szenen aufgebaut. Detailgetreu und aufwendig sind Verkündigung vor den Hirten oder die Geburt Jesu nachempfunden, von Familien im Sonntagsstaat eingängig betrachtet.

WEITERE INFORMATIONEN
Turismo Murcia:
http://turismodemurcia.es/de

Pracht des Barock

Wo die prunkvolle Kathedrale Murcias im 14./15. Jahrhundert erbaut wurde, hatte zuvor eine Moschee gestanden. Heute beherrscht die schier überbordende barocke Fassade der Kathedrale aus dem 18. Jahrhundert die Plaza Cardenal Belluga. Ihr Glockenturm ist mit knapp 100 Metern Höhe nicht nur das Wahrzeichen der Stadt, sondern auch der zweithöchste seiner Art Spaniens. Im Innern beeindruckt unter den 23 Kapellen vor allem die Capilla de los Vélez mit zehneckiger Sternenkuppel und üppiger Dekoration im maurischen Stil. Im ehemaligen Kreuzgang der Kathedrale ist ein Museum mit archäologischen Fundstücken und wertvollen Sakralgegenständen untergebracht. Die Kathedrale ist häufig Kulisse für Musikveranstaltungen und Feste auf dem Platz davor. Ein festliches Konzert auf einer solchen Bühne zum Beispiel um die Weihnachtszeit bleibt unvergessen.

Semana Santa

Dem Murcianer Bildhauer und Holzschnitzer Francisco Salzillo (1707–1783) ist ein eigenes Museum gewidmet. Überlebensgroße Figuren, die er einst schnitzte, die pasos, nehmen auch an den Umzügen der semana santa, der Karwoche, wie sie in Spanien in vielen Orten stattfinden, teil. Dann ziehen christliche Bruderschaften in festlicher Prozession durch die Straßen. Auf ihren Schultern tragen die Teilnehmer schwere Gestelle mit Kirchenschätzen, die dem Auge der Öffentlichkeit sonst verborgen bleiben. Ganze Szenen wie das letzte Abendmahl beinahe in Lebensgröße sind darunter. Die Teilnehmer sind mit besonderen Gewändern angetan, jede Bruderschaft hat ihre eigene Farbe. Manche »Kuttenträger« wirken in ihren spitzen Kapuzen mit den schmalen Sehschlitzen ein wenig unheimlich. Zuschauer suchen sich rechtzeitig die besten Plätze auf dem Prozessionsweg aus, bringen Klappstühle mit oder mieten sie vor Ort. Nach alter Sitte werden die Prozessionsteilnehmer von Kindern mit Süßigkeiten beschenkt.

Schwelgen im Casino

In der Trapería, einer der großen Einkaufsstraßen der Innenstadt, befindet sich eine typisch spanische Einrichtung: das Casino. Vielerorts bleibt der Besuch, wie ursprünglich vorgesehen, auch heute städtischen Honoratioren oder Clubmitgliedern der Hautevolee vorbehalten. Das Casino von Murcia aus der Mitte des 19. Jahrhunderts aber kann man gegen eine Gebühr zu bestimmten Zeiten (realcasinomurcia.com) besichtigen. Es lohnt sich: Gold, Marmor, Stuck, edle Hölzer, geschliffenes Glas, Kunstwerke im Übermaß. Durch ein reich verziertes Portal zwischen einladenden großen Fenstern geht es in den arabisch gestalteten Innenhof unter einer verglasten Eisenkonstruktion. Über einem neobarocken Tanzsaal und Damenumkleideräumen wölben sich üppigste Deckengemälde. Ein Restaurant gibt es auch. Hungrig von der Entdeckertour? Kein Problem in Murcia – rund um die Kathedrale und in den Einkaufsstraßen liegen unzählige Bars. Wer es ruhiger angehen lassen möchte, weicht in die vom Trubel weiter entfernten Viertel San Antón, San Andrés, San Antolín oder San Basilio aus und findet dort Entspannung.

AUF DEM KATHEDRALENVORPLATZ FINDEN VIELE VERANSTALTUNGEN UND TRADITIONELLE FESTE STATT (RECHTS). DAZU TRAGEN DIE MURCIANER HÄUFIG TRACHT (OBEN), WIE ETWA IN DER SEMANA SANTA VOR OSTERN.

PRÄCHTIGE FASSADEN UND DAS TYPISCHE SCHWARZ-WEISSE KOPFSTEINPFLASTER IN DER EINKAUFSSTRASSE VON COIMBRA.

VOM RIO MONDEGO MIT DER PONTE DE SANTA CLARA ZIEHT SICH COIMBRA DEN BERG HINAUF.

55

COIMBRA – ALTE UNIVERSITÄTSSTADT

PORTUGALS REICHES ERBE

Auf dem höchsten Punkt der Stadt steht die älteste Universität Portugals. Doch sie prägt die Stadt nicht nur geografisch: Mit der Lebensfreude ihrer Studenten, mit zahlreichen Kneipen, Festen und Musik prägt sie in einer historischen Kulisse auch die Atmosphäre der ersten Hauptstadt Portugals.

Coimbra liegt in Zentralportugal am Ufer des Mondego, der 40 Kilometer weiter westlich in den Atlantik mündet. Vermutlich wurde der Ort bereits in keltischer Zeit besiedelt; die Römer nannten ihn dann Aeminium. Als im Jahr 468 ihr Zentrum Conímbriga von germanischen Stämmen zerstört wurde, verlegten sie es nach Aeminium und übertrugen auch den Namen auf die Stadt, die besser verteidigt werden konnte. Im 16 Kilometer entfernten Conímbriga befindet sich heute Portugals bedeutendste römische Ausgrabungsstätte. Dort ist der hohe Standard ihrer Stadtkultur mit prächtigen Mosaikfußböden, Badeanlagen mit Pools, Fußbodenheizung und Gärten mit Wasserspielen zu bestaunen. Im 8. Jahrhundert eroberten die muslimischen Mauren Coimbra, das in der Folgezeit zwischen ihnen und den Christen umkämpft war. Im 12. Jahrhundert kam es endgültig in christliche Hände und wurde Hauptstadt des neuen portugiesischen Königreichs. Als diese später nach Lissabon verlegt wurde, erhielt Coimbra als Ausgleich Ende des 13., Anfang des 14. Jahrhunderts eine Universität – bis 1910 die einzige des Landes. Sie bestimmte lange Zeit das geistige Leben in Portugal.

Tor zur Altstadt

Die moderne Geschäftsstraße Rua Ferreira Borges und die Verlängerung Rua Visconde da Luz trennen die Oberstadt von der Unterstadt. Der schönste

Zugang zum stimmungsvollen Gassengewirr der Alt- und Oberstadt mit den unzähligen kleinen Geschäften ist der aus maurischer Zeit stammende Arco de Almedina; der Torbogen war Teil der Stadtmauer, der gotische Turm darüber (15. Jh.) beherbergt heute das Stadtarchiv.
Eine steile Treppe, die nicht ohne Grund Quebra Costas, Rückenbrecher, heißt, führt in die Altstadt hinauf. Linker Hand gelangt man zum Palacio de Sub Ripas mit seinem wunderschönen manuelinischen Dekor. Weiter hinauf durch enge Gassen und über Treppen ist schließlich die Alte Kathedrale Sé Velha (12. Jh.) erreicht.
Mit ihrem Zinnenkranz erinnert sie eher an eine Festung und als solche hätte sie zur Not auch dienen müssen.
Die Kathedrale gehört zu den schönsten romanischen Kirchen in Portugal. Das reich dekorierte Portal an der Nordseite wurde in der Frührenaissance angebaut. Der dreischiffige Innenraum beeindruckt u. a. mit dem spätgotischen Hochaltar, einem Taufstein und einer Grabkapelle aus der Renaissance sowie dem gotischen Kreuzgang. Nordöstlich von der Alten steht die Neue Kathedrale, Sé Nova (16./17. Jh.), hinter deren frühbarocker Fassade der Innenraum mit einem kassettierten Tonnengewölbe, barockem Altar und einer Orgel aus dem 17. Jahrhundert aufwartet.

Gipfel der Wissenschaft

Nicht weit entfernt präsentiert das Museo Nacional Machado de Castro im ehemaligen Bischofspalast eine der reichsten Kunstsammlungen Portugals mit Exponaten vom 1. bis zum 18. Jahrhundert. Das wichtigste Museum der Stadt ist nach dem portugiesischen Bildhauer benannt (1731–1822). Unter dem Bischofspalast wurde das Forum aus römischer Zeit entdeckt, dessen Überreste ebenfalls zu sehen sind. Am obersten Punkt der Stadt thront die Universität, die im einstigen Königspalast eingerichtet und im 17./18. Jahrhundert teilerneuert wurde. Der Haupteingang Porta Férrea (1634) führt auf einen an drei Seiten umbauten Innenhof. Die vierte Seite nimmt die Terrasse ein, die einen schönen Blick auf Coimbra und den Fluss gewährt. Über eine Freitreppe erreicht man die Via Latina, einen Säulengang, in dem Stu-

PORTUGALS MONUMENTE IM MINIATURPARK PORTUGAL DOS PEQUENITOS (LINKS). GOLDENE FIGURINE IN SÉ VELHA (12. JH.), DER ALTEN KATHEDRALE (OBEN).

denten früher nur Latein sprechen durften. Von dort geht es in die prächtige Sala dos Capelos für die Examensfeiern. Der 1728–1733 errichtete barocke Uhrturm gibt den Takt für das Studentenleben vor; er wird scherzhaft »cabra«, Ziege, genannt. Die barocke Universitätskirche Capela de São Miguel (1517–1552) ist mit Deckenfresken, Fliesendekor, manuelinischen Elementen und einer vergoldeten Orgel ausgestattet. Gleich daneben schließt sich die Biblioteca Joanina an, die alte Universitätsbibliothek (1717–1728), die als prächtigste und schönste des Landes gilt.

Mosteiro de Santa Cruz

In der Unterstadt nördlich der Praça Comercio steht das Kloster Mosteiro de Santa Cruz (1131, erneuert 15./16. Jh.). Im Nordflügel ist heute das Rathaus untergebracht, den Südflügel nimmt die Klosterkirche (1132) ein. Man betritt sie durch ein Renaissanceportal und einen Portalbogen aus dem 18. Jahrhundert und sieht im Kircheninneren die kunstvoll verzierte Kanzel (1522), die Sakristei (1622) mit kassettiertem Tonnengewölbe und Azulejo-Verkleidung sowie die spätgotischen Grabmäler der ersten portugiesischen Könige. Der zweigeschossige manuelinische Kreuzgang ist mit Reliefs geschmückt. Hinter dem Kloster schließt sich der Jardim da Manga mit einem bemerkenswerten Brunnen (1533) an: Vier Türme sind durch Brückenbögen mit einem Pavillon im Wasserbecken verbunden. Neben der Kirche ist in Klosterräumlichkeiten ein Café eingerichtet, in dem der galão (Espresso mit Milch) unter schönem Gewölbe besonders gut schmeckt.

Studentisches Temperament, Oasen der Ruhe

Auf der Praça da República mit der romanischen Kirche São Tiago treffen sich die Studenten vor den Jugendstilfassaden der umliegenden Bürgerhäuser in Cafés und Kneipen. 30000 Studierende gibt es in Coimbra, sie verleihen der Stadt ein junges, lässiges und internationales Flair. Viele von ihnen wohnen in den sog. Repúblicas, Wohngemeinschaften. Mit unseren Studentenverbindungen vergleichbar, sorgen sie seit dem 16. Jahrhundert für ein frisches Kulturleben. Graffitis um die Repúblicas herum thematisieren aktuelle politische Themen. Aus den Studentenkneipen überall in Ober- und Unterstadt sowie auf Straßen und Plätzen erschallt abends und nachts neben moderner Musik auch immer wieder portugiesischer Fado. Einer der Höhepunkte im Jahr ist die Queima das Fitas, die Examensfeier im Mai. Dazu tragen die Studenten ihre schwarzen Umhänge mit bunten Bändern. Diese Bänder werden abgerissen und bei einem fröhlichen, tagelangen Fest verbrannt.
Ruhige grüne Oasen bilden der Parque Santa Cruz, der zum gleichnamigen Kloster gehörte, und der Jardim Botânico (1772), der älteste botanische Garten Portugals. Jenseits des Mondego befindet sich die Ruine des gotischen Klosters Santa Clara-a-Velha (1330), in dem Isabel von Portugal (1271–1336) beigesetzt wurde. Wegen häufiger Überschwemmungen wurden Kloster und Grab im 17. Jahrhundert den Berg hinauf in das neu gegründete Santa Clara-a-Nova verlegt.

PALAST DER BÜCHER
Die von König João (Johann) V. gestiftete Bibliothek der Universität von Coimbra ist mit ihren Säulen, Friesen und Dekorationen ein Paradebeispiel der Barockarchitektur in Portugal. Sie beansprucht drei Säle in zwei Stockwerken. Aufwendige illusionistische Deckenfresken, Regale aus Rosen- und Ebenholz, Lackmalerei an Spitzpfeilern und Balustraden, Tische aus Palisander-, Eben- und Jacarandaholz und opulente Goldverzierungen verleihen den Räumlichkeiten eine überbordende Pracht. In den Regalen stehen 300000 kostbare Bände, davon 3000 mittelalterliche Handschriften. Bis 1910 wurde die Biblioteca Joanina genutzt, heute dürfen die Bestände nur mit Sondergenehmigung eingesehen werden. Nach Besuchsschluss macht sich eine Fledermauskolonie über die Insekten in der Bibliothek her – eine originelle Art, Bücher zu schützen.

WEITERE INFORMATIONEN
Coimbra,
www.visitportugal.com/de/destinos/centro-de-portugal,
www.portugal-reiseinfo.de/coimbra/coimbra/
Biblioteca Joanina,
http://visit.uc.pt/en/library/

56

TAVIRA – ENTSPANNUNG AN FLUSS UND MEER

DORNRÖSCHEN DER ALGARVE

Das verträumte Tavira an der Sand-Algarve bezaubert mit pastellfarbenen, hübsch dekorierten Fassaden, kopfsteingepflasterten Gassen und Plätzen, in denen man eintaucht in die lässig-legere portugiesische Lebensart. Die vorgelagerte Laguneninsel Ilha de Tavira hält kilometerlange Sandstrände für Sonnenanbeter bereit.

Tavira liegt im Osten der Algarve, nur 20 Kilometer von der spanischen Grenze entfernt, am Fluss Rio Gilão, der dort in den Atlantik mündet. Die Stadt, in Felder mit Mandel- und Johannisbrotbäumen eingebettet, ist durch den Lagunenbereich Ria Formosa vom Atlantik getrennt. Schon zur Zeit der Römer war Tavira besiedelt, vom 8. bis 13. Jahrhundert ließen es sich die Mauren dort gut gehen, zur Zeit der Entdecker war es ein wichtiger Ausgangsunkt für Expeditionen nach Nordafrika. Nach dem Erdbeben 1755 wieder neu und einheitlich im Stil errichtet, stieg Tavira zu einem Zentrum des Thunfischfangs auf. Durch die Versandung des Hafens und den Rückgang der Fischindustrie fiel das Städtchen in einen Dornröschenschlaf, aus dem es nun ganz sachte vom Tourismus geweckt wird.

Uhren zurückstellen

Taviras Zentrum ist die Praça da República mit dem Rathaus und einigen eindrucksvollen Bauten direkt am Ufer des Gilão. Jahrhundertelang wurden auf dem Platz Sklaven gehandelt, später waren Fisch und Obst das Hauptangebot. Heute säumen ihn Cafés, die zum galao, Espresso mit heißer Milch, einladen. Ringsum bieten Restaurants lokale Spezialitäten an, darunter natürlich Thunfisch. Tavira hat sich das Flair des ehemaligen Fischerstädtchens bewahrt, in dem die Uh-

ren immer noch ein wenig langsamer ticken. Ein Park schließt sich an, dahinter die einstige Markthalle aus dem 19. Jahrhundert. Sie beherbergt heute kleine Geschäfte und Cafés, in denen man teils direkt am Flussufer sitzen kann. Im Wasser spiegeln sich malerisch die Walmdächer. Von der Praça da República fällt der Blick auf die Ponte Romana, die, der Name sagt es, auf eine römische Brücke zurückgeht; die siebenbogige Steinbrücke stammt aus dem 17. Jahrhundert. Bummelt man weiter durch die verträumten Gassen, gelangt man zur Kirche Igreja da Misericórdia (um 1540), eines der bedeutendsten Bauwerke der Renaissance an der Algarve und eine von 37 Kirchen in Tavira. Die prächtige Eingangstür ist mit reichem Schnitzwerk versehen. Der Altar kleidet sich in opulentes Barock, die Azulejos (18. Jh.) zeigen Motive der Barmherzigkeit.

DIE SIEBENBOGIGE PONTE ROMANA AUS DEM 17. JAHRHUNDERT FÜHRT ÜBER DEN RIO GILÃO (GANZ LINKS). INNENRAUM DER IGREJA DA MISERICÓRDIA MIT BLAU-WEISSEM AZULEJO-WANDSCHMUCK (UNTEN).

Burg mit Garten

Über der Stadt erheben sich die Ruinen der Burg Castro dos Mouros über der Stadt. Die Grundmauern stammen vermutlich schon aus der Jungsteinzeit, Phönizier und Mauren hatten dort ebenfalls eine Festung. Die heutigen Überreste gehen auf das 17. Jahrhundert zurück. In den Burgmauern ist inzwischen ein exotischer Garten angelegt. Vom achteckigen Turm bietet sich eine malerische Sicht auf Tavira. Im einstigen Wasserturm nebenan, Torre de Tavira, erlaubt eine Camera Obscura eine 360-Grad-Sicht auf die Stadt.
Unterhalb der Burg steht die gotische Igreja de Santa Maria do Castelo, die im gotischen Stil auf einer Moschee errichtet wurde. Nach dem Erdbeben wurde sie neu gebaut.

Ria Formosa

Unmittelbar vor der Stadt säumen gleißend weiße Salzpfannen die Straße. In Tavira, so heißt es, wird das beste Salz Portugals gewonnen. Jenseits erstreckt sich das Haff Ria Formosa, ein Feuchtgebiet mit Kanälen und Sandbänken, das als Naturpark Tausenden Wasser- und Zugvögeln sowie Meereslebewesen Schutz bietet. Die vorgelagerte Ilha de Tavira hält kilometerlange goldgelbe, feinsandige Strände bereit, an denen nie drangvolle Enge herrscht.

PRAIA DO BARRIL – STRAND UND FRIEDHOF

Der wunderschöne Strand Praia do Barril liegt westlich von Tavira auf der vorgelagerten Ilha de Tavira. Man erreicht ihn u. a. von Pedras D'el Rei aus mit einem zauberhaften Freiluftzug, der quer durch das Feuchtgebiet Ria Formosa fährt. Die gemächliche, ein Kilometer lange Fahrt bietet Gelegenheit, die Landschaft im Naturpark und seine Bewohner, Vögel und Krebse zu bewundern. Die Praia do Barril ist nicht nur Strand, sie war früher Standort einer Thunfischfang-Gemeinschaft. Viele Schiffsanker gruppieren sich zu einem dekorativen »Anker-Friedhof« (Cemitério das Âncoras), der an die einstige Fischereiflotte erinnert. Die Fischerhütten wurden in Bars, Restaurants und Läden umgewandelt. Aber natürlich kann man hier auch einfach nur sonnenbaden und sich in die kristallklaren Fluten stürzen ...

WEITERE INFORMATIONEN

Tavira, https://algarve-south-portugal.com/de-tavira/tavira-portugal-de.html, www.algarve-reisen.com/tavira/taviramis.htm
Praia do Barril, https://algarve-south-portugal.com/de-tavira/strand-praia-do-barril-tavira-de.html

57

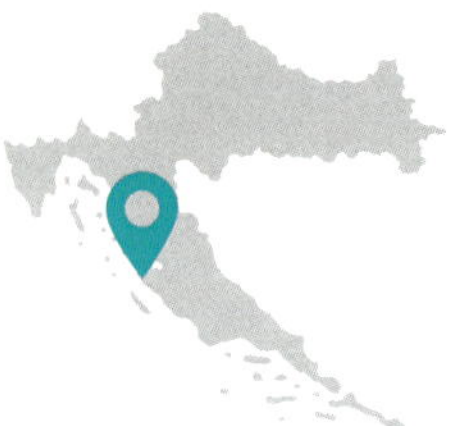

ZADAR – STREIFZUG DURCH 3000 JAHRE

SCHÄTZE AUF RÖMISCHEN MAUERN

Der Spaziergang durch Zadars Altstadt gleicht einer Zeitreise in einem ebenso schönen wie spannenden Freilichtmuseum. In 3000 Jahren gab es viele Herrscher in Zadar, römische, fränkische, byzantinische, venezianische, österreichische, französische, kroatische, und alle hinterließen dort ihre Spuren – auf denen man heute in entspannter mediterraner Atmosphäre wandeln kann.

Zadar an der Adria im Süden Kroatiens ist das Tor nach Dalmatien. Die Stadt besteht aus vier Teilen. Einer davon ist die Altstadt auf einer schmalen Landzunge, vom Festland getrennt durch einen Wassergraben. Zadar war bereits in antiker Zeit von den seefahrenden Liburnern besiedelt, dann kamen die Römer. Ab dem 9. Jahrhundert zogen Franken, Venezianer, Kroaten, Ungarn, Franzosen und Österreicher in das Städtchen auf der Halbinsel ein. Viele Bauwerke – Kirchen, Klöster und Paläste – zeugen von Wohlstand und Herrscherpracht. Über Jahrhunderte hinweg war Zadar das politische und kulturelle Zentrum Dalmatiens.

Geschichte, Gedenken, Geschäfte

Die Altstadt ist umgeben von einem bis zu 25 Meter hohen, beeindruckenden Wall aus dem 16. Jahrhundert. Vier Stadttore gibt es, das Landtor (1543), früher der Hauptzugang vom Festland, ist das schönste. Es erinnert an einen Triumphbogen, oben mit dem Stadtwappen geschmückt und vom venezianischen Löwen bewacht. Hinter dem Tor taucht man ein in die Gassen aus weißen Granit- und Marmorplatten, gesäumt von geschichtsträchtigen Mauern, Toren, Türmen und Häusern, in denen heute zahlreiche Lädchen, Restaurants und Cafés um Kunden werben. Einheimische wie Touristen sitzen auf Terrassen, Plätzen und in Parkanlagen und genießen die Atmosphäre mediterraner Lebensfreude.
Fünf lange Straßen, acht Querstraßen – der Grundriss der Altstadt stammt aus römischer Zeit. An der zentralen Kreuzung lag das Forum (100 v. Chr.–300 n. Chr.). Heute finden im Sommer zwischen den Überresten römischer Tempel, die bis hinunter ans Meer verstreut sind, Open-Air-Veranstaltungen statt. Am Forum erhebt sich auch die Rotunde der Kirche St. Donatus (Sveti Donat, 9. Jh.), ein Wahrzeichen von

ABENDS SIND DIE VON GESCHICHTSTRÄCHTIGEN BAUWERKEN GESÄUMTEN GASSEN ZADARS STILVOLL ILLUMINIERT (GANZ LINKS). UNGEWÖHNLICHER BLICK IN DIE KIRCHE ST. DONATUS AUS DEM 9. JAHRHUNDERT (LINKS).

Zadar. Wegen der hervorragenden Akustik wird sie häufig für Konzerte genutzt. Gleich daneben steht der Glockenturm (15. Jh.) der romanischen Kathedrale St. Anastasia (Sveti Stošija), die auf eine altchristliche Basilika zurückgeht. In der größten Kirche Dalmatiens sind figurenreiche Altäre aus Marmor, Reliefs und Gemälde sowie das Taufbecken aus dem 6. Jahrhundert nicht nur einen Blick wert. Die Krypta beherbergt die Reliquien der heiligen Anastasia. Gegenüber in Kloster und Kirche der heiligen Maria (Crkva i samostan svete Marije, 11. Jh.) zeigt die Dauerausstellung »Das Gold und Silber von Zadar« Kirchenkunst vom 8. bis 18. Jahrhundert. In vielen weiteren Museen und Galerien der Stadt lebt die wechselvolle Geschichte wieder auf.
Seit der Renaissance ist der Volksplatz (Narodni trg) Mittelpunkt des Lebens in Zadar. Gesäumt von imposanten Gebäuden wie der Stadtwache (1562), der Kirche St. Laurentius (11. Jh.) mit Glockenturm und der Stadtloggia (1565), entfaltet sich hier zu jeder Tageszeit rege Geschäftigkeit, die man herrlich von einem der vielen Cafés aus beobachten kann.

Zeitgenössisches Vergnügen

An der Landspitze der Halbinsel, bequem über die großzügige Promenade zu erreichen, finden sich mit der Meeresorgel und der Installation »Gruß an die Sonne« (2005) zwei moderne Kunstwerke, die zu Touristenattraktionen wurden. Zadar befindet sich an der Adria – da liegt es nahe, Sonne und Meer am Strand zu genießen. Borik östlich der Altstadt ist einer von wenigen Sand- und Kiesstränden in Kroatien, Kolovare bietet zwar nur Kies, dafür aber viel Platz. Der Sandstrand Zaton ist etwas weiter entfernt.

KLANG DES MEERES UND GRUSS AN DIE SONNE

Auf einer Länge von 60 Metern führen an der Spitze der Altstadt steinerne Treppenreihen hinunter ins Meer. Unter den Stufen sind Röhren unterschiedlicher Größe mit Pfeifen an den Enden angebracht. Die Wellen drücken nun Luft in diese Röhren. Ein steinerner Unterwassergang dient als Resonanzraum und Öffnungen in den Treppenstufen lassen es oben ertönen. In sieben Akkorden und fünf Tönen dringt der seltsam meditative Klang des Meeres ans Ohr. Der kroatische Architekt Nikola Bašić (*1946) hat die Meeresorgel ersonnen und setzte gleich daneben auch der Sonne ein Denkmal: Unter 300 Glasplatten, die in einem Kreis von 22 Metern Durchmesser angeordnet sind, liegen Solarzellen, die nach Sonnenuntergang im Rhythmus der Meeresorgel bunte LEDs zum Leuchten bringen. »Gruß an die Sonne« taufte Bašić sein Werk.

WEITERE INFORMATIONEN

Zadar,
www.kroati.de/kroatien-dalmatien/zadar.html
www.meine-urlaub-zeit.de/index.php/zadar/

DIE EVANGELISCHE KIRCHE AM SÜDUFER DER MILJACKA AUS DER HABSBURGERZEIT (1899) BEHERBERGT HEUTE DIE AKADEMIE DER SCHÖNEN KÜNSTE.

VOM INNENHOF DER GAZI-HUSREV-BEG-MOSCHEE (1530/1531) MIT DEM BRUNNEN (RECHTS) FÄLLT DER BLICK AUF DEN HISTORISCHEN UHRTURM (SAHAT KULA).

SARAJEVO – ORIENT UND OKZIDENT IM TAL DER MILJACKA

KRIEG IM GEDÄCHTNIS, FRIEDEN IM SINN

Die Hauptstadt von Bosnien und Herzegowina wird wohl auf immer mit Krieg in Verbindung gebracht werden. Dabei lässt sich in der von hohen Bergen umgebenen Metropole im engen Tal der Miljacka sehen und spüren, wie unterschiedliche Kulturen friedlich miteinander auskommen können.

Die Wunden des Bosnienkriegs (1992–1995), als Sarajevo 1425 Tage von bosnisch-serbischen Truppen belagert wurde, sind nicht verheilt, die Zerstörungen immer noch sichtbar, die Opfer im kollektiven Gedächtnis. Gleich am Flughafen wird der Besucher damit konfrontiert: Unter der Start- und Landebahn verlief ein Tunnel, durch den Bewohner Sarajevos der brutalen Blockade zu entfliehen versuchten: kein Strom, kein Treibstoff, kein Trinkwasser und Scharfschützen, die entlang der zentralen Ausfallstraße (»Sniper Alley«) auf alles schossen, was sich bewegte. Nur über eine Luftbrücke kamen Versorgungsgüter in die Stadt. Ein Teil des »Sarajevo-Tunnels« wurde als Museum gerettet. Mit sehr persönlichen Dokumenten wie Tagebüchern, Zeichnungen, Fotos, Spielsachen und Liedern hält das 2017 eröffnete »Museum der Kriegskindheit« auf sehr anrührende Weise die Erinnerung der damals Jüngsten fest. Mehr noch steht der Name Sarajevo als Anlass für den Ersten Weltkrieg. Am 28. Juni 1914 starben der österreichisch-ungarische Thronfolger Franz Ferdinand und seine Frau Sophie beim Attentat eines bosnischen Terroristen. An der Lateinerbrücke gab Gavrilo Princip die tödlichen Schüsse ab. Dass er überhaupt »zum Zuge« kam, verdankte er einer Reihe von Zufällen. Wer mehr dazu und zum politischen Hintergrund der stümperhaft organisierten Untat wissen will, kann dies im Museum Sarajevo 1878–1918 direkt am ehemaligen Tatort tun.

Trennendes, Verbindendes

Sarajevo ist heute keine multiethnische Stadt mehr – mehr als 80 Prozent sind muslimische Bosniaken – und Bosnien und Herzegowina nicht mehr »Jugoslawien im Kleinen«, sondern ein Staat mit Trennlinien zwischen Entitäten, Nationalitäten, Kantonen und drei Staatssprachen. Der heute ausschließlich von Serben bewohnte Ostteil Sarajevos gehört wie das Skigebiet von Jahorina, wo 1984 bei den Olympischen Winterspielen die alpinen Wettkämpfe der Frauen ausgetragen wurden, zur Serbischen Republik. Sie ist das Gegenüber der Föderation Bosnien und Herzegowina, in dem der größte Teil von Sarajevo liegt. Ja, auf den schneesicheren Höhen des Dinarischen Gebirges kam damals die Jugend der Welt zusammen, um sich auf friedliche Weise sportlich zu messen. Einige Sportstätten wurden wieder aufgebaut, andere Areale verfallen. Wer Wintersport jenseits von Skischaukeln und Skizirkus betreiben will, ist auf den von viel Wald umgebenen Pisten, kaum 30 Kilometer von Sarajevo entfernt, herzlich willkommen.

Viel Grün, Wasser, islamische Prägung und ein gutes Preis-Leistungs-Verhältnis – diese Faktoren locken seit Längerem auch Araber vom Persischen Golf visumfrei (gilt nicht für Bürger Saudi-Arabiens) in die Umgebung von Sarajevo. Nicht immer gern gesehen, aber zahlungskräftig, bevorzugt diese Klientel die Atmosphäre geschlossener Resorts nahe der Sommerfrische von Ilidša um das liebliche Quellgebiet der Bosna-Quellen unterhalb des Berges Ingman. Die »Römerbrücke« über den noch jungen Fluss mit ihren echt antik wirkenden Steinbögen stammt allerdings aus dem 16. Jahrhundert. Apropos Brücken: Eine große Anzahl verbindet die Ufer der Miljacka, die Sarajevo durchfließt und dann in die Bosna mündet. Abends erzeugen die Laternen an den Uferstraßen zwischen Ober- und Unterstadt eine zauberhafte Stimmung. Eine der originellsten Brücken ist der

IN DER HAUPTSTADT VON BOSNIEN UND HERZEGOWINA (LINKS, ALTSTADT IM VORDERGRUND) WIRD IN DER KAFFEE- UND TEEKULTUR DAS TÜRKISCHE ERBE ZELEBRIERT (OBEN). AUF DEM KOVAČI-FRIEDHOF IST DER ERSTE STAATSPRÄSIDENT ALIJA IZETBEGOVIĆ BEGRABEN (RECHTS).

»Looping« an der ehemaligen Evangelischen Kirche, heute eine Kunstakademie. Der weiße Prachtbau (1899) stammt aus der Zeit, als die Österreicher sich in Bosnien breit machten.

Ost und West

Die Herren aus Wien ließen es sich damals einiges kosten, um aus dem alten, Mitte des 15. Jahrhunderts gegründeten türkischen Waffen- und Handelsplatz (Bosna Saraj) eine vorzeigbare »europäische« Stadt zu machen. In diese Ära fällt auch die katholische Herz-Jesu-Kathedrale (1889) mit dem benachbarten Nationalmuseum (1913). Architekten durften sich insbesondere westlich einer imaginären Linie verwirklichen, die heute als »Treffpunkt von Ost und West« auf das Straßenpflaster gemalt ist. Dort, in der Verlängerung der Ferhadija-Straße, geht der Orient gleichsam in den Okzident über. An dieser Grenze steht auch das Hotel Europa, wo einst Literaturnobelpreisträger Ivo Andrić (»Die Brücke über die Drina«) seinen Mokka trank. Von dort lassen sich beide »Welten« gleichermaßen gut zu Fuß erreichen.
Das wohl auffälligste Zeugnis aus der Habsburger Zeit ist das im maurischen Stil errichtete kriegszerstörte und wieder aufgebaute Vjećnica-Gebäude, Standort von Stadtverwaltung und Nationalbibliothek.

Altstadt – das wahre Sarajevo

Das Herz Sarajevos und ehedem Standort Dutzender orientalischer Märkte ist die Gegend um den Baščaršija trg, wo Fernhandels- und Verbindungsstraßen zusammenliefen. Um den langgezogenen Platz mit einem Brunnen in Form eines Kiosks, Sebilj, gruppieren sich einstöckige Gebäude mit zahllosen Läden, die heute Kunsthandwerk und allerlei Tand feilbieten. Zu essen gibt's landestypische Balkangerichte im oder ohne Teigmantel – die Einordnung als buregdžinica oder ćevabdžinica gibt erste kulinarische Hinweise. Dazu passt ein heimisches Bier oder rakija.
Neben dem Baščaršija-Platz verweist die gleichnamige Moschee (džamija), ein Kleinod, auf die lange türkische Präsenz. Berühmter ist der Komplex der Gazi-Husref-Beg-Moschee (1530/31): ein Kuppelbau mit Minarett, lauschigem Innenhof, zwei Mausoleen, islamischer Hochschule (Medrese) und Bibliothek. Unmittelbar daneben steht der 30 Meter hohe Uhrturm (sahat kula), wahrscheinlich aus dem 16. Jahrhundert. Die Zeitanzeige, die sich traditionell nach dem Sonnenuntergang als Tagesbeginn (= 12 Uhr) richtet, musste mit dem Mondkalender in Einklang gebracht werden, damit die fünf täglichen Gebetszeiten korrekt festgelegt werden konnten. Akkuratesse im Detail korrespondierte in osmanischer Zeit mit einer gewissen religiösen Toleranz. Neben Minaretten behaupteten sich Kirchtürme. Neben raumgreifenden Moscheen wie der Kaisermoschee (ab 1560), Nummer zwei unter den Moscheen Sarajevos, war noch Platz für Andersgläubige. Die Ashkenasische Hauptsynagoge am linken Miljacka-Ufer, ein imposanter Bau von 1902, kommt bis heute ohne Polizeischutz aus. Wo gibt es das noch in Europa?

AUF DEM TREBEVIĆ
Früher, das heißt vor dem Bosnienkrieg, gehörte ein Ausflug mit der 1959 in Dienst gestellten Seilbahn auf den Trebević mit Fernsehturm zu einem gelungenen Sonntagnachmittag. Seit 2018 fährt wieder eine Kabinenbahn auf den 1629 Meter hohen Hausberg von Sarajevo, das damit ein Stück Frieden und Normalität zurückerhielt. Einem reichen Amerikaner gebührt Dank für diese Investition. Bereits auf dem Weg nach oben öffnet sich ein weiter Blick auf den Talkessel, die Altstadt im Vordergrund und die Plattenbauten von Novi Sarajevo und Novi Grad im Hintergrund. Der Trebević geht über in das Skigebiet von Jahorina. Zu den Olympischen Winterspielen 1984 wurde eine schicke Bobbahn in den Nordhang gesetzt. Ihr Beton bröckelt seit Langem.

WEITERE INFORMATIONEN
Sarajevo,
https://sarajevo.travel, http://visitsarajevo.ba
(beides auch englisch)
Sarajevo-Tunnel,
https://tunelspasa.ba

SIBIU (HERMANNSTADT) – METROPOLE DER SIEBENBÜRGER SACHSEN

SCHAUFENSTER TRANSSILVANIENS

Sibiu am nördlichen Rand der Südkarpaten war und ist das kulturelle Zentrum Siebenbürgens. Das von deutschen Siedlern im 12. Jahrhundert gegründete Hermannstadt rühmte sich seiner von fünf Verteidigungsringen geschützten Altstadt. Heute knüpft das moderne Sibiu wieder an die einstige Innovationsfreude an und präsentiert sich als Großstadt mit hohem Kultur- und Freizeitwert.

In der Ceauşescu-Zeit heruntergekommen und vom Exodus der deutschen Bevölkerung mitgenommen, erholte sich die »verstaubte Provinzstadt« Sibiu, seit 1919 der offizielle Name, langsam wieder und profitiert seit fast zwei Jahrzehnten von einem wirtschaftlichen Aufschwung. Investitionen aus Deutschland und Österreich, eine umfassende Stadterneuerung, der Fleiß seiner Bewohner und die Umsicht seines damaligen Bürgermeisters Klaus Johannis (2000–2014), heute Staatspräsident Rumäniens, gaben Hermannstadt seine Seele und Bedeutung wieder zurück. Die Metropole der Siebenbürger Sachsen, die der ungarische König ins Land geholt und auf seinem »Königsboden« mit Privilegien ausgestattet hatte, besann sich als Europäische Kulturhauptstadt 2007 auf ihr multikulturelles Erbe. Obwohl Rumäniendeutsche heute nur weniger als zwei Prozent der Einwohner, insgesamt 147 000, stellen, ist im Bildungsbereich, u. a. mit dem deutschsprachigen Brukenthal-Gymnasium (ab 1380) am Huetplatz und der staatlichen Universität (ab 1990), sowie kommunal- und wirtschaftspolitisch das »deutsche« Element als Aushängeschild zum allseitigen Nutzen (wieder) präsent. Wer das nicht glaubt, muss nur über die gusseiserne Lügenbrücke (1859) gehen – und dann sehen, was passiert ...

Wehrhaft und kunstsinnig

Dass Hermannstadt als Handelsmetropole und Handwerkerstadt für Fremde einst sehr begehrt war – die Türken haben mehrfach versucht es einzunehmen –

DIE GUSSEISERNE LÜGENBRÜCKE (EIGENTLICH »LIEGENDE BRÜCKE«) WURDE 1859 IN FRIEDRICHSHÜTTE (HESSEN) GEFERTIGT (GANZ LINKS). IN DER ALTSTADT GIBT ES ZAHLREICHE KLEINE WEHR- UND DURCHGÄNGE (LINKS).

bezeugen die erhaltenen Türme und Bastionen an den ehemaligen Befestigungsringen; in den Türmen bewahrten die Zünfte auch ihre Wertsachen auf. Ältestes Tor in der aus Ober- und Unterstadt bestehenden Altstadt ist der Sagturm (1542) am Übergang zu einer der typischen Treppenstiege, die beide Viertel miteinander verbinden. Wahrzeichen Sibius ist der mit dem ehemaligen Rathaus (heute Historisches Museum) verbundene Ratturm (13. Jh.), der einst den Zugang zum zweiten Verteidigungsgürtel markierte. Mächtigster Vertreter ist der Dicke Turm, in dem 1788 das erste städtische Theater eingerichtet wurde. Im Thalia-Saal können heute bis zu 500 Besucher den Konzerten der Staatsphilharmoniker lauschen.
Die gute Stube der Altstadt bilden der Große Ring (Piața Mare) und der Kleine Ring (Piața Mică) – keine Mauern, sondern Plätze, die von bunten Bürgerhäusern, repräsentativen Palais und stattlichen Kirchen umringt sind. Sie geben eine wunderbare Kulisse für Kulturveranstaltungen ab, von denen das Internationale Theaterfestival und das Sibiu Jazz Festival im Frühsommer die bedeutendsten sind. Einen festen Spielort hat das Kinder- und Jugendtheater »Gong«, das besonders der Puppenspielkunst Raum gibt.

Gesichter der Altstadt

Den Namen des Barons von Brukenthal, 1777–1787 Gouverneur des habsburgischen Großfürstentums Siebenbürgen, Kunstliebhaber und Wissenschaftsförderer, tragen mehrere Museen in Sibiu. Seine Gemälde, Grundstock der heutigen Sammlung, sind zusammen mit seiner großen Bibliothek im barocken Brukenthal-Palais (1788), dem ehemaligen Amtssitz, am Großen Ring untergebracht. Zusammen mit der früheren Jesuitenkirche bildet das Palais ein schönes Barockensemble. Das Gesicht des alten Hermannstadt prägt bis heute die mächtige gotische Stadtpfarrkirche (14. Jh.) mit ihrem Glockenturm (73 m). Ernst zu nehmende Konkurrenz erhielt sie erst Anfang des 20. Jahrhundert mit der orthodoxen Kathedrale. Dem Zauber der Altstadt, deren mittelalterlicher und frühneuzeitlicher Charakter sich, fürsorglich restauriert, erhalten hat, erliegt man jedoch erst beim Streifzug durch kopfsteingepflasterten Gassen, verwunschene Hinterhauspfade, enge Bogen- und versteckte Wehrgänge.

HOHE RINNE

Weniger Braunbären (heute angeblich fast 6000) als die gute, reine Luft in den Südkarpaten wusste man im »Land hinter den Wäldern« bereits vor mehr als 100 Jahren zu schätzen – und baute nur 35 Kilometer von Sibiu entfernt im Zibingebirge auf rund 1500 Metern einen Kurort. Hohe Rinne (Păltiniș) verfügt auch heute noch über alles, was Urlaub in den Bergen ausmacht: Wanderwege, Holzhütten, auch eine Holzkirche, und ein bisschen Skizirkus auf rumänische Art. Neben dichtem Wald mit Blaubeeren, Blumenwiesen und kühlen Höhen mit guter Aussicht begeistern Naturliebhaber besonders die Gletscherseen im Schutzgebiet Iezărele Cindrelului.

WEITERE INFORMATIONEN

Tourismus Sibiu,
https://turism.sibiu.ro (auch deutsch)
Nationalmuseum Brukenthal,
www.brukenthalmuseum.ro (auch deutsch)
Staatsphilharmonie,
www.filarmonicasibiu.ro
Hohe Rinne (Păltiniș),
www.hoherinne.eu (auch deutsch)

DER GROSSE RING (PIAȚA MARE) IST DAS HERZ DER ALTSTADT; RECHTS DIE RÖMISCH-KATHOLISCHE, 1733 GEWEIHTE DREIFALTIGKEITSKIRCHE UND DAS BRUKENTHAL-PALAIS MIT GROSSEM MANSARDDACH.

DIE ETWAS MEHR ALS 100 JAHRE ALTE ALEXANDER-NEWSKI-KATHEDRALE GEHORCHT UNÜBERSEHBAR DEN REGELN DER TRADITIONELLEN BYZANTINISCHEN KIRCHENBAUKUNST.

DIE STRASSENCAFÉS DER GESCHÄFTIGEN BALKANMETROPOLE SIND ORTE DER MUSSE UND MEIST GUT BESUCHT.

60

SOFIA – FASZINIERENDE UNBEKANNTE

AUF RÖMISCHEN FUNDAMENTEN

Sofia liegt an einer uralten Handelsstrecke, überragt vom bis zu 2290 Meter hohen Witoscha-Gebirge. Die Stadt ist einer der ältesten kontinuierlich besiedelten Orte Europas und ein Schmelztiegel der Kulturen. Thraker, Griechen, Römer, Slawen, Türken und sephardische Juden haben das antike Serdica, das mittelalterliche Sredez und das moderne Sofia geprägt.

Kaiser Konstantin der Große erklärte »Serdica ist mein zweites Rom«, bevor er sich doch für Byzanz als sein Konstantinopel entschied. Im Mittelalter umbenannt in Sofia – die Weisheit (Gottes) – schlug die große Stunde der Stadt 1897, als sie Hauptstadt des vom Osmanischen Reich unabhängig gewordenen Bulgarien wurde. Seit dem Jahr 2000 steht die Weisheit als symbolische Figur auf einer zwölf Meter hohen Marmorsäule und blickt in Richtung Parlament. Vor 1990 stand Lenin auf dem Sockel und hatte die damalige Zentrale der Kommunistischen Partei im Blick.
Mitten in Europa ruft das Abenteuer, es beginnt beim Entziffern der kyrillischen Buchstaben und führt weiter zwischen sozialistischen Denkmälern, mehr als 1000 Jahre alten Kirchen, verfallenen Plattenbauten, schicken Modeboutiquen, Street-Art, gläsernen Bürotempeln und großartigen Museen.

Wächst, altert aber nicht

Ein Statement auf dem Stadtwappen setzt Maßstäbe. Das Geheimnis, zu wachsen ohne zu altern, liegt vermutlich in den 15 Mineralquellen der Stadt. Über den römischen Thermen wurde 1913 das Zentralbad im postbyzantinischen Stilmix der Wiener Secession errichtet. Lange Zeit war das Badehaus der Mittelpunkt des gesellschaftlichen Lebens, bis es im Sozialismus verfiel und geschlossen wurde. Inzwischen ist es zum Museum der Stadt Sofia umgebaut. Die Quellen spru-

deln weiter, vor dem Badehaus sind neue Entnahmestellen eingerichtet worden. Das Wasser der Thermalquellen gibt's umsonst für alle, auch zum Abfüllen. Nahe der zentralen Quellen erstreckt sich ein Areal, das immer noch wehmütig »Toleranzdreieck der Religionen« genannt wird. Dazu gehört die christlich-orthodoxe Kathedrale Sweta Nedelja, die im 10. Jahrhundert direkt auf den römischen Bädern errichtet wurde. Innen ist sie vollständig ausgemalt. Ein paar Schritte entfernt steht die Banja-Baschi-Moschee, Moschee der »vielen Bäder«. 1566/67 aus rotem Backstein gestaltet, ist der kuppelgewölbte Bau eine der ältesten muslimischen Gebetshäuser Europas.
An der »dritten Ecke« vermittelt die sephardische Synagoge von 1909 orientalisches Flair in einer Mischung von Wiener Secession und maurischem Stil. Ehedem gehörten 20 Prozent der Einwohner Sofias zur jüdischen Gemeinde. Nach Vertreibung und Holocaust sind es heute weniger als 2000 Menschen in der etwa 1,2 Millionen Metropole.
Ein weiteres Beispiel für die Vielfalt des Sofioter Jugendstils ist die Zentralmarkthalle, sehenswert für Architekturfans und immer gut für ein schnelles stilvolles Frühstück mit gefüllter Blätterteigtasche. An jedem Wochentag findet nebenan unter freiem Himmel der Frauenmarkt statt. Der irritierende Name stammt aus der osmanischen Zeit. Denn nur auf diesem Markt war es Frauen gestattet, am öffentlichen Leben teilzunehmen. Obst, Gemüse, Käse, Wurst, gefüllte Einweckgläser und gebackene Leckereien gehören ebenso zum Angebot wie nachgemachte Textilien und Ramsch aller Art.

KLOSTER RILA
Inmitten der Bergwelt des Rila-Nationalparks, etwa 120 Kilometer von Sofia entfernt, liegt in einem Tal auf 1150 Metern Höhe das größte und bedeutendste Kloster Bulgariens. Es geht zurück auf den Heilige Iwan Rilski, der als Einsiedler am Struma-Fluß lebte. Seine Anhänger errichteten im 10. Jahrhundert das erste Kloster. Nach einem Großbrand Anfang des 19. Jahrhunderts wurde das Rila-Kloster ab 1834 neu aufgebaut und innen und außen mit Fresken im volkstümlichen Stil der bulgarischen Wiedergeburt ausgemalt. Der erhaltene wehrhafte Chreljo-Turm aus dem 13. Jahrhundert, Teil der stabilen Ummauerung, schützte die Anlage vor den Angriffen der Türken.

WEITERE INFORMATIONEN
Sofia,
www.sofia.bg/en/web/sofia-municipality/sofia
Nationales Historisches Museum,
https://historymuseum.org/en/
Rila-Kloster,
www.weltkulturerbe-online.info/bulgarien/rilakloster.htm

Balkantwist zwischen Kirchen und Kulturpalast

Die Gegensätze faszinieren. In der betongrauen Metrostation »Serdika« öffnen sich archäologische Fenster direkt in die Römerzeit. Zwischen Hauptverkehrsstraßen eingezwängt und von der sozialistischen Stadtplanung tiefer gelegt, steht ebenfalls auf römischen Fundamenten die kleine Kirche Sweta Petka Samardschijska mit ihren mittelalterlichen Fresken. Beim Genuss eines typisch bulgarischen leicht bitteren Kaffees im Hotel »Arena di Serdica« meint man, noch der Kampfeslärm der Gladiatoren zu hören. Die Fundamente des Amphitheaters, fast so groß wie das römische Kolosseum, gehören zur Gestaltung des Hotelfoyers.
Umringt von hohen Gebäuden, hinter denen die Kommunisten das Kirchlein im 4. Jahrhundert verschwinden lassen wollten, steht das älteste Gebäude Sofias: Die Rotunda Sweti Georgi wurde unter Kaiser Konstantin dem Großen erbaut und birgt frühe Fresken. Mit ungewöhnlicher Intensität schaut ein fein geschnittenes Engelsantlitz aus dem 9. Jahrhundert aus dem Gewölbe herunter. Ebenfalls auf römischen

Ruinen steht die Große Moschee aus dem 15. Jahrhundert, in die vor fast 150 Jahren das Nationale Archäologische Museum einzog. Der riesige Kulturpalast der sozialistischen Moderne ist ein 1200 Quadratmeter großer Koloss für Musik- und andere Großveranstaltungen; im Keller spielt ein Off-Theater. Vor seinen Türen üben die Skater, und Sprayer sprühen im Park Graffitis zum Balkanbeat.

Wahrzeichen der Stadt sind die goldenen Kuppeln der Alexander-Newski-Kathedrale, die Anfang des 20. Jahrhunderts errichtet wurde. Mosaiken, kunstvolle Holzschnitzereien, farbenprächtige Fresken, Säulen aus Alabaster und Onyx, Goldverzierungen und italienischer Marmor lassen die Glaubenswelt der Orthodoxie im Kerzenschein leuchten.

Kostbarkeiten in Trabantenstädten

In den Außenbezirken von Sofia dehnen sich marode Plattenbauten in scheinbar endlosen Trabantenstädten aus. Dorthin pflanzten die Kommunisten Menschen vom Land. Das Museum für sozialistische Kunst ist ebenso Realität wie die an der Bushaltestelle mit Hühnern im Korb wartenden Frauen. An der großen Ringstraße in Bojana bietet seit 2000 das Nationale Historische Museum in der ehemaligen Präsidentenresidenz einen umfassenden Einblick in die Geschichte Bulgariens. Dort glänzt noch das Gold der Thraker. Das als wild und trinkfest beschriebene Volk der Antike verarbeitete den kostbaren Rohstoff zu einmalig schönen Schmuckstücken; die prachtvollsten sind ausgestellt.

Mittelalterliche kleine Kirchen mit kostbarer Ausstattung und vollständiger Ausmalung legen sich als Kranz um die Stadt. Die Fresken der Bojana-Kirche verzaubern seit 1259. Von außen ist die Pracht unter einem unscheinbaren Scheunendach nicht zu erahnen.

Vergänglicher ist die Marteniza: Im Frühjahr wehen in vielen Parkanlagen Sofias an Büschen und Zweigen dünne rot-weiße Bänder, Talisman für Gesundheit und ein langes Leben.

ZUR HAUPTSTADTKULTUR GEHÖREN DER KULTURPALAST MIT SEINEN WASSERSPIELEN (OBEN) UND NATÜRLICH DIE PARADE DER PRÄSIDENTENGARDE (RECHTS).

1028 WURDE IM ALTEN VIERTEL DER KUPFERSCHMIEDE DIE BYZANTINISCHE KIRCHE PANAGIA CHALKEON EINGEWEIHT.

ZU JEDER TAGESZEIT SIND FLANEURE AUF DER UFERPROMENADE ZWISCHEN ARISTOTELESPLATZ UND WEISSEM TURM UNTERWEGS.

61

THESSALONIKI – SCHMELZTIEGEL DER KULTUREN

ZWISCHEN ANO POLI UND WEISSEM TURM

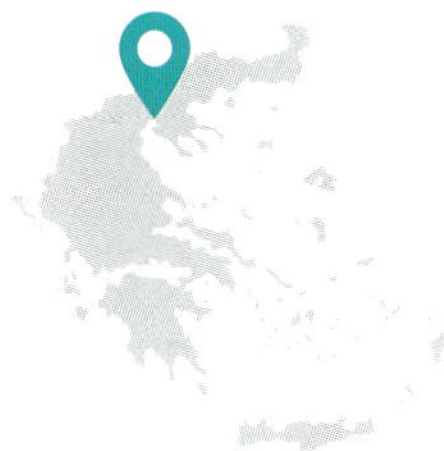

Die meisten Urlauber sehen in der auch kurz und salopp Saloniki genannten Stadt nur eine Durchgangsstation auf dem Weg an die Sandstrände der Halbinsel Chalkidike oder auf die nördlichen Ägäis-Inseln. Dabei lohnt sich ein mehrtägiger Besichtigungsstopp in der lebhaften Hafen-, Universitäts- und Messestadt.

Die betriebsame Stadt in Nordgriechenland ist das Zentrum Griechisch-Makedoniens und mit mehr als 325 000 Einwohnern die zweitgrößte Stadt Griechenlands. Im Norden beschützt von den Ausläufern des bis 1201 Meter hohen Chortiatis liegt die Hafenstadt an einer Bucht des Thermaischen Golfs in der Nordägäis. Hier leben viele Studenten und ein abendlicher Spaziergang an der Hafenpromenade führt vorbei an schicken Bars und Cafés voller junger Griechen. In der hügeligen Oberstadt und der schachbrettartig angelegten Unterstadt finden sich Bauwerke aus allen Epochen, angefangen mit den Resten der Stadtmauer aus antiker Zeit. Gern würden die Griechen und besonders die Einwohner Thessalonikis ihre Stadt als Hauptstadt der gesamten Region Makedonien sehen, also auch der Republik Nordmazedonien, wie der nördliche Nachbarstaat Griechenlands mit seiner Hauptstadt Skopje nun heißt. Heute ist Thessaloniki eine durch und durch griechische Stadt. Dass sie jahrhundertelang ein Zufluchtsort für Flüchtlinge war – sephardische Juden, Armenier und vertriebene Griechen aus Kleinasien –, merkt man kaum noch.

Metropole der Antike

Als Keimzelle der Stadt gilt der heutige Diktiriou-Platz mitten in der Unterstadt. Bei den noch laufenden

Ausgrabungen wurden beim Bau einer Tiefgarage neben römischen und byzantinischen Überresten auch solche aus der hellenistischen Epoche entdeckt. An die glorreichen Zeiten der Makedonier unter Philipp II. und Alexander dem Großen erinnert in Thessaloniki sonst nichts mehr, obwohl es von König Kassandros nach seiner Frau Thessalonike, einer Halbschwester Alexanders, benannt wurde. Zur damaligen Zeit existierte wohl schon eine Stadtmauer, auf deren Resten die Römer, seit 168 v. Chr. die Herren Makedoniens, und später die Byzantiner ein gewaltiges Befestigungswerk mit der auf dem höchsten Punkt der Oberstadt gelegenen Zitadelle errichteten. Aus römischer Zeit blieben bemerkenswerte Bauten: der Galeriusbogen mit kunstvollen Reliefdarstellungen, Reste des Galeriuspalastes und die Agora mit dem Odeion. Von der einst 8,2 Kilometer langen und bis zwölf Meter hohen Mauer sind noch große Teile erhalten und zum Teil auch zu begehen. Sie und die über die ganze Stadt verstreuten frühchristlichen und byzantinischen Bauwerke sind seit 1988 Weltkulturerbe der UNESCO.

Jüdisches und türkisches Erbe

Wer sich für die spätere Geschichte der Stadt interessiert, sollte sich auf die Spuren jüdischen und türkischen Lebens begeben. Bis zum Zweiten Weltkrieg waren es noch mehr als 50000 jüdische Einwohner, jetzt sind es nur noch rund 1500; die deutsche Besatzung ab 1941 haben nur 1783 Juden überlebt. Schon als der Apostel Paulus 50 n. Chr. hierher kam, hatte er vor einer großen jüdischen Gemeinde gesprochen. Lange galt die Stadt als »Jerusalem des Balkans«. Das Osmanische Reich bot Juden allen Teilen Europas in Thessaloniki Schutz vor Verfolgung. 1614 stellten sie 68 % der Stadtbewohner, was sich positiv auf den Handel und den Hafen auswirkte. Der außerhalb der Stadtmauern liegende jüdische Friedhof war mit schätzungsweise 300000–500000 Gräbern noch vor Prag der größte in Europa. Heute ist dort der Campus der Universität. Den großen Stadtbrand von 1917 haben nur wenige der oft prächtigen jüdischen Wohnhäuser überstanden. Noch immer hält sich die Stadt bedeckt mit Hinweisen auf dieses Erbe. Erst seit der Jahrtausendwende gibt es Gedenktafeln, Erinnerungsmonumente oder »Stolpersteine«. 2001 wurde das Jüdische Museum eröffnet. Deutsche Zerstörungswut hat nur die Monastiriotis-Synagoge überstanden.
Aus der türkischen Zeit haben sich weit mehr Sehenswürdigkeiten erhalten. Fast alle christlichen Kirchen wurden während ihrer fast 500-jährigen Herrschaft in Moscheen umgewandelt. Nach deren Ende wurden alle Minarette wieder entfernt, bis auf das an der Ro-

tunde, heute ein Museum. Es gibt nur noch wenige Moscheen, aber einige restaurierte türkische Bäder, einen Teil des osmanischen Friedhofs und den Besesteni, den mit sechs Rundkuppeln gedeckten Markt, mit seinen Schmuck- und Kleiderständen. Sehenswert ist der Bey Hamam von 1444, das größte erhaltene türkische Bad in Griechenland. Bis 1968 war es in Betrieb. Die ehemalige Moschee Yeni Cami wird heute für Ausstellungen genutzt. Nur wenige Besucher aus dem westlichen Ausland wissen, dass Mustafa Kemal, später Atatürk genannt, 1882 in Thessaloniki geboren wurde. Sein mehrmals restauriertes Geburtshaus ist heute ein Museum.

Ano Poli, die Oberstadt

Orientalisches Flair hat sich in den verschlungenen Gassen mit Brunnen und Grabmälern aus osmanischer Zeit und den belebten Märkten in der Altstadt erhalten. Die vielen Häuser türkischer Bauart wurden, nachdem Thessaloniki 1997 zur europäischen Kulturhauptstadt ernannt wurde, zum Teil liebevoll restauriert. Sie beherbergen heute kleine Läden, Tavernen und kafenions. In der Dimitris-Poliorkitou-Straße kann man Häuser mit versetzten Stockwerken, überdachten Erkern und Galeriegängen bewundern.
Größere Hotels findet man hier nicht, Ano Poli gehört nur tagsüber den Touristen. Von der in Form eines Trapezes angelegten Stadtmauer bietet sich ein phänomenaler Blick auf die sich wie ein Amphitheater an die Hänge des Chortiatis schmiegenden Stadt und den Thermaischen Golf. Mit dem Bus kann man bis zum Anna-Palaiologina-Tor nahe dem Trigonium-Turm mit der breiten Aussichtsplattform fahren, um sich den mühsamen Weg entlang der Stadtmauer zu ersparen.
Der bekannteste und am besten erhaltene Stadtmauerturm aber ist der Weiße Turm in der Unterstadt. Von dort führte die wehrhafte Befestigung in nördliche Richtung hangaufwärts zur Zitadelle, dann nach Westen bis zum heutigen Vardari-Platz und von dort wieder abwärts zum Meer. Gut erhaltene Teile der

AUF HALBEM WEG ZWISCHEN OBER- UND UNTERSTADT LIEGT IN EINEM REIZVOLLEN GARTEN DAS KLOSTER VLATADON (GANZ LINKS). IN LÄSSIGER POSE ÜBERBLICKT ARISTOTELES DEN NACH IHM BENANNTEN PLATZ (OBEN). VERFÜHRERISCHE LECKEREIEN HÄLT DER KAPANI-MARKT BEREIT (RECHTS).

Mauer stehen auf dem Akropolishügel und auf dem Universitätsgelände. Die in byzantinischer Zeit ausgebaute Zitadelle, auch Eptapyrgio, Siebenturm genannt nach den sieben noch erhaltenen eckigen oder runden Türmen, wurde bis 1989 als Gefängnis genutzt. Obwohl die Renovierungsarbeiten noch laufen, lohnt ein Besuch allein wegen der herrlichen Aussicht. Ein schönes Panorama bietet auch das malerisch gelegene Kloster Vlatadon mit einer Kreuzkuppelkirche aus dem 14. Jahrhundert, eines der wenigen sakralen Gebäude aus dieser Zeit in der Oberstadt. Interessant ist die Beobachtung des noch aktiven Klosterlebens. Die Kirche ist von mehreren Forschungsinstituten des Ökumenischen Patriarchats umgeben. Auf dem weitläufigen Gelände werden alte Zisternen mit Wasser aus dem Chortiatis gespeist.

Rund um den Weißen Turm

Direkt an der besonders in den Abendstunden von Flaneuren bevölkerten Uferpromenade steht Thessalonikis Wahrzeichen, der 13 Meter hohe Weiße Turm – trotz seiner mittlerweile gräulichen Farbe blieb der Name. Er bildete den Abschluss der die Stadt umgebenden östlichen Mauern und der sich anschließenden Seemauern. In osmanischer Zeit anstelle eines byzantinischen Vorgängerbaus errichtet, diente er als Wachturm, Garnison und Gefängnis. Seit 2001 beherbergt er das multimedial gestaltete Stadtmuseum mit einer Aussichtsplattform. Über sechs Etagen, die durch eine steinerne Wendeltreppe miteinander verbunden sind, bewegt sich der Besucher von den ersten Siedlungen Thessalonikis bis zu den erschütternden Ereignissen des 20. Jahrhunderts. Als Sultan Mohammed nach einer Revolte 1826 dort zahlreiche Janitscharen hinrichten ließ, wurde aus dem Weißen Turm der »Blutturm«.
Vom Weißen Turm ist es nur ein Katzensprung zu Alexander dem Großen, der auf einem mächtigen Sockel gen Osten reitet. Zur Landseite hin schließt sich ein hübscher Park an, einer von vielen thematisch gestalteten Gärten entlang der zwischen Kon-

NAHE DES WEISSEN TURMS ERINNERT DIE STATUE ALEXANDERS DES GROSSEN AN MAKEDONIENS RUHMREICHE VERGANGENHEIT (LINKS). VERGOLDETE LEUCHTER SCHMÜCKEN DAS INNERE DER DREISCHIFFGEN BASILIKA HAGIA SOPHIA (OBEN).

zerthalle und Hafen fünf Kilometer langen Uferpromenade. Zentraler Platz in der Unterstadt ist der elegante Aristotelesplatz nahe des Hafens. Um den länglichen weitläufigen Platz, der sich zum Meer öffnet, gruppieren sich Hotels und weiße sechsstöckige Geschäftsbauten; in ihren Arkaden verstecken sich Cafés, Restaurants und schicke Läden. Pier 1 des alten Hafens ist jetzt eine Kulturmeile mit Filmmuseum, Fotomuseum und dem Staatsmuseum Zeitgenössischer Kunst.

Schätze, leicht zu übersehen

Über die Unterstadt verteilen sich, manchmal eingezwängt zwischen schmucklosen Bürogebäuden aus den 1970er-Jahren, die bedeutendsten Sehenswürdigkeiten aus antiker, frühchristlicher und byzantinischer Zeit und die wichtigsten Museen, darunter das Museum der Byzantinischen Kunst und das Archäologische Museum. Das wohl bedeutendste Bauwerk aus frühchristlicher Zeit ist die Rotunde des Galerius, ein römischer Kuppelbau, der 306 n. Chr. errichtet wurde. Einzigartig sind die Wandmosaiken aus dem 4. Jahrhundert, noch prächtiger die Mosaiken in der fünfschiffigen Demetrios-Basilika, die knapp 300 Jahre später errichtet wurde – der heilige Demetrios ist der Schutzheilige Thessalonikis. Fast unverändert erhalten hat sich seit dem 5. Jahrhundert die holzgedeckte Basilika Panagia Acheiropoietos. Aus dem 11. Jahrhundert stammt die aus auffälligen roten Backsteinen errichtete Panagia Chalkeon. Die winzige Verklärungskapelle wird leicht übersehen, auch weil sie unter dem Straßenniveau liegt. Die Wandmalereien entstanden im 13. Jahrhundert.

Kräftig, süß, laut

Wer nach einer ausgiebigen Besichtigungstour noch etwas unternehmen will, taucht abends in das besonders bei Studenten – Thessaloniki hat die größte Universität Griechenlands – und jungen Touristen angesagte Ladadika-Viertel in der Nähe des Fährhafens ab. Im ehemaligen Viertel der Olivenölhändler reihen sich Bars, Pubs und urige Tavernen aneinander. Statt Ouzo wird lieber tsipouro ausgeschenkt, ein kräftiger Tresterschnaps. Die besten Cocktails soll es in der Iktinous-Straße geben. Griechische Lifemusik bieten die immer gut besuchten bouzoukias. Vorher sollte man sich mit etwas Herzhaftem stärken, vielleicht der deftigen Kuttelsuppe patsa oder mit vlita, einem Spinatgemüse mit viel Olivenöl und Zitrone. Vertriebene aus Kleinasien haben die Sesamkringel mitgebracht. Berühmt sind die Süßigkeiten, etwa die trigona panoramatos, mit Vanillecreme gefüllte Blätterteighörnchen. Der schönste, größte – und lauteste – Markt ist der Kapani- oder Vlali-Markt mit seinen vielen Marktschreiern und verführerischen Imbissständen. Gleich nebenan erstreckt sich der gedeckte Besesteni-Markt aus osmanischer Zeit.

STERN VON VERGINA
Eine der wichtigsten Grabungsstätten Griechenlands befindet sich rund 80 Kilometer von Thessaloniki entfernt, ein Tagesausflug. Seit 1996 zählen die Palastanlage und die Nekropole von Vergina mit ihren zahlreichen Grabhügeln zum UNESCO-Weltkulturerbe. Im begehbaren Großen Tumulus befinden sich vier mit kostbaren Beigaben ausgestattete Adelsgräber. Das größte könnte das Grab von Philipp II., Vater Alexanders des Großen, sein. Eine goldene Grabschatulle ist mit dem Stern von Vergina geschmückt. Auf dem Rückweg geht es nach Pella, der ehemaligen Hauptstadt des makedonischen Königreichs. Erst ein Teil des ehemaligen Stadtgebietes ist freigelegt. Im modernen Museum sind wichtige Grabungsfunde und Mosaiken ausgestellt, darunter die Löwenjagd, die vermutlich Alexander und seinen Freund Krateros auf der Jagd zeigen.

WEITERE INFORMATIONEN
Stadt Thessaloniki,
https://thessaloniki.gr (auch englisch)
Sehenswürdigkeiten in und um Thessaloniki,
www.thessaloniki-guide.de/

DER KLEINE HAFEN VON PAPHOS MIT SEINER PROMENADE.

62

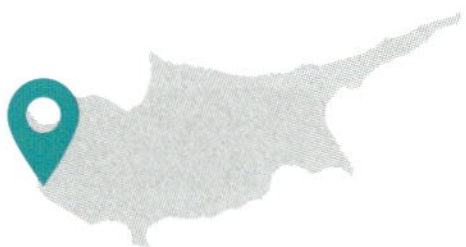

PAPHOS – HAFEN ZUM TEMPEL DER APHRODITE

VERGANGENES NEU GEDEUTET

Paphos war schon im Altertum ein Sehnsuchtsort. Heute sind die wiederbelebten Gassen im orientalischen Viertel, der ausgedehnte archäologischen Park und die Spuren der frühen Christen viel mehr als eine gute Adresse für Strand- und Badeurlauber. Als Bonus gibt es die schönsten Sonnenuntergänge des Mittelmeers.

Die Stadt hat zwei Seiten, eine obere und eine untere. Pano Paphos, das obere Paphos, auf einem Hügel ist die Stadt der Paphiten und der kleinen Gassen um Moschee, Kirche und Museen. Kato Paphos, der untere Teil, am Meer war in der Antike der Hafen zum Tempel der Aphrodite.

Römische Liebesszenen

Paphos ist ein Panoptikum der Geschichte. Das untere Paphos mit dem kleinen osmanischen Kastell am Hafen war einst Sitz des römischen Gouverneurs und Hauptstadt der römischen Provinz Zypern. Villen mit Meerblick wurden gebaut, Theater und kommunale Gebäude prägten die Stadt. Bis langsam alles im Sand versank und erst Jahrhunderte später als Hotels wiedergeboren wurde. Während in der Hauptsaison Badetouristen die Promenade fluten, gibt es auf den Fußbodenmosaiken gleich nebenan gut aussehende Sportler der Antike zu bestaunen. Als 1962 ein Bauer nahe des Hafens sein Feld pflügte, gab der Boden Römisches frei. Seitdem wird das Areal systematisch ausgegraben. Eine Sensation folgte der nächsten. Das zu Tage kommende antike Néa Páfos ist nun Welterbe der UNESCO. Hauptattraktion sind die römerzeitlichen Bodenmosaike im Haus des Dionysos, im Haus des Äon, des Theseus und des Odysseus. Ihre Szenen erzählen sehr plastisch von vergeblicher

IN DEN RUINEN DER KREUZRITTER-FESTUNG SARANDA KOLONES.

und verzweifelter Liebe, von der Flucht durch das Labyrinth mithilfe des Ariadne-Fadens, von Schönheitswettbewerben und grausamen Hinrichtungen.

Schritte in die Unterwelt

Die Nekropole der hellenistischen und römischen Oberschicht ist nicht weit. Damit die Verstorbenen vom Fährmann ins Reich des Hades gerudert werden konnten, wurde die beste Lage direkt am Meer gewählt. Die Häuser der Totenstadt sind in den Stein hineingesetzt, Stufen führen in die Unterwelt. Die Grabräume sind leer und von den Toten verlassen, Grabräuber haben alles mitgenommen. Doch ist die ausgedehnte Anlage in ihrer Architektur faszinierend und einzigartig in Europa.
In einem weiteren Ausgrabungsfeld stand einst die größte frühchristliche Basilika Zyperns. Ihre Säulen aus dem 4. Jahrhundert sind wieder aufgerichtet.
Im Mittelalter wurde der Komplex mit einer kleinen fränkischen Kirche überbaut, die heute ökumenisch genutzt wird und bei Hochzeitspaaren beliebt ist.

Vielleicht sind die Liebenden zuvor an einem Baum vorbeigegangen, der auf dem Weg in die Oberstadt am Straßenrand steht. Neben seinen im Sommer grünen Blättern trägt er unzählige Taschentücher und andere Stoffteile. Die Wurzeln dieser Terpentinpistazie liegen tief in einem hellenistischen Grabkammerkomplex. Der Legende nach suchte hier in römischer Zeit die Jüdin Solomoni Schutz vor ihren Verfolgern. Die Römer jedoch mauerten den Eingang zu. Solomoni starb einen qualvollen Tod. Als er später wieder geöffnet wurde, entstieg ihr die Frau überraschend lebendig. Seitdem herrscht der Brauch, Taschentücher an den Baum zu binden und damit um Heilung von Leiden – und Hilfe in schwierigen Liebesdingen – zu bitten.

Orientalische Altstadt

Das alte Paphos breitet sich auf einem natürlichen Felsbalkon über der Küste aus. Die ruhige Oberstadt mit ihren Gassen und kleinen Plätzen lädt zu vielen Entdeckungen ein. Sie wurde für das Kulturhaupt-

DIE ORTHODOXE KIRCHE PANAGIA THEOSKEPASTI (1922) AUF DEM FELSEN IN DER UNTERSTADT.

stadtjahr 2017 großzügig restauriert. Fern der antiken Ausgrabungen zeigt die Altstadt Zyperns eigentliches Gesicht. Viele Gebäude erzählen von der Zeit vor 1974, also vor der politischen Teilung der Insel. Ihr Verfall weist auf die ehemaligen muslimischen Bewohner hin, die heute im Norden leben. Sie erinnern an eine Zeit, in der Paphos mehr Orient denn Okzident war. Die schlanken Spitzen der Moschee ragen ebenso wie die Kirchtürme aus dem Häusergewirr. Im neoklassizistischen Kolonialstil der Briten zeigen sich das Rathaus, die Post, Schulen und die Polizeistation. Die Altstadtsanierung um die Markthalle und die Kebir-Moschee haben wieder Glanz in das ehemalige türkische Viertel Ktima gebracht. Verkehrsberuhigte Gassen mit Geschäften und Bars sowie das neue Kulturzentrum »Ibrahim Han« in der ehemaligen Karawanserei locken den Flaneur. Das alte Elektrizitätswerk ist jetzt ein moderner Ausstellungsraum mit Café. Hauswände wurden mit hängenden Gärten begrünt, an kahlen Brandwänden haben sich Graffitikünstler ausgelassen. Das Hamam ist nun eine Bar. Dort, wo früher geschwitzt und geschrubbt wurde, können nun auch Paare heiraten. Die Markthallen haben ein vielfältiges Angebot: vom Olivenöl bester Qualität bis zum Plastikesel. Neben der sorgfältigen, für Zypern typischen Lefkarastickerei hängen Tischdecken aus Fernost. In der Oberstadt gibt es Orte zum Stöbern und Plaudern, kleine Cafés, Bars in historischen Bauten und einen Souflaki-Grill in der offenen Garage. Um die Mittagszeit werden die Straßen still.

Romantische und kühle Plätze

Am schönsten ist der Ausblick auf das untere Paphos, wenn die Sonne im Meer versinkt. Auf dem Plateau des oberen Paphos laden Aussichtspunkte mit Sitzbänken und Restaurants, in denen Halloumi, Sheftalia und Souflaki serviert werden, zum Blick auf die Küste im Abendglanz.

Paphos gilt als wärmster Platz Europas. Wenn es in der Sonne zu heiß wird, warten die kühlen Museen. Unweit der Bischofskirche bewahrt das private Volkskundemuseum die Schätze der Familie Eliades. Das Haus hat seine ursprüngliche Bauweise und traditionelle Einrichtung, die Keramiken, Trachten und geschnitzten Holztruhen, bewahrt und gibt einen guten Einblick in die zyprische Lebensweise. Das Archäologische Museum zeigt Exponate von der Jungsteinzeit bis zum Spätmittelalter. Immer noch zu heiß? Dann in den Wasserpark oder ins Meer!

PETRA TOU ROMIOU – GEBURTSORT DER APHRODITE
Östlich von Paphos, dort wo Aphrodite, die Göttin der Liebe und der Schönheit, einst dem Meer entstieg, liegt im Meer der Aphrodite-Felsen. Petra tou Roumiou nennen ihn die Zyprer, den Fels der Römer, der einst einem Feind entgegengeschleudert wurde. Heller weißer Kalkstein ragt aus dem azurblauen Wasser – ein wahrhaft schöner Ort. Der Strand ist voller grober Kiesel, Aphrodite hat es nicht gestört. Sie kam laut Homer leichtfüßig an Land und schritt zu ihrem großen Tempel bei Kouklia. Es heißt, wer bei Vollmond dreimal um den Aphrodite-Felsen schwimmt, wird dreißig Jahre jünger. Wer an diesem Versprechen zweifelt, genießt zum Trost eine Flasche zyprischen Wein und schaut dem Sonnenuntergang zu.

WEITERE INFORMATIONEN
Paphos,
www.visitpafos.org.cy, www.Paphos.com
Route der Aphrodite,
www.visitcyprus.com

EUROPAS NORDEN UND OSTEN

Leichtigkeit des Seins, Erbe der Geschichte

VOM HAUSBERG AKSLA BIETET SICH EIN HERRLICHER BLICK ÜBER DIE NORWEGISCHE HAFENSTADT ÅLESUND.

63

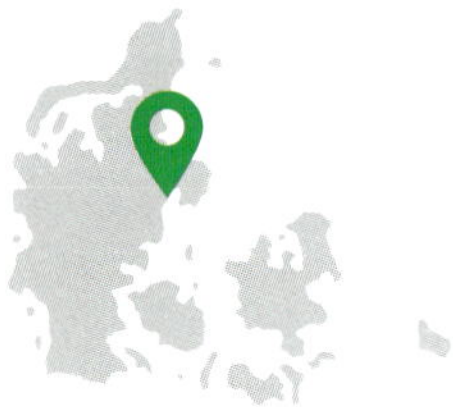

AARHUS – WIKINGERSTADT MIT WOHLFÜHLFAKTOR

JÜTLANDS CHARMANTE VISITENKARTE

Hyggelig – dieses Trendwort für typisch dänische Gemütlichkeit und Behaglichkeit ist wie für Aarhus gemacht. Die Stadt an der Ostküste der Halbinsel Jütland bietet mit ihren Cafés, Designläden, modernen Museen, hübschen Plätzchen und der grünen Umgebung ein attraktives Ziel für eine entspannte und gleichzeitig inspirierende Auszeit.

Jung und alt zugleich: Mit seinen zahlreichen Studenten gehört Aarhus zu den dänischen Städten mit der jüngsten Bevölkerung, und das lässt sich überall an der lebendigen Atmosphäre spüren. Andererseits reichen die Wurzeln der Stadt bis ins 8. Jahrhundert zurück. Vor über 1200 Jahren gründeten die Wikinger eine frühe Siedlung und legten damit den Grundstock für die heutige Großstadt mit ihren rund 273 000 Einwohnern.

Wikinger unterirdisch

Mit einer solchen Vorgeschichte gehört Aarhus heute zusammen mit Ribe in Südjütland zu den ältesten noch existierenden Gemeinden Dänemarks. Ausgrabungen haben gezeigt, dass sich das »Aros« der Wikinger genau an der Stelle des heutigen Stadtzentrums befand. Wer tief in die Vergangenheit hinabsteigen möchte, sollte das 2008 eröffnete unterirdische Wikingermuseum im Keller der Nordea-Bank auf dem Platz St. Clemens Torv besuchen. Der Ort wartet mit einzigartigen und gut kommentierten Exponaten zum Wikingerzeitalter auf. Zu sehen ist u. a. die Animation eines Wikingerangriffs mit dem Drachenboot.

Radfahrerparadies

Wer das erste Mal Aarhus, Dänemarks zweitgrößte Stadt, besucht, findet sich schnell zurecht. Die Innenstadt mit ihren Fußgängerzonen und offenen Plätzen,

mit dem historischen Latiner-Viertel, dem Dom, dem alten Zollamt und Rathaus sowie der Marienkirche lässt sich gut zu Fuß entdecken. Für etwas weitere Kreise, die z. B. auch den internationalen Seehafen einbeziehen, eignet sich am besten das Fahrrad, das beliebteste Fortbewegungsmittel in der Stadt. Mit den speziell für den Zweiradverkehr angelegten Fahrspuren, den touristischen Radrouten und der guten Anbindung an das Fernradnetz präsentiert sich Aarhus vorbildlich fahrradfreundlich. An rund 50 Plätzen in der Innenstadt stehen für Besucher kostenlose Stadträder bereit. Um sie freizuschalten, ist lediglich eine 20-Kronen-Münze nötig, die man ähnlich wie bei einem Einkaufswagen im Supermarkt nach dem Abstellen des Rads an einer beliebigen Radstation wieder zurückerhält.

DER ÅBOULEVARDEN (LINKS), DIE BELEBTE PROMENADE ENTLANG DES FLÜSSCHEN AARHUS Å, IST EIN BELIEBTER TREFFPUNKT. IM FREILICHTMUSEUM DEN GAMLE BY GIBT ES AUCH EINEN ALTEN KRÄMERLADEN (UNTEN).

Zeitreise durch die Geschichte

Zu den Attraktionen der Stadt gehören auch die vielfältigen Museen. Da ist zum einen das Kunstmuseum ARoS, das mit seinen Kunstsammlungen vom 19. Jahrhundert bis heute zu den größten Nordeuropas gehört. Auf dem Dach bietet die begehbare Skulptur »Your rainbow panorama« einen grandiosen Blick über die Stadt. Zurück in die prähistorische Vergangenheit führt das südlich der Stadt im Grünen platzierte Museum Moesgaard, das auch architektonisch ein Meisterwerk ist. Seine »Evolutionstreppe« veranschaulicht die Entstehungsgeschichte des Menschen. Das nahe des botanischen Gartens gelegene Freilichtmuseum Den Gamle By (Die alte Stadt) bietet dagegen eine Zeitreise in die frühe Vergangenheit: In rekonstruierten Stadtvierteln können Besucher in unterschiedliche Jahrzehnte vom Ende des 19. Jahrhunderts bis in die 1970er-Jahre eintauchen und dabei den Bewohnern in ihren Wohnungen, Gärten und Geschäften bei ihrem Alltagsleben zusehen.
Im Südwesten liegt Schloss Marselisborg. Wenn im Sommer die dänische Königsfamilie dort residiert, findet täglich um 12 Uhr mittags die Parade zur Wachablösung statt. Der wunderschöne Schlosspark steht zur kostenlosen Besichtigung frei, wenn die Hausherren nicht vor Ort sind.

STREETFOOD
Hmmh, wie das duftet! Wer sich dem alten Terminal am Busbahnhof nähert, kann es schon riechen, das vollmundige Aroma der internationalen Straßenküchen-Gerichte. In einer großen Halle, die eine gehörige Portion Industriecharme besitzt, hat sich seit 2016 ein fester Street-Food-Markt etabliert, der sich bei Einheimischen und Besuchern wachsender Beliebtheit erfreut. Die überall in der Halle verteilten Buden bieten an sieben Tagen in der Woche frisch zubereitetes Essen aus aller Welt zu fairen Preisen an. Ob dänisches Labskaus, Hot Dog oder Zimtschnecken, Fish and Chips, Hamburger, Pizza, Pita oder indisches Curry, für jeden Geschmack ist etwas dabei. Bei schönem Wetter isst man draußen an langen Tischen und kommt dabei schnell mit seinen Nachbarn ins Gespräch.

WEITERE INFORMATIONEN
Stadt Aarhus,
www.visitaarhus.de
Museum Moesgaard,
www.moesgaardmuseum.dk/en (englisch)
Freilichtmuseum Den Gamle By,
www.dengamleby.dk/en (englisch)

ODENSE – ANDERSENS MÄRCHENSTADT

IM GARTEN DÄNEMARKS

Herzlich willkommen – Odense, die drittgrößte Stadt Dänemarks, besitzt mit ihrem mittelalterlichen Stadtkern, ihren Parks und Baumalleen, ihren kleinen Geschäften, Restaurants und Cafés eine einladende Atmosphäre. Berühmtester Sohn der Stadt ist der Märchendichter Hans Christian Andersen, dessen Spuren sich überall finden lassen.

Die Großstadt mit ihren rund 178 000 Einwohnern hat eine herrliche Lage: Eingebettet in die Insel Fünen, liegt sie im »Garten Dänemarks«. Ihr Name geht wohl auf die Zeit der Wikinger zurück, die hier im Frühmittelalter eine Kultstätte für Odin, den Hauptgott der nordischen Mythologie, und die Burg Nonnebakken errichteten. Im Freilichtmuseum Jernalderlandsbyen im Vorort Næsby wird Odins Odense in Form von rekonstruierten Behausungen und Werkstätten wieder lebendig.
Nachdem die Stadt um 1060 Bischofssitz geworden war, erbaute man zahlreiche Klöster und Kirchen, darunter auch die Vor Frue Kirke, Odenses ältestes Gotteshaus. Der nach dem dänischen König Knud der Heilige benannte, im 14. Jahrhundert entstandene Dom gehört mit seinem hohen, hellen Kirchenschiff zu den schönsten gotischen Sakralbauten Dänemarks. Der prächtige Altar des Lübecker Schnitzers Claus Berg ist einen genauen Blick wert. Das typische fünische Landleben des 18. und frühen 19. Jahrhunderts kann im Freilichtmuseum Den Fynske Landsby (»Das Fünendorf«) ausgiebig besichtigt werden. Wer lieber in die Welt der Kunst eintauchen möchte, besucht das Haus Brandts im Latino-Viertel, das eine Kunsthalle mit mehreren zeitgleichen Ausstellungen, ein Museum für Fotokunst und ein Medienmuseum bietet.

Auf Andersens Spuren

Die beste Reiselektüre für den Besuch von Odense sind sicherlich die Märchen von Hans Christian Andersen, denn in der ganzen Stadt verteilt finden sich seine berühmten Figuren. Da gibt es z. B. die Meerjungfrau, das Seepferd, die wilden Schwäne, den standhaften Zinnsoldaten und andere Helden der Kindheit. Ist man mit ihren abenteuerlichen Geschich-

DER HAFEN VON ODENSE PRÄSENTIERT SICH MIT MODERNER ARCHITEKTUR (GANZ LINKS). VOR DER GOTISCHEN ST. KNUDS KIRKE EHRT EIN DENKMAL DEN BERÜHMTEN MÄRCHENDICHTER HANS CHRISTIAN ANDERSEN (LINKS).

ten vertraut, wirken die auffälligen Skulpturen natürlich umso besser.
Andersen wurde 1805 in Odense geboren und verbrachte hier seine Kindheit, bis es ihn im Alter von 14 Jahren nach Kopenhagen zog. Die Stadt würdigt heute ihren weltbekannten Sohn mit mehreren Gebäuden und Plätzen, die auf einer originell markierten Route besichtigt werden können. Der Weg startet an seinem Geburtshaus, einem gelben Eckhaus. Nahebei liegt das Hans-Christian-Andersen-Museum, das seinen Besuchern nicht nur literarische Werke des Meisters, sondern auch seine Papierkunst präsentiert. In der Munkemøllestræde lassen sich die Räumlichkeiten begutachten, in denen die verarmte Familie jahrelang lebte und arbeitete. Im Sommer gibt es regelmäßig ein Highlight für klein und groß: Im »Fünendorf« wird im Rahmen der Andersen-Festspiele eines seiner Märchen auf die Bühne gebracht.

Am und auf dem Wasser

Mitten durch das Zentrum schlängelt sich die Odense Å, Fünens längster Fluss. Ruhige Ufer laden zu einer Auszeit oder zu einem Picknick ein. Aber auch auf dem Wasser lässt sich allerhand erleben. Wer es bequem mag, gleitet auf einem Ausflugsschiff bei Kaffee und Kuchen durch die herrliche Flusslandschaft. Für etwas Aktivere, die es wahlweise romantisch-ruhig oder feucht-spritzig mögen, stehen Tretboote und Ruderboote bereit. Ein besonderes Erlebnis für die ganze Familie ist die Bootstour »H.C. Andersen auf dem Fluss«, die auch den König in seinen neuen Kleidern, den kleinen und den großen Klaus oder die Prinzessin und den Schweinehirten unter ihren Passagieren hat. Diese erzählen in turbulenten kleinen Szenen Ungeheuerliches aus ihrem Märchenleben.

FYNS HOVED – EINSAME SPITZE

Nur etwa 40 Kilometer von Odense entfernt, an der Nordspitze der Halbinsel Hindsholm, wartet eine der schönsten Landschaften Dänemarks darauf, entdeckt zu werden. Wer von Fyns Hoved (dem Kopf Fünens) auf den Großen Belt schaut, fühlt sich wie in einer eigenen Welt. An den niederschlagsarmen Steilküsten, Landspitzen, Riffen und alten Muschelbänken gedeihen seltene Pflanzen. Hier findet sich auch eine artenreiche Tierwelt. Seevögel fischen, Sumpfvögel waten, Mäuse- und Wespenbussarde ziehen ihre Kreise. Wer Geduld hat und die Augen offenhält, kann vielleicht eine Ringelnatter oder Kreuzotter beim Sonnenbaden auf den Steinen beobachten. Einzigartig an der Nordspitze Fünens ist auch das Licht, das schon zahlreiche Maler anzog. Viele von ihnen verewigten Fyns Hoved auf der Leinwand.

WEITERE INFORMATIONEN

Stadt Odense,
www.visitodense.de
Hans Christian Andersen in Odense,
www.hcandersensodense.dk/en (englisch)
Museen in Odense,
www.museum.odense.dk/en (englisch)

65

ÅLESUND – PERLE DER FJORDKÜSTE

STADT DES JUGENDSTILS

Bergen gilt als die schönste Stadt Norwegens, Ålesund ist aber eine ernst zu nehmende Konkurrentin. Die Stadt an der Westküste liegt auf mehreren Inseln im Europäischen Nordmeer, eingerahmt von der Landschaft der Sunnmøre-Alpen. Vom Hausberg Aksla zeigt sich das ganze Panorama. Von dort aus sieht man auch die Postschiffe der Hurtigruten im Hafen liegen.

Erstmals urkundlich erwähnt wurde Ålesund im 15. Jahrhundert. Im 19. Jahrhundert entwickelte sich die Stadt zu einem der größten Fischereihäfen Norwegens, besonders Stockfisch wurde zur begehrten Handelsware. Sein heutiges Aussehen verdankt Ålesund einer Katastrophe: Im Januar 1904 vernichtete eine Feuersbrunst nahezu sämtliche Häuser der Altstadt und ließ 10 000 Menschen obdachlos zurück. Doch Hilfe kam prompt – vor allem der deutsche Kaiser Wilhelm II., ein glühender Norwegen-Liebhaber, gab sofort nach Bekanntwerden des Großbrandes den Befehl, Medizin, Lebensmittel und Baumaterial zu verschiffen und an den Unglücksort zu senden. So konnte die Stadt innerhalb weniger Jahre wieder aufgebaut werden, dem damaligen Zeitgeschmack entsprechend im Jugendstil.

Feuerkatastrophe und Fischfang im Gedächtnis

Wer durch die Fußgängerzone Kongensgata läuft, macht unweigerlich Bekanntschaft mit der Architektur des frühen 20. Jahrhunderts. Ein Jugendstilhaus reiht sich ans andere, herrliche Ornamente, bunte Fassaden und malerische Giebel sind fast an jedem Gebäude zu sehen. Im Jugendstilzentrum in der alten Svane-Apotheke am Brosundet erfährt der Besucher

alles über den Brand und den Wiederaufbau. Auch das Ålesund-Museum in der Nähe des St. Olavs plass befasst sich mit diesem Ereignis und gibt darüber hinaus aber auch Einblick in den Alltag der Menschen. Seefahrt, Fischfang und alte Handwerkstraditionen werden anschaulich vorgeführt, ein originalgetreuer Kaufmannsladen führt zurück in die »gute alte Zeit«. Wer noch mehr wissen will: Das Fischereimuseum – im Speicherhaus Holmbua aus dem 19. Jahrhundert, das als eines der wenigen Häuser den Stadtbrand überstanden hat – widmet sich der Haupteinnahmequelle der Stadt. Etwa vier Kilometer außerhalb lädt das Sunnmøre-Museum zu einem historischen Besuch ein. In einem ausgedehnten Park von rund 120 Hektar sind mehrere Abteilungen untergebracht: ein Freilichtmuseum mit 55 historischen Häusern, eine Bootsaustellung mit Wikingerschiffen und eine Mittelalter-Abteilung zur Geschichte der Wikinger. Wem das zu viel Historie ist, kann sich in einem der größten Salzwasseraquarien Nordeuropas umschauen: Der Atlantikpark auf der Insel Hessa liegt direkt am Meer und führt die Besucher in die faszinierende Unterwasserwelt vor Norwegens Küste.

DER WIEDERAUFBAU NACH DER BRANDKATASTROPHE ZU BEGINN DES 20. JAHRHUNDERTS MACHTE ÅLESUND ERST ZU DEM SCHMUCKSTÜCK, ALS DAS ES SICH HEUTE DEN BESUCHERN PRÄSENTIERT.

Blick von oben

Postkarten von Ålesund zeigen die Stadt meist von oben und das nicht ohne Grund: Vom 189 Meter hohen Hausberg Aksla bietet sich ein grandioser Ausblick auf das bunte Häusermeer und die Umgebung. Von den Aussichtspunkten Fjellstua und Kniven erkennt man auch, dass Ålesund auf drei durch Brücken miteinander verbundenen Inseln liegt: Nørvøy, Aspøy und Hessa. Wer genügend Kondition hat, geht die 418 Stufen zu Fuß auf den Berg, aber es gibt auch eine Autostraße. Vor dem Aufstieg lohnt der Besuch des Stadtparks. Dort erinnern die dankbaren Einwohner an Kaiser Wilhelm II. mit einem Denkmal. Eine weitere Statue zeigt den Wikinger Gange-Rolv, der im 10. Jahrhundert die Normandie in Besitz nahm, ein Vorfahr von Wilhelm dem Eroberer – der für sich 1066 bessere Perspektiven in England sah. Auch dem norwegischen Schriftsteller Kristofer Randers ist ein Denkmal gewidmet.

GEIRANGERFJORD UND VOGELINSEL RUNDE

In Ålesund am Eingang des Storfjords machen die Schiffe der Hurtigruten Station. Im Sommer ist daher Gelegenheit für einen Ausflug in die majestätische Welt der Fjorde. Zuerst geht es in den 20 Kilometer langen Sunnylvsfjord hinein, dann biegt das Schiff in den 16 Kilometer langen Geirangerfjord ein, seit 2005 auch Weltnaturerbe der UNESCO. Beim Anblick der spektakulären Bergkulisse fühlt man sich ganz klein und ehrfürchtig. Allerdings muss man das Erlebnis mit vielen anderen teilen. Wem das zu viel Trubel ist, dem bietet die Vogelinsel Runde eine Alternative; in Ålesund werden Fahrten dorthin angeboten. Rund 170 000 Seevogelpaare brüten in den steilen Felsen. Papageientaucher, Dreizehenmöwen, Basstölpel, Trottellummen – sie alle tummeln sich hier. Die Forschungsstation kann besichtigt werden.

WEITERE INFORMATIONEN

Historische Museen in Ålesund,
www.sunnmoremuseum.no/musea, alles zu den zwölf Museen der Sunnmøre Museum Foundation in der Region

Hurtigruten,
www.hurtigruten.de/haefen/alesund,
Infos zu Routen, Fahrplan und zu Ålesund

GÖTEBORGS PRACHTBAUTEN LIEGEN AM STORA HAMNKANALEN; DIE DEUTSCHE KIRCHE (TYSKA KIRKAN) ÜBERRAGT DIE KLASSIZISTISCHEN BAUTEN DES RATHAUSES UND DES STADTMUSEUMS.

GÖTEBORG – HIP UND »MYSIG«

STADT FÜR FEINSCHMECKER UND WISSENSDURSTIGE

Die ewige Rivalin zu Stockholm kann es locker mit europäischen Metropolen aufnehmen: repräsentative Stadtbauten, eine spannende Kunst- und Kulturszene, faszinierende Museen, gute Shoppingmöglichkeiten und eine viel gepriesene Gastro-Szene. Dazu kommen maritimes Flair, Parks und die Schärenwelt vor den Toren der Stadt.

Schon bei der Gründung im Jahr 1619 sollte Göteborg als Gegengewicht zu Stockholm stehen. Gustav Adolf II. unterzeichnete persönlich die Urkunde mit den Stadtrechten, die auf Deutsch verfasst war. Die Siedlung am Fluss Göta älv war von Anfang an eine Stadt der Einwanderer, die hauptsächlich aus Deutschland und Holland kamen, viele von ihnen waren jüdischen Glaubens. Schwedische Bürger stellten damals nur ein Drittel des Magistrats. Schnell entwickelte sich Göteborg zu einer florierenden Handelsstadt (Tee, Seide, Porzellan), es gab sogar eine Ostindien-Flotte. Im 19. Jahrhundert waren wegen der Lage an der schwedischen Westküste die Verbindungen nach England sehr eng.

Hafen und Handel mit Boulevard

Göteborg ist eine Hafenstadt, daher sollte man eine Erkundung am besten im Lilla Bommen, dem »kleinen Schlagbaum«, starten. Einen Überblick verschafft die Aussichtsplattform des Utkiken. Wegen seiner rotweißen Streifen an der Außenfassade wird das Geschäftshaus im Volksmund »Lippenstift« genannt. Gleich nebenan steht das »Barken Viking«, ein im Hafen

STOLZ STEHT ER DA UND BEWACHT GÖTEBORGS KUNSTWELT: DER POSEIDON VON CARL MILLES WIRD EINGERAHMT VOM STADTTHEATER, DEM KONZERTHAUS UND DEM KUNSTMUSEUM.

vertäutes Schulschiff, mittlerweile ein Hotel. Im Maritiman, dem Seefahrt-Erlebnismuseum, können Schiffe aller Art besichtigt werden; Schwimmwesten am Eingang sorgen für die nötige Sicherheit. Ein Gesamtkunstwerk ist das Opernhaus nebenan, das zu Recht als eines der schönsten Musiktheater überhaupt gilt. Auf dem Weg in die Innenstadt passiert man Göteborgs ältestes Gebäude, das Kronhuset. Das Haus aus dem 17. Jahrhundert trotzte als eines der wenigen Backsteinhäuser den häufigen Stadtbränden. Wenige Meter weiter steht man auf dem Gustav Adolfs Torg mit dem Denkmal des Stadtgründers, eingerahmt von den klassizistischen Prachtbauten des Rathauses und der Börse. Gleich nebenan ragt die Christina kyrka, auch Tyska kyrka (Deutsche Kirche), auf. Unmittelbar nach der Stadtgründung wurde sie von den Bewohnern errichtet, im 18. Jahrhundert allerdings umgebaut. Noch heute werden die Sonntagsgottesdienste in deutscher Sprache gehalten. Gleich hinter der Kirche ist in einem Backsteinpalast der ehemaligen Ostindienkompanie das Stadtmuseum untergebracht. Der Besuch lohnt sich schon aufgrund der prachtvollen Innenarchitektur mit gusseisernen Säulen und aufwendigen Wandmalereien. Die Ausstellungen umfassen einen Zeitraum von 12000 Jahren, von der Steinzeit über das Mittelalter, die Jahre des Ostindienhandels und der Industrialisierung bis zur Moderne. Ein Blickfang sind die Überreste des einzigen in Schweden geborgenen Wikingerschiffs »Äskekärrskeppet«, das 1933 im Göta älv gefunden wurde. Wer sich auf der Östra Hamngatan weiter Richtung Festland hält, gelangt unweigerlich auf Göteborgs Prachtmeile: der Kungsportavenyn zwischen dem Stora Teatern und dem Poseidon-Brunnen. Den einzigen »richtigen« Boulevard des Nordens säumen unzählige Geschäfte, Cafés und Restaurants. Den »Avenyn« teilen sich Einkaufswütige mit Straßenkünstlern.
Am Ende steht das Konstmuseet, berühmt für seine Sammlung skandinavischer Maler wie Carl Larsson oder Edvard Munch.
Wer die Stadt übrigens mal von einer ganz anderen Seite kennenlernen will, sollte eine Paddan-Tour unternehmen. Die kleinen Ausflugsboote (»paddan« bedeutet Schildkröte) fahren entlang der Kanäle und passieren auch die niedrigsten Brücken – Kopf einziehen!

»Fika« – mal Pause machen

Es geht auch ruhiger. Nicht umsonst pflegt man in Göteborg einen Lebensstil, den die Schweden »mysig«, gemütlich, nennen. Und der lässt sich am besten in einem der netten Kaffeehäuser zelebrieren. Im Universitätsviertel Vasastan westlich der Kungsportavenyn kann man in den kleinen Cafés und Läden die studentische Atmosphäre genießen und dem Rösskah museet einen Besuch abstatten: 1916 eröffnet, widmet es sich ganz dem schwedischen Kunsthandwerk und Design. Etwas weiter Richtung Göta älv erstreckt sich das Szeneviertel Haga mit seinen Kreativläden und gemütlichen Cafés. Hier sollte man unbedingt eine »fika« machen und sich die köstlichen schwedi-

IN DEN SCHÄRENGARTEN

Direkt vor Göteborg liegt der Schärengarten. In nur 20 Minuten erreicht man mit der Fähre die ersten der Küste vorgelagerten Inseln. Es wird unterschieden zwischen dem nördlichen und dem südlichen Schärengarten. Bei einer Fahrt Richtung Vrångö in den südlichen Schärengarten, der im Unterschied zum nördlichen Teil autofrei ist, passiert das Schiff mehrere Inseln, darunter Donsö oder Kårholmen. Beliebt sind die zehn Eilande der nördlichen Gemeinde Öckerö mit ihren Sandstränden bzw. bewachsenen Klippen, auf denen die typischen roten Holzhäuser stehen. Wer noch mehr Zeit hat, kann sich zur Sommerfrische nach Tjörn und Örust weiter Richtung Norden aufmachen: Die Landstraße RV 160 zählt zu einer der schönsten Straßen in ganz Schweden.

WEITERE INFORMATIONEN

Göteborg, www.goteborg.com,
mit Stadtführer zum Download (Deutsch) und **Göteborg Pass** für Eintritt, freies Parken, Fahrten mit Bus, Bahn oder Citybikes und Rabatten (Onlinebuchung möglich)
Foodtrucks,
App »Streetkäk« zu Standorten und Speisen

schen Zimtschnecken schmecken lassen. Die größten der Welt gibt es angeblich im Café Husaren in der Fußgängerzone Haga Nygata. Vor allem zur Weihnachtszeit sehen die schmucken kleinen Holzhäuschen aus wie die Kulisse aus einem skandinavischen Märchenfilm. Über die Rosenlundsbron gelangt man auf die andere Seite des Kanals. Am Wallgraben trifft man auf ein weiteres Wahrzeichen der Stadt: die Feskekörkan (Fischkirche), die nicht geistlichen, sondern kulinarischen Zwecken dient. Die einstige Auktionshalle für Fisch und Meeresfrüchte mit ihren charakteristischen Spitzbögen ist noch heute die Anlaufstelle Nummer eins für fangfrische Meeresprodukte.

Palmenhaus und Rummel

Am Rand der Innenstadt befinden sich gleich mehrere Parks, mit Palmhaus und Rosarium ist der Trädgårdsföreningen der beliebteste. Inspiriert wurde die Anlage aus dem 19. Jahrhundert von den botanischen Gärten in Berlin und Greifswald. Mehr Nervenkitzel bietet der Liseberg: Aufregende Fahrgeschäfte und spektakuläre Shows locken alljährlich über drei Millionen Besucher in Skandinaviens größten Vergnügungspark. Doch es gibt auf dem 20 Hektar großen Gelände auch ruhigere Ecken, in denen man sich von dem ganzen Rummel erholen kann.

Mit allen Sinnen reisen

Gleich in der Nähe entführt das Universéum in eine andere Welt. »Wissenschaft ist ein spannendes Erlebnis« – unter diesem Motto bietet es seinen Besuchern einen tropischen Regenwald, eines der größten Aquarien weltweit, eine Weltraumabteilung, ein Chemielabor und sogar ein »Berufeland«, in dem Kinder schon mal testen können, was sie später machen wollen. Der Tempel für Wissen mit allen Sinnen hat das ganze Jahr über geöffnet und macht selbst an Heiligabend keine Ausnahme. Nebenan befassen sich Künstler im Världskulturmuseet mit der Kultur aller fünf Kontinente – eine faszinierende Reise um die ganze Welt.
Wer immer noch nicht genug hat, macht sich auf zum Stadtteil Slottsskogen mit Schwedens ältestem Tierpark, Observatorium und dem Naturhistorischen Museum mit dem weltweit einzigen ausgestopften Exemplar eines jungen Blauwals.

EINE PAUSE BEI KAFFEE UND KÖSTLICHEN ZIMTSCHNECKEN IN DER HAGA NYGATA (OBEN). BRAUCHT DEN VERGLEICH MIT DEN LONDONER KEW GARDENS NICHT ZU SCHEUEN: DER TRÄDGÅRDSFÖRENINGEN BEGEISTERT MIT SEINEM VIKTORIANISCHEN PALMENHAUS UND DEM ROSARIUM (RECHTS).

67

KALMAR – STADT AUS STEIN

KÖNIGLICHE VERGANGENHEIT

Kalmar ist eine der ältesten Städte Schwedens und seit jeher ein wichtiger Handelsplatz. Auch in politischer Hinsicht war die barocke Festungsstadt seit jeher von großer Bedeutung für Schweden. Der Name bedeutet im Altschwedischen »Steingrund« und bezieht sich auf die Steinbänke vor der Stadt am Grund des Kalmarsunds, die den Seefahrern früher die Durchfahrt erschwerten.

Auch in anderer Hinsicht trifft die Bezeichnung »Steingrund« zu: Wer durch die Altstadt streift, entdeckt auffällig viele Häuser aus Stein und nicht aus Holz, wie sonst in Schweden üblich. Grund ist ein Brand während des Kalmarkriegs im 17. Jahrhundert, der den Ort fast vollständig zerstörte und dafür sorgte, dass die neuen Häuser aus Stein wieder aufgebaut wurden, um so einer weiteren Katastrophe vorzubeugen. Das Baumaterial lieferte der Kalkstein der nahe gelegenen Insel Öland.

Auf Inseln gebaut

Am Rand der Altstadt liegt auf einer kleinen Insel das prächtige Kalmar Slott. Es zählt zu besterhaltenen Renaissanceschlössern in Nordeuropa. Schon vor 800 Jahren befand sich dort, in unmittelbarer Nähe der einstigen Grenze zu Dänemark, eine Burg, die im 16. Jahrhundert ihr jetziges Aussehen erhielt. Die Wasa-Könige Erik XIV. und Johann III. ließen die Anlage umbauen und nach kontinentalem Vorbild einrichten. Das Schloss war seit jeher von strategischer Bedeutung für Schweden, 1397 beschloss man dort die Kalmarer Union, die Dänemark, Norwegen und Schweden unter einer Herrscherdynastie bis 1523 vereinigte. Bei einem Besuch erfährt man alles über die lange Baugeschichte und die Lebensweise der Schlossherren; auch ein Frauengefängnis kann besichtigt werden. Wem das zu düster ist, genießt bei einem Spaziergang auf der Außenmauer die schöne

Aussicht oder probiert im Schlossrestaurant schwedische Köstlichkeiten.
Nicht nur das Schloss, auch das übrige Kalmar ist auf Inseln gebaut. Auf Kvarnholmen erstreckt sich der mittelalterliche Stadtkern, die Gamla Stan mit schmalen Gassen und kleinen Häusern, von denen die drei hohe Holzbauten »Tripp Trapp Trull« direkt aus einem Pippi-Langstrumpf-Film sein könnten. In der Mitte der Mühleninsel (so der deutsche Name) steht der mächtige Dom aus dem 17. Jahrhundert. Der Barockbau vereint jesuitische und protestantische Elemente und besitzt gleich drei Orgeln. Gleich gegenüber der Kirche steht das Rathaus im Stil der niederländischen Renaissance. Die Storgatan verläuft über den Platz und führt auf die Haupteinkaufsstraße Kaggensgatan. Wer auf der Storgatan bleibt und stadtauswärts geht, kommt irgendwann im Stadtteil Malmen auf dem Festland zu Schwedens ältestem Kino, dem »Saga«. Es wurde 1906 eröffnet und ist seitdem ununterbrochen in Betrieb. Die schmucke Holzvilla aus dem 19. Jahrhundert sieht ganz und gar nicht nach einem Lichtspielhaus aus, verfügt aber über einen modernen Saal mit Digitalsound und 173 Sitzplätzen.

IN EINEM ALTEN FABRIKGEBÄUDE (DAMPFMÜHLE) IST DAS MUSEUM DER PROVINZ KALMAR (LÄNS MUSEUM) UNTERGEBRACHT (GANZ LINKS). KALMAR SLOTT MIT SEINEN VIER ECKTÜRMEN IST EIN TYPISCHES WASA-SCHLOSS AUS DEM 16. JAHRHUNDERT (UNTEN).

Kunst, Design und Dinosaurier

Im Kalmar Läns Museum sind die in den 1980er-Jahren geborgenen Funde aus dem Wrack des königlichen Frachtschiffes Kronan zu sehen, das im 17. Jahrhundert bei einer Seeschlacht versank. Auch die Werke der schwedischen Malerin Jenny Nyström befinden sich hier. Mehr über schwedische Kunst erfährt man im Kalmar Konstmuseum: Der moderne schwarze Kubus im Stadtpark zeigt Werke von der Romantik bis zur Moderne und präsentiert auch das für Schweden so typische Design. Etwas außerhalb von Kalmar kommen Kinder und Saurierfans auf ihre Kosten: »A world of dinosaurs« ist zwar nicht Jurassic Park, dennoch beeindrucken die über 100 Exemplare – Modelle – aus der Urzeit die Besucher. Nicht ganz so alt, aber immerhin das älteste Haus in Skandinavien: Das Tingby-Haus ist stolze 8500 Jahre alt – seine Rekonstruktion steht gleich in der Nähe des Dinoparks.

AUSFLUG NACH ÖLAND

Wer einmal Urlaub wie die Royals machen will, muss nicht in die Karibik oder die Südsee reisen. Die schwedische Königsfamilie hat ihre Sommerresidenz auf Schloss Solliden auf Öland. Die lange schmale Insel östlich von Kalmar ist mit dem Festland über die sechs Kilometer lange Ölandsbron verbunden. Auf dem Eiland angekommen, spürt man sofort, dass vieles anders ist als im übrigen Schweden. Das liegt an der Heidelandschaft mit ihren einzigartigen Pflanzen, von denen manche nur hier wachsen. Zwei Leuchttürme »bewachen« die Insel: der Lange Erik im Norden und der Lange Jan im Süden. Dazwischen können Besucher urzeitliche Grabhügel und Siedlungen, aber auch rund 400 Bockwindmühlen entdecken. Öland lieferte seit jeher den Kalkstein für Kalmar. Besonders beeindruckende Felssäulen sind die 120 Rauken in der Nähe des Dorfes Byrum.

WEITERE INFORMATIONEN

Schloss Kalmar,
www.kalmarslott.se/deutsch
A world of dinosaurs,
www.aworldofdinosaurs.com, zehn Kilometer westlich von Kalmar

68

TURKU – KUNST UND LEBENSFREUDE AM AURAJOKI

STIL UND FORM AUF FINNISCH

In der florierenden Hafenstadt Turku im Südwesten Finnlands entfaltet sich Studentenleben mit viel Musik und Bars vor bedeutenden historischen Schätzen. Kunst, alter Zeiten wie der Moderne, wird großgeschrieben, und dass Turku ein Händchen für originelles Design hat, zeigt sich in an jeder Ecke.

Der Fluss Aurajoki durchfließt die älteste Stadt Finnlands und mündet drei Kilometer weiter in die Ostsee. Ab der Steinzeit besiedelt und bereits in der Eisenzeit zum Handelszentrum aufgestiegen, war Turku im Mittelalter eine der kulturell und wirtschaftlich bedeutendsten Städte des Landes. Seit dem 13. Jahrhundert unter schwedischer, ab 1808 unter russischer Herrschaft erlangte Finnland 1917 seine Unabhängigkeit. 1819 wurde die Hauptstadt von Turku nach Helsinki verlegt. Aus der schwedischen Zeit blieb die Zweisprachigkeit.

Kneipen, Kunst und Design

Das Leben pulsiert entlang des Aurajoki. Im Sommer trifft man sich abends zum Plaudern, Essen und Trinken, zum Musikmachen. Auf zahlreichen Booten im Fluss sind Bars und Restaurants eingerichtet. Turku zeigt sich lebhaft, nicht zuletzt wegen der zwei Universitäten, einer finnischen und einer schwedischen. Dynamisch ist auch die Kunstszene. Viele Bars sind zu alternativen Ausstellungsräumen umfunktioniert. Auf den Vernissagen sind alle Altersschichten vertreten und man lernt den Künstler noch persönlich kennen. Am besten folgt man den meist sehr auffällig gekleideten Kunststudenten ... Der Weg führt sicher vorbei an Geschäften mit originellem Kunstgewerbe oder schicken Stoffen »designed in finland«.
Bereits etablierter Kunst widmet sich das Aboa Vetus und Ars Nova, das Museum im Rettig-Palast (1928), das Ausgrabungen aus dem 14. Jahrhundert und Werke der Moderne zeigt. Das Taidemuseo in einem nationalromantischen Gebäude (1904) gibt einen guten Überblick über die finnische Kunst seit 1891. Das Sibelius-Museum würdigt Kunst anderer Art, nämlich die des Komponisten Jean Sibelius (1865–1957), und

ROMANTISCHER ABEND AM FLUSS AURAJOKI (GANZ LINKS). SOMMERTAGE ZWISCHEN HISTORISCHEN WOHNHÄUSERN (LINKS) UND MODERNEM DESIGN: BRUNNENSKULPTUR IN FORM EINER WAL-FLUKE (UNTEN).

das Forum Marinum steht mit einer kleinen Museumsflotte ganz im Zeichen der Seefahrt.

Opulenz – geistlich, weltlich, kulinarisch

Wahrzeichen Turkus ist der Dom (1300 geweiht), das bedeutendste mittelalterliche Bauwerk des Landes. Im 15. Jahrhundert mehrfach erweitert und nach dem Stadtbrand 1827 wieder hergestellt, zeigt das Äußere Einflüsse der deutschen Backsteingotik, das Innere, insbesondere die Malereien an Decken und Wänden, steht im Zeichen der Romantik. Im Dom fanden einige bedeutende Persönlichkeiten Finnlands ihre letzte Ruhe.
Die Burg Turun Linna (1280), früher auf einer Insel im Aurajoki gelegen, ist das größte erhaltene mittelalterliche Gebäude Finnlands. Ihr heutiges Anlitz erhielt sie im 16. Jahrhundert, als sie im Renaissance-Stil zur Residenz der damals schwedischen Burgherren ausgebaut wurde. Das Innere offenbart opulente Festsäle und ein Stadtmuseum im Ostteil, das u. a. Möbel und Teppiche vom 16. bis 19. Jahrhundert zeigt.
Einen Besuch wert ist außerdem die 120 Meter lange Markthalle (1896), nicht allein aufgrund ihrer bemerkenswerten Architektur, sondern auch wegen der Spezialitäten, die man hier auch gleich probieren kann.

Natur vor der Tür

Turku ist eine grüne Stadt mit vielen Parks und botanischen Gärten. Es ist aber auch das Tor zu einer romantischen Welt aus 20 000 Schären und Inseln, weitgehend unbewohnt und ursprünglich. Einige Inseln sind durch Brücken miteinander verbunden, andere erreicht man nur per Schiff. Alle sind kleine Naturparadiese, die man zu Fuß oder mit dem Rad erkundet.

HANDWERK IN ALTER ZEIT

Ein Stadtteil Turkus, der beim Stadtbrand 1827 verschont blieb, wurde 1940 in das Freilichtmuseum Luostarinmäki umgewandelt. In den alten Holzhäuschen ist die Zeit stehen geblieben: Sie sind liebevoll mit traditionellen Utensilien, Haushaltsgegenständen und Möbeln ausgestattet, ja selbst das Personal begrüßt die Gäste in historischer Kleidung. Die 14 Höfe und deren Gebäude entführen ins vorindustrielle Zeitalter. Jedes Haus ist einem speziellen Handwerk gewidmet. Wer immer schon mal die Arbeit und das Leben eines Uhrmachers oder Silberschmieds im 19. Jahrhundert kennenlernen wollte, der kann einen entsprechenden Workshop im Museum besuchen. Im Sommer finden auch kleine musikalische Darbietungen statt, selbstverständlich im passenden Outfit.

WEITERE INFORMATIONEN

Turku,
https://visitturku.fi/en/visit-turku-en/tourists/tourist-information,
www.visitfinland.com/de/artikel/wunderbares-turku/
Freilichtmuseum Luostarinmäki,
www.visitturku.fi/en/luostarinmaki-handicrafts-museum_en

DAS ROT DER BACKSTEINGOTISCHEN ST.-ANNEN-KIRCHE BILDET EINEN SCHÖNEN KONTRAST ZUM GRÜN DER BÄUME.

VILNIUS – SCHÖNES UND SCHRECKLICHES DICHT BEIEINANDER

GRÖSSTE BAROCKE INNENSTADT NÖRDLICH DER ALPEN

Der Blick von oben lohnt. Unten breitet sich das Stadtzentrum mit roten Hausdächern, engen Gassen und zahlreichen Kirchtürmen aus. In der Ferne wächst am Ufer der Neris die Skyline von Mini-Manhattan. Der barocke Charme einer der größten Altstädte Osteuropas liegt dem Betrachter zu Füßen.

Eine herrliche Aussicht bietet der 68 Meter hohe Turm der Universitätskirche St. Johannis. Alternativen sind der Turm der Kathedrale oder der Gediminas-Turm der alten Burg. Von dort wandert das Auge über eine Stadt, inzwischen UNESCO-Weltkulturerbe, die für Kreuzfahrttouristen zu weit im Binnenland liegt. Wer noch die Plattenbauten aus sozialistischer Zeit am Stadtrand überblicken will, muss auf die 190 Meter hohe Aussichtsplattform des Fernsehturms.

Ein langer Weg

Vilnius ist nicht besonders typisch fürs Baltikum. Dort, wo die Vilnia in die Neris mündet, entstand auf dem Gediminas-Berg schon früh eine Siedlung. Im Jahr 1323 wird Vilnius als Hauptstadt der Litauer urkundlich erwähnt. Anders als in den Anrainerstaaten konnte der Deutsche Orden dort nicht Fuß fassen. Vilnius entwickelte sich stattdessen zur Hauptstadt des konkurrierenden Großfürstentums Litauen, das später in Verbindung mit dem Königreich Polen von der Ostsee bis zum Schwarzen Meer reichte. In der Blütezeit des damals größten europäischen Staates legte sich die barocke Architektur mithilfe italienischer Baumeister wie ein Netz über die Stadt. 1795 nach der dritten Polnischen Teilung gehörte Vilnius bis zum Ende des Ersten Weltkriegs zum russischen Zarenreich. Kurz danach wurde die Stadt von Polen besetzt. Der Zweite Weltkrieg und die deutsche

NÄCHTLICHES PANORAMA DER HAUPTSTADT LITAUENS.

Besatzung bereiteten Vilnius die dunkelsten Stunden. Es blieb nur eine fast unzerstörte Kulisse – die meisten Juden, etwa 30 Prozent der Bevölkerung, waren dem Holocaust zum Opfer gefallen, und 130 000 Polen vertrieben, zwangsumgesiedelt oder ermordet worden. Unter sowjetischer Herrschaft wurde Vilnius neu besiedelt und nach den Katastrophen des 20. Jahrhunderts 1990 Hauptstadt des wieder unabhängigen Litauen.

Gedenken

Als »Jerusalem des Nordens« war Vilnius ein Zentrum der jüdischen Aufklärung und wies um 1900 eine der größten jüdischen Gemeinden weltweit auf. Die Würdigung und Aufarbeitung der jüdischen Geschichte hat gerade erst begonnen. Die mit dem Davidsstern gekennzeichneten Straßen des großen und kleinen Ghettos erinnern ebenso daran wie das Jüdische Gaon-von-Vilnius-Museum mit der Holocaust-Gedenkstätte, dem Toleranzmuseum und der Gedenkstätte für die Opfer der SS-Massaker von Paneriai (Ponary). Von den einst über 100 Synagogen der Stadt ist einzig die Choral-Synagoge geblieben. Die Geschichte der Repressionen während der deutschen Besatzung und des stalinistischen Terrors wird im Museum der Opfer des Genozids thematisiert. Es ist in dem Gebäude untergebracht, in dem 1941–1944 die Gestapo und dann 1944–1990 der sowjetische NKWD bzw. KGB residierten.

Rom im Osten

Mehr als 50 Kirchen weist das »Rom des Ostens« auf. Wer ist die Schönste? Die Basilika St. Stanislaus und St. Ladislaus ist ein schlichter klassizistischer Bau, der auf eine gotische Hallenkirche zurückgeht. Zu ihr gehört der separate Glockenturm, der ursprünglich ein Verteidigungsturm der Unteren Burg war und ein wenig schief neben dem wieder aufgebauten Großfürstlichen Schloss steht. Älteste Vertreterin des Barockstils ist die Kirche des Heiligen Kasimir, des Schutzpatrons Litauens. Sie war Kirche der seit 1569 in Litauen wirkenden Jesuiten. In sowjetischer Zeit wurde die Inne-

IN DEN MITTELALTERLICHEN GASSEN LADEN LOKALE ZUM GEMÜTLICHEN VERWEILEN EIN (LINKS). SCHMUCK FÜR DEN MITTSOMMERTAG, IN LITAUEN ALS JOHANNISFEST GEFEIERT (OBEN).

neinrichtung zerstört, zunächst ein Lagerraum und dann das Museum des Atheismus eingerichtet. Inzwischen ist sie saniert und leuchtet in zartem Rosa.
Ein Traum in Weiß hingegen, schöner als jedes Hochzeitskleid, ist die spätbarocke Perle St. Peter und Paul. Sie beeindruckt durch meisterhafte Stuckarbeiten und Skulpturen, die von polnischen und italienischen Handwerkern und Künstlern des 17. Jahrhunderts stammen. Die katholische Heilig-Geist-Kirche prangt im üppigen Barock und Rokoko. Die St.-Annen-Kirche hingegen leuchtet in rotem Backstein und ist mit ihrer Fassade ein seltenes Beispiel für den gotischen Stil in Litauen. Eine der ältesten Kirchen ist die Universitätskirche St. Johannis aus dem 14. Jahrhundert. Als Jesuiten 1579 die Universität gründeten, wurde sie in eine Anlage aus Renaissance-, Barock- und klassizistischer Bauten und 13 Innenhöfen integriert. Besonders prächtig sind die Bibliothek im ehemaligen Refektorium und der Weiße Saal. Für katholische Christen besonders wichtig ist die Schwarze Madonna. Die wundertätige Ikone wird in der Kapelle des Tores der Morgenröte, einem schmucken Stadttor der Wehrmauer, verehrt. 1993 betete dort Papst Johannes Paul II. und am 22. September 2018 auch Papst Franziskus. Auf Kunstgenießer warten darüber hinaus die Gemäldegalerie und das Nationalmuseum. Familien, die sich Illusionen machen wollen, gehen ins Museum Vilnil.

In der Mitte Europas

An vielen Mauern blättert der Putz, insbesondere Gebäude in den Außenbezirken warten auf eine Renovierung. Lost Places wie der ehemalige Sportpalast, der 1961 auf dem zerstörten jüdischen Friedhof errichtet wurde, zeigen marode stalinistische Architektur. Doch der Schein trügt. Vilnius ist eine sehr moderne europäische Stadt, nur wenige Kilometer vom geografischen Mittelpunkt Europas entfernt. Das Internet ist eines der schnellsten weltweit und mit »Trafi« gibt es eine richtungsweisende App, in der alle öffentlichen Verkehrsmittel und die Car-Sharing-Angebote in Echtzeit abgefragt werden können. Eine der Lieblingsspeisen der Hauptstadtbewohner gibt sich hingegen fast altmodisch: Cepelinai sind fleischgefüllte Kartoffelknödel in der Form eines Zeppelins. Dazu passt für die Litauer immer ein Bier.
Am Rand der Altstadt, jenseits des Flüsschens Vilnia, sorgt das Viertel Užupis mit Street-Art, Kunstgalerien und Trend-Cafés für Aufsehen. Früher gehörte es zu den ärmsten Teilen der Stadt, nach 1990 zogen Künstler und Lebenskünstler in die heruntergekommenen Häuser und gründeten die »Republik Užupis«. Obgleich Gentrifizierung und Tourismus ihre Hand ausstrecken, wird die Republik standfest vom »Café von Užupis« aus parlamentarisch verwaltet und das vielfältige Zusammenleben kreativ und vielfarbig gefördert. Von den 41 Artikeln der Verfassung lautet der Art. 1: »Jeder Mensch hat das Recht, am Fluss Vilnia zu leben, und der Fluss Vilnia hat das Recht, an jedem vorbeizufließen.«

TRAKAI
Die malerische Wasserburg von Trakai liegt auf einer Insel zwischen drei Seen. Nur über einen schmalen Damm ist sie vom Festland aus zu erreichen. Trakai war die mittelalterliche Residenz der litauischen Großfürsten. 1655 zerstörten russische Truppen die aus zwei getrennten Anlagen bestehende Burg. Erst in der zweiten Hälfte des 20. Jahrhunderts wurde sie als Nationalsymbol wieder aufgebaut. Eine Besonderheit im gleichnamigen Ort sind die historischen Zeugnisse der Karäer. Diese jüdische Gemeinschaft erkennt ausschließlich die Thora als Glaubensgrundlage an und schreibt ihre zu den Turksprachen gehörende Sprache in hebräischen Buchstaben. In Trakai sind einige Wohnhäuser und das Gebetshaus, eine Kenesa, erhalten.

WEITERE INFORMATIONEN
Vilnius,
www.vilnius-tourism.lt/de
Vilnius zu Fuß,
www.walkablevilnius.com/de
Museum der Illusionen,
http://vilnil.lt/en
Trakai,
www.trakai-visit.lt/de

70

LEMBERG – GALIZISCHE SCHÖNHEIT

MULTIKULTURELLES ERBE

Lwow (russisch), Lwów (polnisch), Lemberg (deutsch), Lwiw (ukrainisch) – die Stadt am Rande der Karpaten hat viele Namen. Sie sind Spiegel ihrer turbulenten Geschichte. Die charmante, zum UNESCO-Weltkulturerbe gehörende Altstadt wird durch eine bunte Kulturszene belebt. Sie zeigt krainisches Selbstbewusstsein und das unzerstörte Flair der einstigen k. u. k Monarchie.

Alle holprigen Kopfsteinpflasterstraßen führen zum Rynok, dem Zentrum der Altstadt. Der Platz ist gesäumt von prachtvollen Häusern, die vom Reichtum der Handelsstadt im 16. und 17. Jahrhundert erzählen. Reiche Kaufleute beschäftigten neben Einheimischen auch deutsche und italienische Baumeister, was man den ocker-, gelb- und rosafarbenen Fassaden ansieht. Das Rathaus im Stil des Klassizismus wird von zwei steinernen Löwen, den Wappentieren der Stadt, bewacht. Ein durchaus anstrengender Aufstieg auf den Rathausturm wird mit einem Rundblick belohnt. In der Ferne stehen Plattenbauten aus der Sowjetzeit. Jedes Viertel zeigt ein anderes Gesicht des multikulturellen Erbes von Lemberg.

Schmerzvolles Schicksal

Am 2012 für die Fußballweltmeisterschaft neu gebauten Flughafen startet die Zeitreise. 1256 gründete Fürst Daniel, Herrscher der Rus im damaligen Land Halytsch, eine Burg auf dem Hohen Schlossberg. Er benannte sie nach seinem Sohn Lew, was Löwe bedeutet. Knapp einhundert Jahre später begann mit einem Eroberungsfeldzug die 400-jährige Zugehörigkeit zum polnisch-litauischen Großreich. Mit der ersten Teilung Polens 1772 fiel Lemberg an die Habsburger und wurde Hauptstadt des Königreichs Galizien und Lodomerien. Am Ende des Ersten Weltkriegs nach dem Zusammenbruch der österreichisch-ungarischen Doppelmonarchie wurde die mehrheitlich von Polen bewohnte Stadt dem wiedererstandenen Polen zugeschlagen. Mit dem Hitler-Stalin-Pakt von 1939 kamen sowjetische Truppen. Damals lebten etwa 160 000 Polen, 150 000 Juden und 50 000 Ukrainer in Lemberg. Während der deutschen Besatzung und Gewaltherrschaft 1941–1944 wurde die jüdische Bevölkerung ermordet. Nach dem Ende des Zweiten Weltkriegs kam Lemberg an die Ukrainische Sozialisti-

sche Sowjetrepublik und die Polen mussten die Stadt räumen. Seit 1991 gehört Lemberg zur unabhängigen Ukraine und sucht wieder wie das ganze Land die historische Nähe zu Europa.

BLICK ÜBER DIE ZAHLREICHEN KIRCHEN DER ALTSTADT (LINKS UNTEN). IN DEN SCHOKOLADENMANUFAKTUREN ENTSTEHEN SÜSSE VERSUCHUNGEN (RECHTS).

Streifzug zum Kaffeehaus

Jede Kultur hat ihre Spuren hinterlassen. Im armenischen Viertel ist die Kathedrale eine beispielhafte Mischung für den romanisch-gotischen Stil Osteuropas und die heimische Baukunst. Vom nahezu ausgelöschten jüdischen Leben zeugen nur noch zwei Synagogen: die Jankel Janzer Schul und die Tsori-Gilod-Synagoge mit Art-déco-Fassade. Im Gewirr der Gassen geben die über 100 Kirchen verschiedener christlicher Glaubensgemeinschaften Orientierung. Gut sichtbar auf einem Hügel gelegen, besticht die griechisch-katholische St.-Georg-Kathedrale durch Rokokoformen und die berühmte Ikone der Gottesmutter aus Terebowlja. Die Boim-Kapelle nahe der römisch-katholischen Mariä-Himmelfahrt-Kathedrale ist mit ihren Steinschnitzereien eine Perle der Renaissance.

Prunkvolle Zeugnisse der k.u.k. Zeit

Österreichischen Charme an der Wende zum 20. Jahrhundert versprüht das Opernhaus, eines der schönsten europäischen Theatergebäude. Den Prunk der k. u. k. Monarchie spiegelt neben den 20 Palästen auch das Hauptgebäude der bereits 1661 gegründeten Universität wider, ehemals wurde das Gebäude für das Parlament des Königreichs Galizien gebaut. Im Hotel George sanken schon Franz Liszt und Jean-Paul Sartre in die schweren Plüschsessel, um ihren Kaffee zu nehmen.

Raus aus der Stadtmitte und ins Grün am Rand. Dort befindet sich das Freilichtmuseum für Volksarchitektur und Alltagsleben mit seinen Häusern und Holzkirchen aus Transkarpatien. Etwas weiter stadteinwärts lädt der Lytschakiwer Friedhof, einer der schönsten Friedhöfe Europas, zu einem nachdenklichen Streifzug ein.

GOLDENES HUFEISEN

Drei Schlösser und Festungen, die zum Schutz vor angreifenden Tartaren oder als großzügige Residenzen in der Lemberger Umgebung gebaut wurden bilden das »goldene Hufeisen«. Die Burg Olesko wurde in den Tagen der Kiewer Rus als Festung gebaut. Sie steht strategisch günstig auf einem Felsen inmitten flachen Landes und garantiert deshalb eine gute Aussicht über die Landschaft. Sie ist der Geburtstort von König Jan III. Sobieski, der 1683 die Türken vor Wien besiegte. Schloss Pidhirzi ist ein sehr fotogener Palast italienischer Baumeister mit einer bunten Gartenanlage, allerdings dringend renovierungsbedürftig. Auf Schloss Solotschiw, zusammengesetzt aus einem Renaissancebau und einem chinesischen Palast, spielte die großen Liebesgeschichte zwischen Jan Sobieski und der Französin Marie Casimire Louise de la Grange d'Arquien.

WEITERE INFORMATIONEN

Lemberg, http://lviv.travel (auch deutsch), www.lemberg-lviv.com

Nationaloper von Lemberg, www.opera.lviv.ua/en/

SOMMERABEND-PANORAMA VOM GEDIMINAS-BERG, DEM LEGENDÄREN GRÜNDUNGSORT VON LEMBERG.

REGISTER

BILDNACHWEIS

Innenteil:
Bildagentur LOOK: 14, 227 o. (Olaf Meinhardt), 15, 41 r., 59, 64 r., 79 o., 95 u., 113 u., 137, 139, 152, 177 u., 185, 203 r., 208 r., 227 u., 235 u. (age fotostock), 16 l., 31 (Günther Bayerl), 16 r. (Hauke Dressler), 17 (Heinz Wohner), 18, 20 (Ulf Böttcher), 19, 71 r., 157 u. (Andreas Strauß), 24 (Arthur F. Selbach), 25 l., 30, 33 r., 40 (H. & D. Zielske), 33 l., 54 (Travel Collection), 34, 35, 36 r. (Jörn Sackermann), 38, 77 o. (Thomas Stankiewicz), 57, 232 r. (Hemis), 61 u. (Arnt Haug), 73 u. (Ernst Wrba), 83, 103, 109 u., 170, 175 u., 233 (robertharding), 102 (The Travel Library), 118, 128, 131, 134 (SagaPhoto), 119 l. (Holger Leue), 133 (Photononstop), 141 o., 224 (Brigitte Merz), 156 (Rainer Mirau), 157 o., 191 o., 213 (ClickAlps), 159 (Franz Marc Frei), 163 u. (Daniel Schoenen), 169 u. (Konrad Wothe), 214/215, 220, 223, 225 l. (Christian Bäck), 219 u. (TerraVista), 225 r., 232 (Franz Marc Frei)

Huber Images: 26 (Andrea Armellin), 27 o. (Günter Gräfenhain), 147 (Massimo Borchi), 148 r. (Massimo Mastrorillo)

Shutterstock: 1 (Triff), 2/3 (Shahid Khan), 10 (Goskova Tatiana), 11 o., 48 (Umomos), 11 u. (pinot-noir), 12/13 (fotolupa), 21 l. (StockphotoVideo), 21 r. (mmodium), 22 (Oleg Senkov), 23 l. (Tobias Arhelger), 23 r. (Uhryn Larysa), 25 r. (Bildagentur Zoonar GmbH), 27 u. (Tsuguliev), 28/29, 117 (Mapics), 32 (D.serra1), 36 l., 44, 115 u. (LaMiaFotografia), 37 (TravelNerd), 39 (knipsdesign), 41 l. (Pusteflower9024), 42 (Yevhenii Chulovskyi), 43 l. (Vitalijus Satilovskis), 43 r. (Karin Jaehne), 45 u. (my_ photos), 45 o. (U.J. Alexander), 46/47, 49, 140, 150/151 (Sergey Dzyuba), 50 l. (tichr), 50 r. (inavanhateren), 51 (clearlens), 52 (Michael Thaler), 53, 209 (Cortyn), 55, 144 r. (Massimo Santi), 56 (Oliver Foerstner), 58, 66/67 (Boris Stroujko), 60 (Ksenija Toyechkina), 61 o. (eugeniek), 62 (Ekaterina Pokrovsky), 63 (Kiev.Victor), 64 l. (ArtOlympic), 65 (goga18128), 68 (ILEGRI), 69 (Oleg Lopatkin), 70 (Karl Allgaeuer), 71 l. (Markus Plank), 72 (Christian Vinces), 73 o., 191 u. (xbrchx), 74/75 (Balakate), 76 (Bertl123), 77 u. (saiko3p), 78 (Matej Kastelic), 79 u. (Bakusova), 80 (Delpixel), 81 o. (ELEPHOTOS), 81 u. (Procyk Radek), 82, 124/125 (Rudy Balasko), 84 (Renata Sedmakova), 85 l. (StockStudio), 85 r., 164, 168, 169 o. (Stefano_Valeri), 86 (Laszlo Szelenczey), 87 u. (Iakov Filimonov), 87 o. (Wojciech Tchorzewski), 88 (Wojciech Dziadosz), 89 (Patryk Michalski), 90 (Telly), 91 (Stanislav Samoylik), 92 (Adam Kraska), 93 u. (Elzbieta Sekowska), 93 o. (Janusz Baczynski), 94 (Mike Mareen), 95 o., 190 (Radoslaw Maciejewski), 96/97 (Sara Winter), 98 (Peter O'Toole), 99. u. (Anastasia Myasnikova), 99 o. (Andrei Nekrassov), 100 (s_karau), 101 o. (James Jones Jr), 101 u. (Moomusician), 104 l. (chrisdorney), 104 r. (Joe Dunckley), 105 (eldramartwork), 106 (A G Baxter), 107 o. (Kevin Standage), 107 u. (Mark Christopher Cooper), 108 (Valdis Skudre), 109 o. (1000 Words), 110 (Rudmer Zwerver), 111 o. (Hindrik Johannes de Groot), 111 u. (Ale_Koziura), 112, 114 (Allard One), 113 o. (wjarek), 115 o. (DutchScenery), 116 (Rudy Mareel), 119 r. (littlewormy), 120 (J2R), 121 (canadastock), 122 (TTstudio), 123 (Michelpix), 126 (Harrie Muis), 127 u. (happylights), 127 o. (trabantos), 129 (Lena Serditova), 130, 135 r. (Henryk Sadura), 132, 138 l., 158, 181 (milosk50), 135 l. (Anton_Ivanov), 136 (SergiyN), 138 r. (Elena Chevalier), 141 u. (Pack-Shot), 142 (Nigel Jarvis), 143 (Roka), 144 l. (Luciano Mortula), 145 (Goncharov_Artem), 146, 148 l. (Pigprox), 149 (prochasson frederic), 153 u. (pixelshop), 153 o. (Emanuele Mazzoni Photo), 154/155 (Fortgens Photography), 160 (poludziber), 161 l. (Luca Ladi Bucciolini), 161 r. (R. Maximiliane), 162, 163 o. (lorenza62), 165 u. (Veniamin Kraskov), 165 o. (makalex69), 166 (Giorgio Morara), 167 u. (Kartouchken), 167 o. (GIANFRI58), 171 (Mimadeo), 172 l., 207 r. (Heracles Kritikos), 172 r. (FCG/), 173 (dvoevnore), 174 (Vladimir Sazonov), 175 o. (Rolf G Wackenberg), 176 (oserpizarro), 177 o. (Gabino Cisneros), 178 (Hakat), 179 o. (Shaun Dodds), 179 u. (Kurbanov Vener), 180, 183 l. (Podolnaya Elena), 182 (Miguel Sánchez), 183 r. (Sergey Didenko), 184 (Petr Pohudka), 186 l. (Dolores Giraldez Alonso), 186 r. (elxenia), 187 (Benny Marty), 188 (Sergio Stakhnyk), 189 u. (Dolores Giraldez Alonso) 189 o. (Lux Blue), 192 (Oma Photography), 193 (Zoran Milosavljevic), 194 l. (amyrxa), 194 r. (Zoran Gajic), 195 (Klark Medya), 196 (Dziewul), 197 o. (dorinser), 197 u. (Roberto Sorin), 198/199 (Calin Stan), 200 (Kanuman), 201 (Mariia Golovianko), 202 (Dennis van de Water), 203 l. (Anton Donev), 204 (Nenad Nedomacki), 205 (Anton Chalakov), 206 (IURII BURIAK), 207 l. (Irma eyewink), 208 l. (YK), 210 (Irina Papoyan), 211 (Turneround-Designs), 212 (Oleksandr Savchuk), 216 (Marc Lechanteur), 217 u. (Prostock-studio), 217 o. (Salvador Aznar), 218 (framedbythomas), 219 o. (RPBaiao), 221 u. (Gertjan Hooijer), 221 o. (Konstantin Yolshin), 222 (Leonid Andronov), 226 (Pawel Szczepanski), 228 (Tuomas Lehtinen), 229 o. (Jarmo Piironen), 229 u. (Evelyn Jackson), 230 (MNStudio), 231 (krivinis), 234 (RastoS), 235 o. (Sun_Shine), 236/237 (MNStudio)

Umschlag Vorderseite:
Gent in der Dämmerung, Belgien (Rudy Balasko);
Rückseite:
oben (v.l.n.r.): Drachenbrücke in Ljubljana, Slowenien (Xseon/shutterstock), Marktplatz in Hildesheim, Deutschland (Mapics/shutterstock), Praça da República in Tavira, Portugal (S. Lubenow/Lookphotos),
unten: Blick vom Berg Aksla in Ålesund, Norwegen (Christian Bäck/Lookphotos)
S. 1: Altstadt von Ljubljana, Slowenien (Triff/shutterstock)
S. 2/3: Albert Dock in Liverpool, England (Shahid Khan/shutterstock)

IMPRESSUM

Verantwortlich: Linda Weidenbach
Redaktion: Henning Aubel
Korrektorat: Franziska Sorgenfrei
Layout: Elke Mader
Repro: LUDWIG:media
Umschlaggestaltung: Christa Thieser
Kartografie: Huber-Kartographie, Heike Block
Herstellung: Bettina Schippel
Printed in Italy by Printer Trento

★★★★★

Sind Sie mit diesem Titel zufrieden? Dann würden wir uns über Ihre Weiterempfehlung freuen.
Erzählen Sie es im Freundeskreis, berichten Sie Ihrem Buchhändler, oder bewerten Sie bei Onlinekauf. Und wenn Sie Kritik, Korrekturen oder Aktualisierungen haben, freuen wir uns über Ihre Nachricht an Bruckmann Verlag, Postfach 40 02 09, D-80702 München oder per E-Mail an lektorat@verlagshaus.de.

Unser komplettes Programm finden Sie unter www.bruckmann.de

Textnachweis:
Ellen Astor: Kap. 3, 10–13, 17, 48, 49, 61;
Henning Aubel: Einleitung, Kap. 5, 20, 21, 58, 59;
Sabine Durdel-Hoffmann: Kap. 6–8, 14, 16, 36, 41, 44, 46, 47, 51, 52, 54;
Marike Langhorst: Kap. 1, 2, 4, 24, 25, 27–30, 60, 62, 69, 70;
Brigitte Lotz: Kap. 31–35, 37, 45, 63, 64;
Martina Schnober-Sen: Kap. 15, 18, 22, 38–40, 42, 43, 50, 53, 55–57, 68;
Sabine Zitzmann-Starz: Kap. 9, 19, 23, 26, 65–67

Die Deutsche Nationalbibliothek verzeichnet diese Publikation in der Deutschen Nationalbibliografie; detaillierte bibliografische Daten sind im Internet über http://dnb.d-nb.de abrufbar.

2. Auflage 2019

ISBN 978-3-7343-1270-0